TEACH YOURSELF BOOKS

W9-CIE-873

HUNGARIAN

A COMPLETE COURSE FOR BEGINNERS

HUNGARIAN

A COMPLETE COURSE FOR BEGINNERS

Zsuzsa Pontifex

TEACH YOURSELF BOOKS

Acknowledgements

Above all I would like to thank James, my husband, who has been so supportive and understanding and has put up with my absences during the past year while writing *Teach Yourself Hungarian*. His observations and patient correcting of my manuscript have been invaluable.

I would like to express my special thanks to Paul Aston, who very generously offered to read the whole manuscript and spent considerable time scrutinising it with an expert eye. His observations greatly enriched the text. I would like to thank György Fenyₓ my friend for many years, who also read and helped to improve the manuscript.

I am very grateful to my brother, Gyula Gáncs, who collected material and took some of the photographs in the book. My thanks also go to Imre Szmodis for allowing me to use his cartoon and to István Orosz, whose computer skills were a great help to me.

And last but not least I would like to thank Gizella Polgár my brilliant teacher of English at Fazekas Mihály secondary school in Budapest. I learnt more from her about language teaching that from anyone else. I owe my love of English to her. Without this love for the language, culture and country I would never have come to Britain. With this book I hope I am able to do something of the same for someone with Hungarian.

The author and publishers would also like to thank the Magyar Nemzeti Múzeum for permission to reproduce *Solitary Cedar*.

For UK order queries: please contact Bookpoint Ltd, 39 Milton Park, Abingdon, Oxon OX14 4TD. Telephone: (44) 01235 400414, Fax: (44) 01235 400454. Lines are open from 9.00 – 6.00, Monday to Saturday, with a 24 hour message answering service. Email address: orders@bookpoint.co.uk

For U.S.A. & Canada order queries: please contact NTC/Contemporary Publishing, 4255 West Touhy Avenue, Lincolnwood, Illinois 60646 – 1975 U.S.A. Telephone: (847) 679 5500, Fax: (847) 679 2494.

Long-renowned as the authoritative source for self-guided learning – with more than 30 million copies sold worldwide – the *Teach Yourself* series includes over 200 titles in the fields of languages, crafts, hobbies, sports, and other leisure activities.

British Library Cataloguing in Publication Data
A CIP catalogue record for this title is available from The British Library

Library of Congress Catalog Card Number: 95-82575

First published in UK 1968 by Hodder Headline Plc, 338 Euston Road, London, NW1 3BH.

First published in US 1992 by NTC/Contemporary Publishing,
4255 West Touhy Avenue, Lincolnwood (Chicago), Illinois 60646 – 1975 U.S.A.

The 'Teach Yourself' name and logo are registered trade marks of Hodder & Stoughton Ltd.

Copyright © 1993 Zsuzsa Pontifex

Typeset by Transet Ltd, Coventry, England.
Printed in Great Britain for Hodder & Stoughton Educational,
a division of Hodder Headline Plc, 338 Euston Road, London NW1 3BH
by Cox & Wyman Ltd, Reading, Berkshire.

Impression number   20 19 18 17 16 15 14 13
Year   2003 2002 2001 2000

CONTENTS

— ABOUT THE AUTHOR —

Zsuzsa Pontifex (née Gáncs) was born in Hungary and has a degree in Hungarian and English from Eötvös Loránd University in Budapest. She has studied Russian and English literature in Moscow and in London. After three years teaching English and Hungarian in a Budapest secondary school she came to Britain, where she first worked as a programme assistant for the Hungarian section of the BBC World Service.

Since 1990 Zsuzsa and her husband have been running Hungarian Language Services (HLS), their own language school and translation/ interpreting agency in Chiswick, West London. At HLS Zsuzsa has developed her own coursebook and has taught Hungarian to diplomats, businessmen and private individuals. She also sets Hungarian language exams for the Foreign Office and the Institute of Linguists.

Dedication

To James, without whom this book would probably never have been written.

—— INTRODUCTION ——

Hungarian is the mother tongue of about 16 million people. Of these 10.5 million live in Hungary, 3.5 million are minorities in the neighbouring states of Romania (in Transylvania), Slovakia, Serbia (in Vojvodina), Austria (in Burgenland) and the Ukraine. The rest are scattered throughout the world.

Unlike most European tongues, which belong to the Indo-European family of languages, Hungarian is a Finno-Ugrian language. It is related to Finnish, Estonian and some other languages spoken by peoples living in the northern parts of the former Soviet Union. Hungarian, therefore, is different from the majority of European languages both in its vocabulary and grammatical structure.

A hungry traveller would easily find a place to eat in most European countries, since *restaurant* is 'restaurant' in French, 'ristorante' in Italian, 'Restaurant' in German or 'restaurante' in Spanish. But in Hungary he or she might just get hungrier and hungrier searching for an **étterem**. The most striking feature of Hungarian grammar is that words can have one or more endings. For example, *the restaurant* is **az étterem**. To express the phrase *in the restaurant* Hungarian uses an ending instead of a separate word before it: **az étteremben**.

—————— Who is the course for? ——————

This is a practical course designed for the absolute beginner who might not have studied any languages before and who wishes to communicate in everyday, straightforward situations when going to Hungary. You will learn, for example, how to give information about yourself and ask for similar information about other people, how to order a meal at a restaurant, how to ask your way in the street, how to express your likes or dislikes, agreement or disagreement, how to apologise, accept or refuse invitations and so on. The course will also provide you with some background information about Hungary and the Hungarians so that you can get more out of your visit.

Let us say you are going on a short holiday or business trip to Hungary. You want to acquire a small amount of Hungarian at a very simple level in order to make your visit more rewarding. For this, it is enough for you to study Part One. It will acquaint you with the basic vocabulary and grammar that you will need to be able to 'survive' in straightforward situations. After working your way through the five units of Part One you should be able to make up simple sentences of your own. You will find the additional vocabulary you might need in the relevant units of Part Two. (The key vocabulary is listed in a box after each dialogue or exercise).

Part Two is for students who wish to acquire more than just a 'survival' knowledge of the language. It builds on the language skills acquired in Part One. By the end of the course you will have mastered enough knowledge of both the spoken and the written language to be able to deal with most everyday situations.

—————— How to use this course ——————

First work carefully through the section on pronunciation and the alphabet. Hungarian is a phonetic language (i.e. it is pronounced as it is written), so once you have learnt how to pronounce the letters you should be able to read almost anything. Practise reading Hungarian by doing the exercises after the pronunciation section.

After this section each unit follows this pattern:

A summary in English of what you are going to learn in the unit.

Párbeszéd (*Dialogue*): This is the core of the unit. Through an everyday situation you will encounter the main expressions and grammatical structures that you are going to study.

Szavak és kifejezések (*Words and expressions*): The boxed vocabulary after the *Dialogue* in Part One gives you all the new words and phrases that occur in the passage. In Part Two it contains only the key expressions which are necessary to understand the *Dialogue*. The other words are given in the **Hungarian-English vocabulary** at the end of the book. This is to encourage you to work out the unknown words from the context.

Kérdések (*Questions*): They are of three kinds: True or false?, open-ended and multiple-choice questions. They will test you to help you find out if you have properly understood the *Dialogue*.

Magyarország és a magyarok (*Hungary and the Hungarians*): This includes background information which is relevant to the *Dialogue*, as well as an explanation of certain expressions used in it.

Nyelvtan (*Grammar*): This explains and illustrates the main grammatical structures used in the *Dialogue*. As this book is not written for linguists, elaborate definitions are avoided. Grammar is explained clearly and simply, and grammatical terms are excluded wherever possible. Terms that are unavoidable are explained as you come to them. In Part One only simple structures are explained. Other expressions are given as set phrases since you will not need to know them in depth at this level. If you want to learn Hungarian at a higher level, you will find these explained in Part Two.

Gyakorlatok (*Exercises*): These will help you to consolidate the vocabulary and the grammar you have learnt in the unit. They also provide a means for you to test your own progress and see in what other situations you can use what you have just learnt. The correct answers are given in the **Key to the exercises** at the end of the book.

Érti? (*Do you understand?*): This section, at the end of selected units, contains a conversation or a text. It is based on a topic similar to that of the *Dialogue* and contains much of the same vocabulary and grammar. It is therefore a good test of how well you have understood the language of the unit. Immediately after it are the key words and phrases necessary to understand the passage. The other words can be found in the **Hungarian-English vocabulary** at the end of the book. The conversation, or the text, is followed by a set of questions which will help you to test your understanding of it.

Steps for studying each unit

- Read the summary to learn about the purpose of the unit.
- Study the *Dialogue* carefully with the help of the vocabulary provided.
  In Part Two, first only look at the key expressions given in the box immediately after the *Dialogue*. Try to understand the passage, working out the meanings of the other words from the context. If you can't, turn to the **Hungarian-English vocabulary** at the end of the book.
- Read the relevant background information in *Hungary and the Hungarians*.
- To understand the main grammatical structures, refer to *Grammar*.
- Go back to the *Dialogue* and make sure you fully understand it.
- Turn to the *Questions* to test your understanding of it. (Check your answers in the **Key to the exercises**).
- Imagine that you are the characters in turn and act out the *Dialogue*.
- Do the exercises. Having checked your answers make sure you understand why they are the correct ones.
- Finally, test your understanding of the language introduced in the unit by doing the *Do you understand?* exercise at the end of it. Again, read the brief introduction in English first, and then read the passage and try to understand it. Even in the early stages try to get into the habit of not looking at the vocabulary provided, working out the meaning of the unknown words from the context. If you can't, refer to the vocabulary provided here, or at the end of the book. Test your understanding of the passage by answering the questions that follow. Check your answers. Finally, act out the conversation or speak the text aloud to a fictional friend.

How to use the course with the cassette

Although the book is self-contained, you will find the accompanying cassette of great help in your pronunciation and your understanding of spoken Hungarian. The cassette contains recordings of the **Pronunciation**, the **Párbeszéd** (*Dialogue*) in each unit, as well as additional oral exercises and the **Érti?** (*Do you understand?*) sections.

It is suggested that you start the units in Part One by listening to the recording of the **Párbeszéd** at the same time as you read it. When you have grasped the general meaning, listen to it again, this time without looking at the book. Pay special attention to the pronunciation and intonation of the speakers, and try to imitate them aloud sentence by sentence. At some stage in Part Two, you may well find that you can listen to the cassette straightaway without looking at the text at the same time.

The conversations and texts at the end of the unit can be used as listening comprehension exercises. They will test your understanding of the new language introduced in the unit, and also your ability to understand a conversation in which not all the words are familiar.

The more you listen to the cassette, and try to imitate the speakers, the better.

How to study

Everybody has their own way of learning. Here are a few suggestions. Try them, and find out what works best for you.

Learning vocabulary

Repeat aloud several times the new words and phrases. After having learnt about a dozen of them, cover the Hungarian side and try to supply the English equivalents. Then do it vice versa.

Write down each expression a few times, saying it aloud simultaneously. (Writing helps you to remember.) Or, write the Hungarian words to be learnt on separate cards, each with their English equivalent written on the back. Look at one side of the card and try to remember what is on the other side. Check your memory by turning the card over. Or, associate the new words with pictures or situations.

Studying grammar

Rather than just learning abstract rules, always learn the examples given. This will help you to remember the rules when you have to apply them.

Remember that understanding grammar is just the first step. When speaking your own mother tongue, you do not have to think about what structures to use. It comes instinctively. To be able to do that in a foreign language, you need lots of practice. Therefore do not rush on to the next unit until you feel confident that you have thoroughly mastered the structures introduced in the previous unit, i.e. until you can make up sentences of your own using the new structures reasonably fluently. Otherwise you will take a long time to finish a sentence always having to think how to construct it. The great advantage about studying on your own is that you can set your own pace. So you can always spend more time at more difficult stages.

Studying the *Dialogues* and the conversations/texts

First repeat full sentences aloud. Then imagine that you are a native speaker and act out the whole *Dialogue*, or conversation/text, playing the role of all the participants.

Improving your pronunciation and understanding of spoken Hungarian

Try to attend classes or speak to native Hungarians. Failing that, listen to recordings of native speakers. (You could try to catch the Hungarian programmes of the BBC World Service. For details write to the Hungarian Section of the BBC World Service, Bush House, PO Box 76, The Strand, London WC2B 4PH.) Do not worry if you do not understand much of it. Just listening to Hungarian being spoken – even if it is only in the background while you are doing something else – will help the music, rhythm, pronunciation and intonation of the language to sink in.

Record yourself while reading/acting out the *Dialogues*, or the conversations/texts, and then compare your recording with the cassette. Concentrate on improving one thing at a time: your pronunciation of certain sounds, intonation or stressing the right syllable.

Improving your fluency

When learning a new word or phrase, always try to use it in a sentence of your own. At a more advanced level, try to find other words or phrases with a similar or opposite meaning. Failing that, try to explain their meaning in Hungarian.

Do thinking exercises. That is, even if you have very little time to spare for learning the language, you can make a habit of saying things to yourself in Hungarian. This can be done while you are walking to work, waiting for the bus or washing up. First, you could just repeat the *Dialogues*, and conversations/texts to yourself and make up similar ones. Later, you could try to say to yourself in Hungarian what you are doing at that particular moment, or just try to think in Hungarian instead of in English. You might find this quite difficult to start off with, but it will get easier with habit.

Learn the *Dialogues* and conversations/texts by heart (including the ones in the *Exercises*). In real life you won't always be able to use exactly the same sentences that you have learnt, but they will help you to assimilate structures and vocabulary.

Even though you might normally give short answers, when doing the exercises always answer in complete sentences.

Some general tips

Try to avoid the habit of thinking in English first and translating what you want to say into Hungarian afterwards. This will only leave you frustrated. Make an effort to think in Hungarian with the simple, limited vocabulary and grammar that you have learnt, right from the start. You will be surprised to find that even complicated things can be expressed simply!

Remember: you will not always be able to understand every single word that people say to you in Hungarian. Therefore, accept the idea of getting the gist of what was said by catching the key expressions and trying to work out the rest from the context.

Learning a language is a bit like learning to play a musical instrument: you need constant practice. Doing a little regularly is much more effective than long sessions every now and then. Make a habit of setting aside a short study period every day. Remember: language learning can be great fun, but you will not make real progress unless you are prepared to put time and energy into it!

When faced with the difficulties of the language, be positive. Learning a new language might enrich you in all sorts of unforeseen ways: you might be able to make friends with people whom you otherwise would not, or it might open up for you a new way of thinking or a new culture. So be determined to carry on.

Every language reflects a different way of thinking, and this is not always logical. Therefore, do not try to find a logical explanation behind every single phenomenon you come across. Just accept that there is no rule and learn it as it is.

Remember, you are not a native speaker. Therefore you are quite likely to have an accent and make mistakes. Try to do your best, but bear in mind that the aim is to understand and be understood – not to be perfect.

And finally do not forget that the minute you say something in Hungarian, you are a winner. Hungarians are not used to foreigners speaking Hungarian. Most of them will be touched or impressed if you make an effort with their rare and unusual language.

——— Symbols and abbreviations ———

🖭	=	This indicates material included on the cassette.
📺	=	This indicates dialogue.
☑	=	This indicates exercises – places where you can practise using the langugage.
🔑	=	This indicates key words or phrases.
💠	=	This indicates grammar explanations – the nuts and bolts of the language.
✳	=	This highlights advice for learning special points.

vmi – valami (*something*); vki – valaki (*somebody*); m – male; f – female; cf. – compare; fam. familiar; form. – formal; i.e. – that is; Lit. – literally; off. – official; pl. – plural; *pron.* – pronounced; sg – something; sing. – singular; sy – somebody; adj. – adjective.

—— PRONUNCIATION ——

This brief summary offers you guidelines which will enable you to produce sounds recognisable to Hungarians. However, the best way of acquiring a good accent is to listen to and to try to imitate native speakers.

Hungarian is a phonetic language so, on the whole, unlike English it is pronounced as it is written. The pronunciation of words that do not follow this rule is given in brackets as they occur e.g. utca (*pron.* ucca). The great advantage of this is that once you have learnt the sound of each particular letter, you will be able to pronounce almost every word.

There are two important things to bear in mind when pronouncing Hungarian words.

- All Hungarian sounds should be pronounced distinctly.
- The stress is always on the first syllable of every word.

—— Vowels ——

With the exception of **a**, **á**, **e** and **é**, Hungarian vowels have a short and a long version of the same sound. Long vowels should be pronounced about twice as long as their short equivalents. In writing, short vowels might have one or two dots above them. Long vowels are marked with one or two acute accents. All the consonants in the examples below are pronounced in exactly the same way as in English. (When pronouncing the English examples, use standard British English.)

Hungarian letter	How to pronounce it	Example
a	similar to **o** in *hot*, only drop your chin	**hat**
á	like **u** in *hut*, but twice as long	**hát**
e	like **e** in *pen*	**nem**
é	like **a** in *play*, only stop before you get to the **y** and linger a bit on the **a**	**dél**
i	similar to **i** in *sit*, only put your tongue a bit forward	**mit**
í	like **ee** in *meet*	**víz**
o	like **aw** in *paw*, only shorter and round your lips	**hol**
ó	like **aw** in *paw*, only round your lips	**ló**
ö	like **o** in *polite*, but round your lips (like **e** in the French word *le*)	**ön**
ő	like **o** in *polite*, but round your lips and make it about twice as long	**nő**
u	like **u** in *put*, only round your lips	**fut**
ú	like **oo** in *soon*	**búg**
ü	say **i** like in *sit*, purse your lips and put your tongue forward (like **u** in the French word *tu*)	**ül**
ű	say **i** like in *sit*, purse your lips, put your tongue forward and make it about twice as long	**tűz**

Consonants

Hungarian consonants are spelt with one or two letters. (There is one three-letter consonant in Hungarian **dzs**, but it is very rarely used.) Every consonant can be short or long. Long consonants should be pronounced about twice as long as their short equivalents. (This is achieved by lingering on the same sound before going on to the next one.) In writing, long consonants are doubled, e.g. **ép – éppen**. In the case of double letter consonants, only the first letter is repeated, e.g. **ágy – ággyal**.

The following consonants are pronounced and spelt the same as in English:

Hungarian letter	How to pronounce it	Example
b	like **b** in *bath*	baba
d	like **d** in *deep*	de
f	like **f** in *face*	fal
g	like **g** in *gull*	Gizi
h	like **h** in *house*	ház
k	like **k** in *park*	kép
l	like **l** in *laugh*	láb
m	like **m** in *man*	mama
n	like **n** in *no*	néni
p	like **p** in *tip*	pék
t	like **t** in *hot*, only put your tongue right behind your upper teeth	tél
v	like **v** in *vet*	váza
z	like **z** in *zoo*	zene

The following consonants are pronounced and/or spelt differently from English:

Hungarian letter	How to pronounce it	Example
c	like **ts** in *hats*	cica
cs	like **ch** in *teacher*	csak
dz	like **ds** in *roads*	edz
dzs	like **j** in *jam*	dzsem
gy	similar to **d** in *during*, only press your tongue behind your upper gum	Gyula
j/ly	spelt differently but pronounced the same way, like **y** in *you*	jó hely
ny	like **n** in *new*	anya
r	like the Scottish **r** in *Robert*, roll the tip of your tongue	tér
s	like **sh** in *ship*	és
sz	like **s** in *sea*	szép

ty	similar to **t** in *student*, only press your tongue behind your upper gum	**tyúk**
zs	like **s** in *pleasure*	**zseb**

Kiejtési gyakorlatok (*Pronunciation exercises*)

1   The following words differ only in their vowels. Try to pronounce them correctly to avoid being misunderstood.

a – o	hal, hol
	kar, kor
	karom, korom
e – é	meg, még
	szel, szél
	felet, felét
ö – ü	öt, üt
	öl, ül
	föl, fül
ő – ű	hő, hű
	tőr, tűr
	sző̋r, szűr
u – ü	sut, süt
ú – ű	hú, hű
	hús, hűs
	túr, tűr

kor, kór, kar, kár, kér, kör, kűr
szár, szor, szór, ször, sző̋r, szer, szír, szúr, szűr

2   Practise your **gy** and **s** sounds. (Remember: you have to forget your instincts and pronounce **s** as **sh** in *ship*.)

gyalog	vagyok	gyönyörű	gyümölcs
gyufa	gyógyul	gyógyszertár	
só	mese	és	sör	piros	sok	vörös

3   Can you roll your **rs**? Try to say this tongue-twister:

Répa, retek, mogyoró,
Korán reggel ritkán rikkant a rigó.

4   Practise pronouncing your long vowels and consonants long. This

will not only improve your pronunciation, but it might also help you to avoid a misunderstanding.

kin, kín	sok, sók
örül, őrül	fiuk, fiúk
has, hass	kel, kell
ad, add	felet, felett
megy, meggy	épen, éppen

5   These are signboards that you might come across when walking in the streets of a Hungarian town. Read them out making sure that you pronounce the long vowels and long consonants correctly.

Posta	*post office*
Trafik or **Dohánybolt**	*tobacconist's*
Áruház	*department store*
Mozi	*cinema*
Színház	*theatre*
Jegypénztár	*ticket office*
(*pron.* jetypénsztár)	
Presszó or **Cukrászda**	*café*
Gyógyszertár or **Patika**	*chemist's*
Közért or **ABC** (*pron.* ábécé)	*small supermarket*
OTP (*pron.* ótépé)	*a bank*
Rendőrség	*police*
Tisztító or **Patyolat**	*dry cleaner's*

6   Read out the following Budapest street names, making sure that you always stress the first syllable. In Hungary, many street names are named after famous people. As some Hungarian family names retain their traditional spelling you might need to know how to pronounce them. Here are some traditional letters with their pronunciations.

traditional spelling	pronounced
y	i
ch/ts	cs
cz	c
th	t
w	v

Vörösmarty tér, Rákóczi út, Váci utca, Kossuth tér, Bartók Béla út, Móricz Zsigmond körtér, Múzeum körút, Madách körút, Andrássy út.

utca (*pron.* ucca) *street*	**út** *road*
tér *square*	**körtér** *circus*
körút *boulevard*	

7 Read out the names of Hungarian towns, rivers and lakes below. Make sure you pronounce every single sound clearly and distinctly. Do not swallow the final syllable of the word.

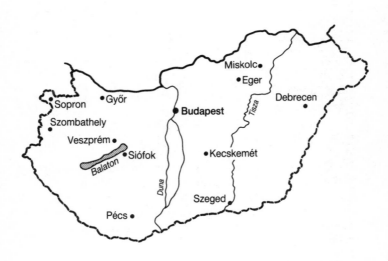

8 There are a few Hungarian words that have an English origin. Which English words do you recognise in the following?

(a)	dzsungel	(f)	bojler
(b)	bridzs	(g)	szendvics
(c)	dzsem	(h)	hippi
(d)	menedzser	(i)	gengszter
(e)	dzsessz		

A magyar ábécé
(The Hungarian alphabet)

You will need the alphabet when trying to find a word in the dictionary or spelling your name. The Hungarian names of the letters are given in brackets. The asterisk means that the letter only occurs in Hungarian family names or words of foreign origin.

A (a)	NY (eny)
Á (á)	O (o)
B (bé)	Ó (ó)
C (cé)	Ö (ö)
CS (csé)	Ő (ő)
D (dé)	P (pé)
DZ (dzé)	Q* (kú)
DZS* (dzsé)	R (er)
E (e)	S (es)
É (é)	SZ (esz)
F (ef)	T (té)
G (gé)	TY (tyé)
GY (gyé)	U (u)
H (há)	Ú (ú)
I (i)	Ü (ü)
Í (í)	Ű (ű)
J (jé)	V (vé)
K (ká)	W* (duplavé)
L (el)	X* (iksz)
LY (elipszilon)	Y* (ipszilon)
M (em)	Z (zé)
N (en)	ZS (zsé)

Look up the English equivalents of these words in the **Hungarian–English vocabulary** at the end of the book.

zseb, óra, öreg, hosszú, és, hely

PART ONE
1
AZ ÚTLEVELÉT, LEGYEN SZÍVES!
Your passport, please!

In this unit you will learn how to

- give your name, nationality and occupation
- ask for and give similar information about other people
- exchange greetings in formal situations

Párbeszéd (*Dialogue*)

Robert Stuart, from Edinburgh, arrives at Ferihegy airport in Budapest. He is going through passport control where a young man checks his passport.

Fiatalember	Jó napot kívánok!
Robert	Jó napot!
Fiatalember	Az útlevelét, legyen szíves!
Robert	Tessék.
Fiatalember	Köszönöm. Mi a neve?
Robert	Robert Stuart.
Fiatalember	Ön angol?
Robert	Nem, skót vagyok.
Fiatalember	Skót?
Robert	Igen, skót vagyok.

ÚTLEVÉL

Fiatalember Á, skót! Értem. Rendben van. Viszontlátásra!
Robert Viszontlátásra!

Szavak és kifejezések
(Words and expressions)

fiatalember *young man*	**Ön angol?** *Are you English?*
Jó napot (kívánok)! *Good morning/afternoon!*	**nem** *no, not*
Az útlevelét, legyen szíves! *Your passport, please!*	**Skót vagyok.** *I'm Scottish.*
Tessék. *Here you are.*	**igen** *yes*
Köszönöm. *Thank you.*	**Értem.** *I see.*
Mi a neve? *What's your name?*	**Rendben van.** *All right.*
	Viszontlátásra! *Goodbye!*

Kérdések *(Questions)*

1 Igaz vagy nem igaz? (*True or false?*) Correct and re-write the false statements.

   (*a*) A fiatalember magyar.
   (*b*) Robert amerikai.
   (*c*) Robert nem angol.

magyar Hungarian

2 Feleljen (*pron.* felejjen) a kérdésekre! (*Answer the questions.*)

   (*a*) A fiatalember angol? [~]
   (*b*) Mi a skót turista neve? (*What is the Scottish tourist's name?*)

Magyarország és a magyarok
(Hungary and the Hungarians)

Names

In Hungary surnames come first, followed by first names, e.g.

— 17 —

Nagy István, **Kovács Erzsébet**. However, foreign names keep their original sequence, e.g. **Robert Stuart**.

The English title *Mr* is **úr** in Hungarian and it follows the person's surname, e.g. **Nagy úr**. However, it is not as frequently used as in English. It is perfectly polite to refer to someone as **Nagy István**. *Mrs* is **-né** in Hungarian, and it is joined to the husband's surname or full name. Nagy István's wife is therefore **Nagyné** or **Nagy Istvánné**. The Hungarian word for *Miss* sounds old-fashioned and is rarely used. There is no equivalent for *Ms*.

If you know someone you address them by their first name in both formal and informal situations. Elderly women are called **néni** and elderly men are addressed as **bácsi**. (Though these words literally mean *aunt* and *uncle*, they are widely used outside the family). They can also be used with the person's surname or first name, e.g. an elderly man called Kis Lajos can be addressed as **Kis bácsi** or **Lajos bácsi** and his wife, called Kati as **Kis néni** or **Kati néni**. **Néni** and **bácsi** are also used by children when talking to adults.

Ön, önök, maga, maguk, te *and* ti

These all mean *you* in English. In official situations, **ön** is used when talking to one person (i.e. it is the singular form) and **önök** when talking to more than one person (i.e. it is the plural form), e.g. at passport control, at the hotel reception, when changing money, etc. These forms are also used in advertisements and instruction leaflets.

Maga (sing.) and **maguk** (pl.) are formal. They are used by adults who do not know each other very well.

Te (sing.) and **ti** (pl.) are used when speaking to children, friends and members of the family. This familiar form of address is very popular with young people, and it is becoming more widespread among older people as well.

People who address each other as **maga** to start off with might decide after a while to use the familiar **te** form. They celebrate this occasion at a **pertu** when, arms linked, they might drink a liqueur or **pálinka** (the Hungarian brandy) and exchange two **puszis** (*a light kiss*) on both cheeks saying **Szia!** (*Hello!*).

When uncertain, wait to see which form the Hungarian speaker is using and do likewise.

Greeting people

In formal and official situations the following greetings and farewells are used:

Greetings	
up to about 10am:	**Jó reggelt (kívánok)!** *Good morning.*
between 10am and 7pm:	**Jó napot (kívánok)!** *Good morning/afternoon.*
after 7pm:	**Jó estét (kívánok)!** *Good evening.*
Farewells	
any time of the day:	**(A) viszontlátásra!** *Goodbye.*
	Viszlát! (short for the above – but less formal)
late at night:	**Jó éjszakát (kívánok)!** *Good night!*

Kívánok (*I wish*) can be left out, though the expressions using **kívánok** are slightly more polite.

Tessék is a multi-purpose expression. It means all of the following:

Here you are when handing something to somebody,
Come in when answering a knock at the door,
Hallo when answering the phone,
What can I do for you? in a shop,
Take a seat when pointing to a chair,
Yes, it is when asked if a table or chair is free,
Pardon? if you raise your voice on the last syllable making it a question.

 —————— **Nyelvtan (*Grammar*)** ——————

1 Personal pronouns (*i.e. I, you, he, she, etc.*)

	Singular		Plural	
1st person	**én** *I*		**mi** *we*	
2nd person	**te** (fam.)		**ti** (fam.)	
	maga (form.)	} *you*	**maguk** (form.)	} *you*
	ön (off.)		**önök** (off.)	
3rd person	**ő** *he, she*		**ők** *they*	

- Except for **ő** and **ők**, personal pronouns are usually omitted.

Magyar vagyok.	*I am Hungarian.*
Skót vagy? [⌣]	*Are you Scottish?*
Ő angol.	*He / she is English.*

However, they are retained for emphasis or clarity.

Én angol vagyok. És **te?**	*I'm English. And what about you?*
Én magyar vagyok.	*I'm Hungarian.*

- Note that **ő** means *he* or *she*, but it can never mean *it*.

2 Lenni *(to be)*

Singular		Plural	
(én) **vagyok**	*I am*	(mi) **vagyunk**	*we are*
(te) **vagy**	*you are* (fam.)	(ti) **vagytok**	*you are* (fam.)
(maga) **van**	*you are* (form.)	(maguk) **vannak**	*you are* (form.)
(ön) **van**	*you are* (off.)	(önök) **vannak**	*you are* (off.)
(ő) **van**	*he/she is*	(ők) **vannak**	*they are*

Van and **vannak** are omitted when describing people or giving their jobs and nationalities.

John skót.	*John is Scottish.*
Ön angol? [⌣]	*Are you English?*
Maga tanár? [⌣]	*Are you a teacher?*
Jill csinos.	*Jill is pretty.*

Ön and **maga** are used with the 3rd person singular form (i.e. **van**), and **önök** and **maguk** are used with the 3rd person plural form (i.e. **vannak**).

As there is no difference between the forms taken by **ön** and **maga**, or **önök** and **maguk**, they will be referred to as formal.

3 *The* (a, az)

The word for *the* (the definite article) is **a** or **az** in Hungarian. **A** is used before words starting with a consonant, e.g. **a fiatalember** (*the young man*). **Az** is used before words beginning with a vowel, e.g. **az útlevél** (*the passport*).

4 Nationalities

Names of nationalities are spelt with a small letter: such as **angol** (*English*) and **magyar** (*Hungarian*).

5 Intonation

(*a*) Statements in Hungarian have a falling intonation. (In the diagrams below the three lines indicate the pitch, i.e. the height of your voice.)

Angol vagyok.   Marlon amerikai.

(*b*) Question-word questions (i.e. those beginning with a question word like **mi?** *what?*) rise high on the first syllable and then fall to a medium pitch.

Mi a neve?

(*c*) Yes-or-no questions (i.e. those which do not begin with a question word and can be answered with yes or no such as **Ön angol?** *Are you English?*) pose the only real difficulty for English speakers. Your voice starts on medium pitch and then drops a bit before going up either on the last or on the penultimate syllable. In the latter case, it has to come down again.

Ön angol?   Marlon amerikai?

You will find in square brackets an indication of the correct intonation for yes-or-no questions.

Ön angol? [‿]   *Are you English?*
Marlon amerikai? [‿⌃]   *Is Marlon American?*

✳ Listen to native speakers and try to imitate their intonation (the signs, e.g. [⌣], in this book are a guideline only). After a while it will come instinctively. It is important that you make an effort, because the only difference between a statement and a yes-or-no question might be whether your voice is going up or coming down at the end of a sentence.

Péter magyar.

Péter magyar?

❤ ———— **Gyakorlatok (*Exercises*)** ————

1 Select the correct response to each of the following questions and requests:

(a) Jó estét kívánok!
    (i) Jó éjszakát!
    (ii) Viszontlátásra!
    (iii) Jó estét!

(b) Az útlevelét, legyen szíves!
    (i) Köszönöm.
    (ii) Tessék.
    (iii) Rendben van.

(c) Mi a neve?
    (i) Skót vagyok.
    (ii) Franks Joe.
    (iii) Joe Franks.

(d) Ön skót?
    (i) Értem.
    (ii) Joe.
    (iii) Igen, skót vagyok.

(e) Van valami elvámolnivalója?
    (i) Nem értem.
    (ii) Köszönöm.
    (iii) Viszontlátásra!

Van valami elvámolnivalója? [⌣]   *Have you got anything to declare?* (form.)

---

2 Write down the appropriate greetings and farewells.

(a) It is 9 o'clock in the morning and you want to have some breakfast. You have run out of milk. You go down to the local **ABC** to get some. How do you greet the shop assistant?

(b) After breakfast you go to see the sights of Budapest. First you need a map of Budapest. You enter a **trafik**. It is 11.30. Greet the woman behind the counter.

(c) It is 7 o'clock in the evening and you are very hungry and thirsty. You have an hour before your concert starts. You go to an **étterem**. How do you reply to the waiter's greeting?

(d) You have had a good meal and you are ready to leave. How do you say goodbye to the cloakroom attendant?

(e) It is late. After a long day, you are very tired and decide to take a taxi home. Having arrived, you hand the driver the fare with your tip. What do you say?

3 Jane Morris is a tourist from England. She decides to rent an **Ibusz szoba** while staying in Budapest (it is like an English bed and breakfast without the breakfast). She goes to a travel agency where, among other things, she is asked the following:

Fiatal nő Neve? [~]
Jane Jane Morris.
Fiatal nő Angol? [~]
Jane Igen.
Fiatal nő Mi a foglalkozása?
Jane Diák vagyok.

fiatal *young*	**Mi a foglalkozása?** *What is your*
nő *woman*	*occupation?/What do you do?* (form.)
	diák *student*

The following people are also queuing to book a room. What are they being asked, and what are their answers? Make up similar dialogues using the information provided, and then act them out.

név	állampolgárság	foglalkozás
(a) Shirley Smith	kanadai	titkárnő
(b) Jane Ferguson	brit	tanár
(c) Michael Collins	ír	üzletember

név *name*	**brit** *British*
állampolgárság* *citizenship*	**tanár** *teacher*
foglalkozás *occupation*	**ír** *Irish*
kanadai *Canadian*	**üzletember** *businessman*
titkárnő *secretary*	

*On official forms in Hungary you are asked about your citizenship, not your nationality, e.g. an English national is a British citizen.

4   What do you know about the person who filled in this form?

családi neve *your family name* (form.)	**ausztrál** *Australian*
utóneve *your first name* (form.)	**foglalkozása** *your occupation* (form.)
állampolgársága *your citizenship* (form.)	**mérnök** *engineer*

John McGregor ausztrál mérnök.

Write similar sentences about the following people:

	Családi neve	Utóneve	Állampolgársága	Foglalkozása
(a)	Szabó	Géza	magyar	orvos
(b)	Long	Elizabeth	amerikai	újságíró
(c)	Campbell	George	brit	rendőr

orvos *doctor*	**rendőr** *policeman*
újságíró *journalist*	

5   Answer the following questions using the information provided.

Tim Scott angol pincér.   Jeremy Douglas
skót színész.

Patrick Murphy
ír autószerelő.

pincér *waiter*	**autószerelő** *car mechanic*
színész *actor*	

(a)   Tim ír? [⌣]
(b)   Mi Tim foglalkozása? (*What is Tim's occupation?*)
(c)   Mi Tim családi neve? (*What is Tim's surname?*)
(d)   Jeremy skót? [⌣]
(e)   Jeremy autószerelő? [⌣]
(f)   Patrick angol? [⌣]
(g)   Mi Patrick foglalkozása?

6   Which is the correct alternative: **a** or **az**?

(a)   **A/Az** Ibusz szoba tiszta.
(b)   **A/Az** pincér skót.
(c)   **A/Az** színész neve Laurence Olivier.
(d)   **A/Az** autószerelő neve nem Douglas.

tiszta   *clean*

7   Answer these questions about yourself.

(a)   Mi a neve?
(b)   Mi a családi neve?
(c)   Mi a foglalkozása?
(d)   Ön ír? [⌣]

8 Look at the writing below, and write similar sentences about yourself.

Pontifex Zsuzsa vagyok.

Magyar vagyok.

Tanár vagyok.

—— Érti? (*Do you understand?*) ——

After seeing the sights of Szeged, Henry Trowte finds a good restaurant where he wants to try the famous fish soup Szeged-style. He approaches a table where a young woman is studying the menu.

Henry Trowte	Jó estét kívánok!
Halász Edit	Jó estét!
Henry Trowte	Szabad?
Halász Edit	Tessék. Maga nem magyar, ugye?
Henry Trowte	Nem, angol vagyok. Milyen itt a halászlé? Jó?
Halász Edit	Igen, nagyon finom.
Henry Trowte	Kíváncsi vagyok, mert szakács vagyok. És mi a maga foglalkozása?
Halász Edit	Én újságíró vagyok.

Szabad? [~]	*Is this place free?*	**finom**	*delicious*
Milyen...?	*What is...like?*	**kíváncsi**	*curious*
itt *here*		**mert**	*because*
halászlé	*fish soup*	**szakács**	*cook*
jó *good*			

Igaz vagy nem igaz? (*True or false?*) Correct and re-write the false statements.

(*a*) Henry Trowte angol újságíró.
(*b*) Halász Edit magyar szakács.
(*c*) A halászlé itt finom.

2

KÉRSZ EGY FEKETÉT?
Would you like a black coffee?

In this unit you will learn how to

- offer somebody food or drink
- accept or refuse an invitation
- introduce people and what to say when you are introduced
- ask if someone speaks a language
- express regret
- say whether you like, or do not like, something

 ——————— **Párbeszéd** ———————

Jill is in Budapest for the first time. After a day spent sightseeing she drops in to see Mari, her Hungarian friend.

Jill	Szia, Mari!
Mari	Szia, Jill! Hogy vagy?
Jill	Kösz, jól. Csak egy kicsit fáradt vagyok.
Mari	Kérsz egy feketét?
Jill	Köszönöm, kérek.
Mari	(handing it to her) Tessék!
Jill	Köszönöm szépen.
Mari	Szívesen.

Jill	(*taking a sip*) Egy kicsit erős, de nagyon finom.
	(*Ildi, Mari's sister, enters the room. Mari introduces them.*)
Mari	(*pointing to them*) Ildi, Jill, Jill, Ildi.
Ildi	Szia, Ildi vagyok.
Jill	Szia, Jill vagyok.
	(*They shake hands.*)
Ildi	Hogy tetszik Budapest?
Jill	Szerintem nagyon szép város.
Ildi	Jól beszélsz magyarul!
Jill	Én? Á, nem. Sajnos csak egy kicsit tudok magyarul.

 ———— **Szavak és kifejezések** ————

Szia! *Hello!*
Hogy vagy? *How are you?* (fam.)
Kösz, jól. *Fine thanks.* (fam.)
jól *well*
csak *only*
egy kicsit *a little, a bit*
Fáradt (pron. fáratt) **vagyok.** *I am tired.*
Kérsz egy feketét? [~·] *Would you like a black coffee?*
fekete *black coffee*
Köszönöm, kérek. *Yes, please.*
Köszönöm szépen. *Thank you very much.*
Szívesen. *You are welcome.*
erős *strong*

de *but*
Nagyon finom. *It is delicious.*
Hogy tetszik (*pron.* teccik)
Budapest? *How do you like Budapest?*
szerintem *in my opinion*
nagyon *very*
szép *beautiful*
város *city*
Jól beszélsz magyarul! *You speak Hungarian well.*
Én? *Me?*
Á, nem. *Oh, no.*
sajnos *unfortunately*
Csak egy kicsit tudok magyarul. *I only know a little Hungarian.*

Note: the **-t** ending of **feketét** is explained in Unit 3. At this stage just learn the particular expression when you come across it.

Kérdések

1 Igaz vagy nem igaz? (*True or false?*) Correct and re-write the false statements.

   (a) Jill jól van.

(b)　Jill egy kicsit éhes.
(c)　Jill nem kér feketét.
(d)　A fekete nagyon finom.
(e)　Jill nagyon jól tud magyarul.

éhes	hungry

2　Feleljen a kérdésekre! (*Answer the questions.*)

(a)　Hogy van Jill?
(b)　Fáradt Jill? [⌄]
(c)　Kér Jill feketét? [⌄]
(d)　Finom a fekete? [⌄]
(e)　Jól beszél Jill magyarul? [⌄]

—— **Magyarország és a magyarok** ——

Informal greetings

In informal situations (i.e. when addressing people with **te** or **ti**) the following words are used as both greetings and farewells at any time of the day:

To one person	To two or more people
Szia!	**Sziasztok!**
Szevasz!	**Szevasztok!**
Szervusz!	**Szervusztok!**

Szervusz! and **Szervusztok!** are out of fashion now, though they are often used by the older generation when speaking to friends, relatives and children. Most people pronounce these words with a **b** (szerbusz, szerbusztok).

Hogy vagy?

In Hungary this question is not asked as often as in England. It is usually a real question, therefore you can complain! In informal situations use **Hogy vagy?** (sing.) and **Hogy vagytok?** (pl.); and in formal situations (i.e. when you address people as **maga/maguk** or **ön/önök**) use **Hogy van?** (sing.) and **Hogy vannak?** (pl.).

Introducing people

In Hungary, just as in England, people shake hands when they are introduced. When you are introduced in an informal situation, say **Szia!** and give your first name, e.g. **Jill vagyok.** *I'm Jill.* In formal situations give your full name, e.g. **Jill Hunter vagyok.** *I'm Jill Hunter.*

When saying goodbye you can use the expression: **Örülök, hogy megismertelek.** (sing. fam.) or **Örülök, hogy megismertem.** (sing. form.) *It was nice to meet you.*

In informal situations (e.g. at a party) you do not have to wait for someone to introduce you. You can introduce yourself.

Shaking hands

An introduction is not the only occasion when people shake hands. Men shake hands every time they meet or part. Some men, with an old-fashioned sense of courtesy, like to kiss the hand of a woman. Women friends or relatives give a light kiss called a **puszi** on both cheeks. Men and women can also exchange two **puszi**s when they are friends or relatives.

Hungarian hospitality

Hungarians are famous for their hospitality. But be prepared! This often means filling their guests with food and drink. If you are offered some food or drink and you are happy to accept it, say: **Köszönöm, kérek.** *Yes, please.* If you do not want it, be firm and say: **Köszönöm, nem kérek.** *No, thank you.* If you are offered a choice, when accepting, you also have to say what you want:

Kérsz kávét vagy teát? [⌣]	*Would you like coffee or tea?*
Köszönöm, kávét kérek.	*I'd like coffee, please.*
Köszönöm, teát kérek.	*I'd like tea, please.*

Before starting a meal it is customary to say to people: **Jó étvágyat kívánok!** or just **Jó étvágyat!** *Bon appetit!* People will respond by either saying the same, or **Köszönöm, viszont.** *Thank you, the same to you.* Before drinks people say:

Egészségedre! (*pron.* egésségedre)	*To your health!* (sing. fam.)
Egészségetekre! (*pron.* egésségetekre)	*To your health!* (pl. fam.)

Egészségére! (*pron.* egésségére)   *To your health!* (sing. form.)
Egészségükre! (*pron.* egésségükre)   *To your health!* (pl. form.)

If all these forms seem too much to learn, just remember **Egészségünkre!** (*pron.* egésségünkre) *To our health!* It is good in any situation.

After a meal or a drink it is polite to say thank you for it.

Köszönöm a kávét.   *Thank you for the coffee.*

Köszönöm a teát.   *Thank you for the tea.*

And a little praise is most welcome:

Nagyon finom volt.   *It was delicious.*

They will probably answer: **Egészségedre!** (fam.) or **Egészségére!** (form.)

Note that **Egészségedre!** or **Egészségére!** meaning *Bless you!* are also used when somebody sneezes.

Hungarian coffee and tea

Hungarian coffee is called **kávé** (*coffee*), **fekete kávé** (*black coffee*) or just **fekete** (*black*). (In cafés, it is sometimes called **dupla** (*double*).) Hungarians drink a lot of it. It is small and very strong and probably not to the taste of most English people. You might want to ask for a little extra water. Just say to the waiter:

A kávé nagyon erős. Kérek   *The coffee is very strong.*
még vizet bele.   *I'd like more water in it.*

Hungarians will probably regard this as highly eccentric or amusing as they consider the coffee served at cafés and restaurants as very weak. Tea is drunk with lemon in Hungary. It is usually much weaker than in Britain.

Visiting friends

In Hungary, even in big cities, friends just drop in on each other without telephoning beforehand. However, if your stay is short and you do not want to waste your time, it is advisable to establish first that people are in at the time you want to see them. If you are invited to lunch or dinner, the customary gift to take is a bunch of flowers for the hostess, not a bottle of wine! (Unless your host is a man.)

Hogy tetszik ..? This is an impersonal form. (The nearest equivalent in English would be: *How does... appeal to you?*) When answering this question you can say:

Tetszik.	*I like it.*
Nagyon tetszik.	*I like it very much.*
Nem tetszik.	*I don't like it.*

Or describe what or who you are asked about.

Hogy tetszik Budapest?	*How do you like Budapest?*
Szép város.	*It is a beautiful city.*

Szerintem (Lit. *according to me*) is used when expressing what one thinks about somebody or something, e.g. **Szerintem Szeged szép város**. *In my opinion, Szeged is a beautiful town.*

Kösz and also **köszi** mean *thanks*. They are used only in informal situations.

 —————————— **Nyelvtan** ——————————

1 Verbs

Verbs (i.e. words expressing an action or state like *go, be, happen,* etc.) are conjugated in Hungarian. This means that you put endings after the stem of the verb. (The stem is the simplest form of a word i.e. without any ending like **tud** *know* or **beszél** *speak*.)

The function of an ending is to identify who you are talking about and to establish the time of the action (i.e. whether it takes place in the past, present or future). The form of a verb which shows the time of an action is called the *tense*, (e.g. *walked* past tense, *walks* present tense, and *will walk* future tense).

As the ending of a verb always identifies who you are talking about, the personal pronouns are usually omitted. They are only retained for emphasis or clarity.

Én beszélek angolul, nem Zoltán. *I speak English, not Zoltán.*

Hungarian verbs are listed in dictionaries in their 3rd person singular form, e.g. **tud** and **beszél.** They are presented in the same way throughout this book.

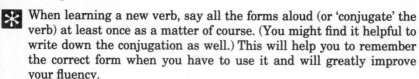 When learning a new verb, say all the forms aloud (or 'conjugate' the verb) at least once as a matter of course. (You might find it helpful to write down the conjugation as well.) This will help you to remember the correct form when you have to use it and will greatly improve your fluency.

2 Present tense: standard verbs with singular forms

Back vowel verbs

(én)	tud**ok**	*I know*
(te)	tud**sz**	*you know* (fam.)
(maga/ön)	tud	*you know* (form.)
(ő)	tud	*he/she knows*

Note that **tudsz** is pronounced tucc.

Front vowel verbs

(én)	beszél**ek**	*I speak*
(te)	beszél**sz**	*you speak* (fam.)
(maga/ön)	beszél	*you speak* (form.)
(ő)	beszél	*he/she speaks*

There is only one present tense in Hungarian (i.e. there is no difference between *I speak* and *I am speaking*). Both these phrases can be translated as **beszélek.**

In the case of most verbs (see other types in later units) the verb stem and the 3rd person singular form are the same.

Ön and **maga** always take the 3rd person singular form of the verb. In the case of the 1st person singular there are two endings **-ok** and **-ek**. Because of vowel harmony (see below), back vowel verbs take **-ok** and front vowel verbs take **-ek**.

3 Vowel harmony

Hungarian vowels fall into two groups: *back vowels* and *front vowels*.

(Back vowels are formed at the back of the mouth and front vowels are formed at the front of your mouth. Hence the name.)

The back vowels are:	The front vowels are:
a – á	e – é
o – ó	i – í
u – ú	ö – ő
	ü – ű

✳ The easiest way to remember whether a vowel is front or back is by learning the word **autó** (*car*). It contains three back vowels: **a**, **u** and **ó**. By adding the second half of each pair (i.e. **á**, **ú** and **o**) you get all the back vowels. All the others are front vowels.

Hungarian words also fall into two groups: back vowel words and front vowel words. Front vowel words only have front vowels in them, e.g. **fekete**, **beszél**. Back vowel words, however, may contain not only back but also front vowels, e.g. **tud**, **amerikai**.

Front vowel words take front vowel endings and back vowel words, with a few exceptions, take back vowel endings. So the vowels of the word stem and its ending(s) are in harmony. This is called *vowel harmony*, and it is a feature of Hungarian.

Most endings have two forms: one with a back vowel, the other with a front vowel in it. With the exception of a few endings which have only one form, vowel harmony has to be applied when deciding on the right form of ending to be joined to the word stem.

4 The -ul and -ül ending

Because of vowel harmony, back vowel words take **-ul**, and front vowel words take **-ül**. This ending has no English equivalent and is used when referring to languages with phrases such as:

tud németül	*know German*	**tanul** franciául	*learn French*
beszél magyarul	*speak Hungarian*		

Beszél angolul? [⌐] 　　　*Do you speak English?* (form.)
Sajnos **nem tudok németül.**　　*Unfortunately I don't know German.*

Magyarul tanulok.   *I'm learning Hungarian.*

Note that **a** and **e**, at the end of words, usually change to **á** and **é** before endings, e.g. francia – franciául.

5 Van

Van and **vannak** cannot be omitted when asking or stating how somebody is:

Hogy van Jill?   *How is Jill?*
Jill **jól van.**   *Jill is fine.*
Cf. **Jill fáradt.**   *Jill is tired.*

6 A and an (egy)

A/an (the indefinite article) is **egy** in Hungarian. It has only one form, e.g. **egy** fekete *a black coffee*, **egy** angol fiatalember *a young Englishman*. Note that it is used less in Hungarian than in English. It is not used when giving someone's profession, e.g. **Péter orvos.** *Péter is a doctor.*

Gyakorlatok

1 Select the correct response to each of the following questions and statements:

(a) Szia!
    (i) Jó napot!
    (ii) Hogy vagy?
    (iii) Szia!

(b) Kér egy feketét?
    (i) Köszönöm, nem kérek.
    (ii) Kérsz.
    (iii) Én? Á, nem.

(c) Kérsz kávét vagy teát?
    (i) Köszönöm, kérek.
    (ii) Kávét.
    (iii) Köszönöm, kávét kérek.

(d) Hogy vagy?
    (i) Szívesen.
    (ii) Kösz, jól.
    (iii) Köszönöm szépen.

(e)	Köszönöm szépen.	(i)	Tessék.
		(ii)	Szívesen.
		(iii)	Kösz.
(f)	Jó étvágyat!	(i)	Egészségére!
		(ii)	Tetszik.
		(iii)	Jó étvágyat kívánok!
(g)	Ildi, Jill, Jill, Ildi.	(i)	Szia, Jill vagyok.
		(ii)	Örülök, hogy megismertelek.
		(iii)	Hogy vagy?

2 Some words below are misplaced. Put them in their correct circles.

3 Which is the correct alternative?

(a) Én **beszélek/beszél** angolul.
(b) Ön **tanul/tanulsz** németül.
(c) Te **beszél/beszélsz** franciául? [↵]
(d) Ő **tanulok/tanul** spanyolul.
(e) Maga **tudok/tud** magyarul? [↵]

német German	**spanyol** Spanish
francia French	

4 Make up sentences using the information provided below. Here is the Ťrst one for you: (a) Jól tudok angolul.

	ki?	hogy?	beszél	tud	tanul	nyelv
(a)	én	jól		✓		angol
(b)	ön	elég jól	✓			francia
(c)	te	egy kicsit		✓		német
(d)	maga	nagyon jól	✓			olasz
(e)	én				✓	magyar
(f)	János	csak egy kicsit	✓			spanyol

Ki?	*Who?*	**elég jól**	*quite well*
Hogy?	*How well?*	**olasz**	*Italian*
nyelv	*language*		

5 A Hungarian woman stops you in the street to ask you something.

(a) Ask her to repeat it.
(b) Say that you do not understand.
(c) Tell her that you are English.
(d) Tell her that unfortunately you only know a little Hungarian.
(e) Ask her if she speaks English.
(f) She says she does not. Say goodbye.

6 You are invited to a **buli** (*party*) by your Hungarian friend, Gabi. She offers you some food and drink. Fill in your part of the dialogue and then act it out from memory.

Gabi Szia!
(a) *Say hello to her.*
Gabi Hogy vagy?
(b) *Tell her that you are well, but you are a bit thirsty* (**szomjas**).
Gabi Kérsz sört vagy üdítőt? [↘]
(c) *Tell her that you want some beer.*
Gabi Tessék. Egészségedre!
(d) *Say 'Cheers'.*
Gabi Milyen a sör? Finom? [↗]
(e) *Say that it is very nice.*
Gabi Éhes vagy? [↘]
(f) *Say that you are hungry.*
Gabi Kérsz egy szendvicset? [↘]
(g) *Accept it.*
Gabi Tessék. Jó étvágyat!
(h) *Say 'Thank you very much.'*
Gabi Szívesen.

sör	*beer*	**szendvics**	*sandwich*
üdítő	*soft drink*		

7 Gabi's friend, Zoli has arrived. She introduces you to him and you have a chat. Fill in your part of the conversation and then act it out.

Gabi   Zoli, ĽĽĽ, ĽĽĽ, Zoli
Zoli   Szia, Zoli vagyok.
(a)   *Give him your name.*
Zoli   Bocsánat, hogy hívnak?
(b)   *Repeat your name.*
Zoli   Te angol vagy? [~⁴]
(c)   *Give your nationality.*
Zoli   Nagyon jól beszélsz magyarul!
(d)   *Say that unfortunately you only know a little Hungarian.*
Zoli   Nehéz nyelv a magyar? [~⁴]
(e)   *Say that it is, but it is interesting* (**érdekes**).
Zoli   És hogy tetszik Magyarország?
(f)   *Tell him that you like it very much.*

Bocsánat. *Sorry.*	**nehéz** *difficult*
Hogy hívnak? *What do they call you?* (fam.)	**Magyarország** *Hungary*

---

8   Who thinks what? Make up sentences using the information given below. Here is the Ťrst one for you:

(a)   Ági szerint az angol nem nehéz nyelv.

ki szerint?	**nyelv**	**milyen?**
(a) Ági	angol	nem nehéz
(b) Kati	német	elég nehéz
(c) Pál	francia	egy kicsit nehéz
(d) Andrea	olasz	nehéz
(e) John	magyar	nagyon nehéz

Ági szerint *in Ági's opinion* (Lit. *according to Ági*)

---

9   You are staying with friends in Hungary. It is very late and you are tired. Tell them that you are very sleepy and wish them good night. Complete the crossword puzzle below, and you will Ťnd the Hungarian word for sleepy.

(a)   *tired* in Hungarian.
(b)   Hungarian Ťsh soup.
(c)   *businessman* in Hungarian.
(d)   *English* in Hungarian.
(e)   *and* in Hungarian.

Érti?

John Taylor is an American businessman. He has come to see Mr Halmos, the director of the Hungarian Institute for Market Research. He finds Irénke, Mr Halmos's secretary in the office.

Taylor úr	Jó reggelt kívánok! John Taylor vagyok. Itt van Halmos Géza?
Irénke	Jó reggelt! Egy pillanat. (*She goes into the other room.*) Igazgató úr*, John Taylor keresi.
Halmos úr	(*coming out of his room*) Jó reggelt kívánok! John Taylor?
Taylor úr	Igen.
Halmos úr	Halmos Géza vagyok. (*They shake hands.*)
Halmos úr	(*pointing to a chair*) Tessék, foglaljon helyet!
Taylor úr	Köszönöm.
Halmos úr	Kér kávét vagy üdítőt?
Taylor úr	Köszönöm, ha lehet egy kólát kérek. Nagyon szomjas vagyok.
Halmos úr	Irénke, egy kólát és egy kávét, legyen szíves!

Egy pillanat. *Just a moment.*	**Foglaljon** (*pron.* foglaljon) **helyet!**
igazgató *director*	*Take a seat.*
John Taylor keresi. *John Taylor is*	**ha lehet** *if possible*
here to see you.	**legyen szíves** *please* (form.)

---

*Men are sometimes addressed by using the name of their profession followed by the word **úr**, e.g. **igazgató úr, mérnök úr**.

Igaz vagy nem igaz? (*True or false?*) Correct and re-write the false statements.

(*a*) Halmos Géza igazgató.
(*b*) Taylor úr angol üzletember.
(*c*) Irénke újságíró.
(*d*) Taylor úr kávét kér.
(*e*) Halmos Géza üdítőt kér.

3

PINCÉR!
Waiter!

In this unit you will learn how to

- order a meal at a restaurant
- book a room
- ask somebody to speak more slowly
- say if you like or dislike some food or drink

 —————————— **Párbeszéd** ——————————

On Jenny's last day in Hungary, her friend János treats her to a meal at a restaurant.

	(They enter.)
János	Szabad ez az asztal?
Pincér	Sajnos foglalt. De az ott szabad.
	(They sit down.)
János	Kérünk egy étlapot.
Pincér	Tessék.
János	Köszönöm. Mit kérsz, Jenny?
Jenny	Egy gulyáslevest és utána pörköltet.

János	Salátát is kérsz?
Jenny	Igen, uborkasalátát is kérek.
János	És mit kérsz inni?
Jenny	Talán egy pohár vörös bort.
János	Én is vörös bort kérek. Pincér!
Pincér	Mit parancsolnak?
János	Először egy gulyáslevest és egy hideg gyümölcslevest kérünk, utána pedig egy pörköltet és egy paprikás csirkét. És két uborkasalátát is, legyen szíves.
Pincér	És inni mit hozhatok?
János	Egy üveg egri bikavért kérünk.
	(after the waiter has brought the soup)
János	Hogy ízlik a magyar gulyás, Jenny?
Jenny	Nagyon finom!
János	Örülök, hogy ízlik.
	(after the meal)
János	Pincér! Fizetek!

 —— **Szavak és kifejezések** ——

Szabad ez az asztal? [⤸] *Is this table free?*
pincér *waiter*
foglalt *taken*
Az ott szabad. *That one over there is free.*
Kérünk egy étlapot. *The menu, please.*
Mit kérsz, Jenny? *What would you like, Jenny?*
Egy gulyáslevest és utána pörköltet. *A goulash and then a stew.*
Salátát is kérsz? [⤸] *Would you like salad as well?*
uborkasaláta ('-t) *cucumber salad*
És mit kérsz inni? [⤸] *And what would you like to drink?*

Talán egy pohár vörös bort. *Perhaps a glass of red wine.*
Mit parancsolnak? *What will you have?*
először *first of all*
hideg *cold*
gyümölcsleves (-t) *fruit soup*
pedig *and*
paprikás csirke ('-t) *paprika chicken*
két *two*
És inni mit hozhatok? [⤸] *And what can I bring you to drink?*
egy üveg egri bikavér (-t) *a bottle of 'Bull's Blood'*
Hogy ízlik ..? *How do you like ..?*
Örülök. *I am glad.*
Fizetek! *The bill, please!*

Kérdések

1 Melyik igaz? (*Which is true?*) Select the correct expression.

    (a) Jenny ... kér.   (i) gulyáslevest
                                 (ii) egy étlapot
    (b) Jenny ... vörös bort kér   (i) egy üveg
          inni.   (ii) egy pohár
    (c) Jenny szerint a magyar   (i) finom
          gulyás ...   (ii) szép

2 Feleljen a kérdésekre!

    (a) Milyen levest kér János?
    (b) Utána pörköltet kér? [⤸]
    (c) János is kér salátát? [⤸]
    (d) Az egri bikavér fehér bor? [⤸]

Milyen? *What kind of?,*   **fehér bor** *white wine*
what sort of?

—— **Magyarország és a magyarok** ——

Restaurants

There are all sorts of places where you can eat in Hungary. **Étterem** is the most common word for a restaurant. However, you might also come across a **vendéglő**, also a restaurant, but usually cheaper, or a **csárda**, a country inn with a rustic atmosphere. If you are a student trying to eat cheaply, an **önkiszolgáló étterem** (*self-service restaurant*) is the place for you. You might just want a quick bite, in which case try a **bisztró**, a small restaurant or a **büfé** (*buffet*) for hot and cold sandwiches. At a **pecsenyés** or a **falatozó** or a **lángossütő**, quick Hungarian specialities are served.

In some restaurants gypsy music is played at night. The fiddlers like to go up to tables to play people's favourite melodies. Once they have come to your table, the only way to make them leave, is to stick some banknotes in their fiddles!

Pincér! (*Waiter!*) To call the waiter try to catch his or her eye, and lift your hand saying: **Pincér!**

Paying

It is advisable to take cash with you, though more and more places accept credit cards as well.

If you are a businessman and want to keep the receipt, say **Közületi számlát kérek.** *I'd like to have an official receipt.*

Tipping

Service is not usually included in the bill. Therefore it is customary to give some **borravaló** (*tip*). It is usually between 10 and 15 per cent. Hungarians do not leave the tip on the table in restaurants. They give it to the waiter when paying. If you want the waiter to keep the change just say: **Köszönöm,** or alternatively, you can wait for your change and give him his tip, saying **Köszönöm.** Tipping is common in Hungary (though sometimes it is less than 10 per cent). Hungarians tip taxi drivers, waiters, hairdressers, petrol pump attendants, hotel staff, cloakroom attendants, newsagents, gas and electricity meter readers, doctors, nurses and so on.

Cafés

Hungarians like to meet and chat at places where they can have a cake and a coffee or a soft drink. **Cukrászda, presszó** or **eszpresszó** are the most common words for a café.

Places for a drink

The most common words for a pub are **kocsma** or **italbolt.** These, however, usually mean rather basic places for local workmen. They serve not only beer, but wine as well. **Söröző** would be the nearest equivalent to a pub. **Borozó** is a wine bar but again, usually it does not really correspond to its Western equivalents.

Hungarian cuisine

This boasts a great variety of delicious dishes. Hungarians like their food. It is spicy and there is plenty of it. **Reggeli** (*breakfast*) is bread and butter with cheese, ham or salami. **Ebéd** (*lunch*) is the main meal of the day. Hungary is a land of soups. Most lunches, sometimes even dinners start with it. (The famous **gulyás,** though substantial, is mostly a soup, not a stew in Hungary.) Pork dishes are very popular. If there is a third course, it is usually some heavy cake! Traditionally, Hungarians cook with animal fat rather than oil, and **pirospaprika** (*red pepper*) gives Hungarian dishes a special colour and flavour. **Vacsora** (*evening meal*) for some people is just as substantial as lunch, but others prefer to have something cold and light. Sunday lunch is the main meal of the week when most families are together.

Hogy ízlik..? Just like **Hogy tetszik..?**, this is also an impersonal form and means *How do you like..?* The word **tetszik** is used for things or people which can be described as **szép** (*beautiful*), e.g. **Tetszik Pécs?** [◡] *Do you like Pécs?* **Ízlik** is used for things which can be described as **finom** (i.e. food or drink), e.g. **Ízlik a gulyás?** [◡] *Do you like goulash?*

Parancsol (Lit. *order*) is often used by people who provide some kind of service for other people. For example:

(in a shop):   **Tessék parancsolni.** *What can I do for you?*
(in a taxi):   **Hova parancsol?** *Where would you like to go?*
(at a restaurant): **Mit parancsolnak?** *What would you like?*

Legyen szíves (*please* – sing.) is used in formal situations. In informal situations, use **légy szíves** (sing.). The plural forms are **legyenek szívesek** (form.) and **legyetek szívesek** (fam.). Hungarians do not use these phrases as often as the English. They are very useful though when asking for something, e.g. **Egy pörköltet, legyen szíves**. *A stew, please.*

Foglalt can be used when *asking if* or *stating that*:

(a) a table or a seat is occupied:

Szabad ez a hely? [◡]   *Is this seat free?*
Sajnos foglalt.   *Unfortunately it is taken.*

(b) the toilet is occupied

A WC (*pron*. vécé) **foglalt**.

(c) the telephone is engaged:

A telefon foglalt. or
Foglalt a vonal.   *The line is engaged.*

Nyelvtan

1 Present tense: standard verbs with plural forms

Back vowel verbs

(mi)	tud**unk**	we know
(ti)	tud**tok**	you know (fam.)
(maguk/önök)	tud**nak**	you know (form.)
(ők)	tud**nak**	they know

Front vowel verbs

(mi)	beszél**ünk**	we speak
(ti)	beszél**tek**	you speak (fam.)
(maguk/önök)	beszél**nek**	you speak (form.)
(ők)	beszél**nek**	they speak

Tudtok angolul? [⌐]   *Do you speak English?* (pl. fam.)
Beszélnek németül? [⌐]   *Do you / they speak German?*

2 Is *(too, also, as well)*

The word **is** always comes after the word that it refers to. It is never stressed, and it is pronounced together with the preceding word as if they were one word:

Én is kérek sört.   *I also want beer.* (i.e. someone else wants beer and so do I).

Én **sört is** kérek.   *I want beer as well.* (i.e. I want beer as well as something else).

The same in English is achieved by stressing the relevant word.

3 Pedig *(and, however, but, on the other hand)*

Pedig is usually the second expression after a pause in the second half of the sentence. It is used when expressing contrast.

Először levest kérek, utána	*First I want a soup and then*
pedig pörköltet.	*a stew.*
Ica kávét kér, Ági **pedig** teát.	*Ica wants coffee, but Ági wants tea.*

4 The -t ending

● The object of a Hungarian sentence is marked by **-t**. This is called the object (or accusative) ending. (Grammatically, the object is the person or thing that is the object of the action expressed by the verb. For example, in the sentences: *I saw Tom*, and *I gave him an apple*, the words *Tom* and *apple* are the objects.)

● Certain verbs, like for example **kér** (Lit. *ask for*) usually take an object and therefore require the use of the object ending, e.g. **Kérek egy levest.** *I'd like a soup, please.* Note that the word **köszönöm** also requires the object ending, e.g. **Köszönöm a vacsorát.** *Thank you for the supper.*

● If a word ends in a vowel the **-t** comes straight after it. As usual, the final **a** changes to **á**, and the final **e** to **é** before it.

| mi – mi**t** | kávé – kávé**t** |
| fekete – feket**ét** | tea – te**át** |

If a word ends in a consonant, a linking vowel will join the object ending to the word stem. In the case of back vowel words, the linking vowel is mostly **o**, sometimes **a**. In the case of front vowel words, the linking vowel is usually **e**, sometimes **ö**.

| étlap – étlap**ot** | pörkölt – pörkölt**et** |
| ház – ház**at** | gyümölcs – gyümölcs**öt** |

Quite a few words ending in a consonant, though, do not need a linking vowel before the object ending, e.g. sör – sör**t**, asztal – asztal**t**.

✳ This might seem complicated at this stage. To help you, in Part One, the object form of all new words will be given as they occur. In Part Two, as well as in the **Hungarian – English vocabulary** at the end of the book, only the object form of words ending in a consonant is given. It is a good start if you learn the words introduced in this unit with their object endings. But do not worry: even if you do not know the object form when you want to ask for something using the word **kérek**, just say the word itself. Though grammatically incorrect, people will still understand you.

Make a habit of learning the object form of each word as you come across them.

 —————————— **Gyakorlatok** ——————————

1 Choose the correct response to each of the following questions and requests:

(a) Szabad ez az asztal?   (i) Fizetek!
                                  (ii) Sajnos foglalt.
                                  (iii) Szívesen.

(b) Mit kér, Németh úr?   (i) Egy gulyásleves.
                                  (ii) Köszönöm, nem kérek.
                                  (iii) Egy pörköltet.

(c) És mit parancsolnak   (i) Az étlapot, legyen szíves.
    inni?   (ii) Köszönöm.
                                  (iii) Egy üveg vörös bort, legyen szíves.

(d) Hogy ízlik a paprikás   (i) Finom.
    csirke?   (ii) Nagyon szép.
                                  (iii) Tetszik.

2 Mr Fitzpatrick is on a business trip to Hungary. After a long day of meetings, he is taken out for a meal by his Hungarian colleague, Mr Kerekes. Study the menu overleaf first, and then match Mr Kerekes's questions with Mr Fitzpatrick's answers on page 49. Write down the whole conversation and then act it out from memory.

levesek (-et) *soups*	**zöldbabfőzelék** (-et) *bean dish*
Újházy tyúkhúsleves (-t) *Újházy chicken soup*	**hasábburgonya** ('-t) *chips*
paradicsomleves (-t) *tomato soup*	**rizs** (-t) *rice*
Jókai bableves (-t) *bean soup Jókai style*	**saláták** (-at) *salads*
zöldségleves (-t) (pron. zölcség) *vegetable soup*	**paradicsom saláta** ('-t) *tomato salad*
borsóleves (-t) *pea soup*	**vegyes saláta** ('-t) *mixed salad*
	savanyúság (-ot) *pickles*
	tészták (-at) *pasta dishes*

gombaleves (-t)   *mushroom soup*
hideg/meleg előételek (-et)
  cold/hot starters
hortobágyi palacsinta ('-t)
  savoury (meat) pancake
kaszinótojás (-t)   *Russian eggs*

készételek (-et)   *main dishes*
töltött káposzta ('-t)   *stuffed cabbage*
töltött paprika ('-t)   *stuffed peppers*
sertéspörkölt (-et)   *pork stew*
bécsi szelet (-et)   *Wiener Schnitzel*
rántott hal (-at)   *fish in batter*

főzelékek (-et) / **köretek** (-et)
  vegetable dishes/side dishes
zöldborsófőzelék (-et)   *pea dish*

káposztás kocka ('-t)   *pasta with cabbage*
túrós csusza ('-t)   *pasta with cottage cheese*
szilvás gombóc (-ot)   *plum dumpling*

édességek (-et)   *desserts*
meggyes rétes (-t)   *morello cherry strudel*
Gundel palacsinta ('-t)   *Gundel-style chocolate pancakes*
fagylalt (-ot)   *ice-cream*

italok (-at)   *drinks*
pezsgő (-t)   *champagne*
tokaji aszú (-t)   *a type of tokaji dessert wine*
száraz bor (-t)   *dry wine*
édes fehér bor (-t)   *sweet white wine*

Levesek			**Saláták**	
Újházy tyúkhúsleves	45 Ft		Paradicsom saláta	44 Ft
Paradicsomleves	36 Ft		Vegyes saláta	68 Ft
Jókai bableves	51 Ft		Savanyúság	29 Ft
Zöldségleves	37 Ft			
Borsóleves	41 Ft		**Tészták**	
Gombaleves	32 Ft		Káposztás kocka	37 Ft
			Túrós csusza	41 Ft
Hideg/meleg előételek			Szilvás gombóc	47 Ft
Hortobágyi palacsinta	77 Ft			
Kaszinótojás	45 Ft		**Édességek**	
			Meggyes rétes	33 Ft
Készételek			Gundel palacsinta	57 Ft
Töltött káposzta	83 Ft		Fagylalt	25 Ft
Töltött paprika	98 Ft			
Sertéspörkölt	108 Ft		**Italok**	
Bécsi szelet	114 Ft		Pezsgő	258 Ft
Rántott hal	99 Ft		Tokaji aszú	368 Ft
			Száraz fehér bor	95 Ft
Főzelékek/köretek			Édes fehér bor	100 Ft
Zöldborsófőzelék	52 Ft			
Zöldbabfőzelék	65 Ft			
Hasábburgonya	41 Ft			
Rizs	32 Ft			

(a) Mit kér, Fitzpatrick úr?
(b) Milyen levest kér?
(c) És utána? [↶]
(d) A töltött káposzta nagyon finom.
(e) És inni? Bort vagy sört kér? [↶]
(f) Édes vagy száraz bort kér? [↶]

(i) Nem is tudom. Mit ajánl?
(ii) Talán egy borsólevest kérek.
(iii) Jó, akkor töltött káposztát kérek.
(iv) Először egy levest kérek.
(v) Fehér bort kérek.
(vi) Száraz bort kérek.

Nem is tudom. *I don't really know.*
Mit ajánl? (sing. form.) ⎫
Mit ajánlasz? (sing. fam.) ⎬ *What do you recommend?*
Mit ajánlanak? (pl. form.) ⎮
Mit ajánlotok? (pl. fam.) ⎭

---

3 Imagine that you are sitting in the same restaurant at a nearby table. What, and how, would you order?

4 After some sightseeing in Budapest you decide to have an afternoon tea and a cake at the **New York kávéház** (*New York café*). First study the menu, then fill in your part of the conversation with the waiter.

Sütemények és torták		Italok	
Csokoládé torta	72 Ft	Ásványvíz	42 Ft
Somlói galuska	97 Ft	Paradicsomlé	68 Ft
Gesztenyepüré	89 Ft	Narancslé	76 Ft
Krémes	69 Ft		

---

sütemények (-et) *cakes*	**krémes** (-t) *cream cake*
torták (-at) *cakes*	**ásványvíz (ásványvizet)** *mineral*
csokoládé torta ('-t) *chocolate*	*water*
cake	**paradicsomlé (paradicsomlevet)**
somlói galuska ('-t) *cake with*	*tomato juice*
chocolate sauce and cream	**narancslé (narancslevet)**
gesztenyepüré (-t) *sweet*	*orange juice*
chestnut purée	

Pincér Jó napot kívánok!
(a) *Greet him and ask for the menu.*
Pincér Tessék.
(b) *Thank him. A few minutes later call him again.*
Pincér Tessék parancsolni.
(c) *Ask for a chestnut purée. Ask him if it is fresh (**friss**).*
Pincér Igen, friss. És inni mit hozhatok?
(d) *Ask him for tea.*
Pincér (*delivering your tea and chestnut purée*) Tessék parancsolni. Jó étvágyat kívánok!
(e) *Say thank you. After you have finished, ask for the bill.*

Tessék parancsolni. *Here you are.*

---

5 You have ordered some Jókai bean soup at a restaurant. When the soup arrives, you find that it is cold. Call the waiter and complain. At the same time, ask for some bread and salt as well. You will need to know the following words: **kenyér** (kenyeret) *bread*, **só** (-t) *salt*.

6 Put **is** in the correct place, so that the Hungarian and the English sentences mean the same.

(a) Én amerikai vagyok. *I'm American, too.* (i.e. not only you.)
(b) Attila franciául tud. *Attila also speaks French.* (i.e. he speaks another language as well.)
(c) Éva beszél angolul. *Éva speaks English, too.* (i.e. someone else speaks English as well.)
(d) Sört kérek. *I also want beer.* (i.e. I want something else too.)
(e) Te kérsz üdítőt? *Do you want a soft drink too?* (i.e. someone else wants one as well.)
(f) Palacsintát kér? *Do you want a pancake as well?* (i.e. you want something else as well.)

7 Which is the correct alternative?

    (a) Mi száraz bort **kérünk/kértek**.
    (b) Szerintem ők nem angolul **beszélnek/beszéltek**.
    (c) Ti hol **tanulsz/tanultok** magyarul?
    (d) Önök **tudtok/tudnak** spanyolul is?
    (e) Maguk mit **kértek/kérnek** inni?

8 You are having a glass of beer at a **söröző**, and a fast-talking Hungarian starts speaking to you. You do not understand him. Ask him to speak more slowly. Complete the word puzzle and you will find the word for *more slowly*:

    (*a*) *soup* in Hungarian
    (*b*) a typical Hungarian male name (there was a great Hun by this name…)
    (*c*) … **galuska** – a Hungarian dessert
    (*d*) *pickles* in Hungarian
    (*e*) *English* in Hungarian
    (*f*) *pea* in Hungarian
    (*g*) *potato* in Hungarian
    (*h*) *American* in Hungarian
    (*i*) *very* in Hungarian

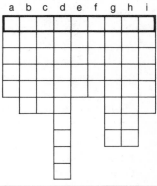

 ———————— **Érti?** ————————

Robert Redford has come to Hungary on business. He is checking in at the Fórum Hotel in Budapest.

Portás	Jó estét kívánok!
Redford úr	Jó estét! Egy egyágyas szobát szeretnék.
Portás	Szabad a nevét?
Redford úr	Robert Redford.
Portás	Tessék?
Redford úr	Robert, magyarul Róbert. A Redford pedig, er mint Rózsi, e mint Erzsi, dé mint Dávid, ef mint Ferenc, o mint Olga, er mint Rózsi és dé mint Dávid. *Robert Redford, mint a híres amerikai filmsztár.

Portás	Á, értem. És ön is amerikai?
Redford úr	Igen, de én nem vagyok színész.
Portás	Tessék, itt a kulcs. A viszontlátásra!
Redford úr	Viszontlátásra!

---

egyágyas szoba ('-t) *single room*   **mint** *like, as*
Szeretnék... *I would like...*   **híres** *famous*
Szabad a nevét? [⌐] *Can I have*   **kulcs** (-ot) *key*
your name, please?

---

*As English names are pronounced differently from the way they are spelt, you might have to spell your name. It is done by pronouncing the letters (see the alphabet) and giving a Hungarian first name with each one of them. Below you can find a Hungarian first name for each letter of the English alphabet.

(Where no English equivalent exists for the Hungarian name *f* stands for female and *m* for male.)

a	Anna (*Ann*)		**l**	Lajos (*Louis*)
b	Béla (*m*)		**m**	Mihály (*Michael*)
c	Cecília (*Cecilia*)		**n**	Nóra (*Norah*)
d	Dávid (*David*)		**o**	Olga (*Olga*)
e	Erzsi (*Liz*)		**p**	Péter (*Peter*)
f	Ferenc (*Francis*)		**r**	Rózsi (*Rosie*)
g	Géza (*m*)		**s**	Sára (*Sarah*)
h	Helga (*Helga*)		**t**	Tibor (*m*)
i	Ilona (*Helen*)		**u**	Ubul (*m*)
j	Júlia (*Julia*)		**v**	Virág (*Fleur*)
k	Katalin (*Catherine*)		**z**	Zoltán (*m*)

For **w** just say: duplavé, for **x**: iksz and for **y**: ipszilon.

Igaz vagy nem igaz? (*True or false?*) Correct and re-write the false statements.
(a) Robert Redford egy kétágyas szobát kér.
(b) Robert Redford is amerikai, mint a híres amerikai filmsztár.
(c) Redford úr nem színész.

---

kétágyas szoba ('-t) *double room*

4

MENNYIBE KERÜL?

How much does it cost?

In this unit you will learn how to

- buy some food
- take a taxi
- change some money
- buy train tickets
- express your approval or disapproval

 ——————— **Párbeszéd** ———————

Kati is expecting her Australian friend from Sydney. She wants to cook dinner for her friend so she has to do some shopping. First she is making a shopping list.

Kati (*to herself*) Kell egy kiló krumpli, fél kiló paradicsom, három-negyed kiló paprika, negyed kiló gomba, egy kiló alma és egy kiló barack. Kenyér és hús is kell. Azután pedig a közértbe megyek. Kell két liter tej, sajt, sonka, szalámi és kolbász.
(*Having done some of her shopping, Kati enters an ABC. She walks up to the counter.*)

Eladó Tessék.

Kati	Húsz deka sajtot, tizenöt deka sonkát és huszonöt deka téliszalámit kérek. Mennyibe kerül most tíz deka téliszalámi?
Eladó	Ötvennégy forintba.
Kati	Hm. Nagyon drága. Elég lesz tíz deka is.
Eladó	Tessék. Még valamit?
Kati	Van gyulai kolbász?
Eladó	Sajnos nincsen.
Kati	Nem baj, jó lesz a házi kolbász is. Harminc dekát, legyen szíves.
Eladó	Harminchárom deka. Jó lesz?
Kati	Jó.
Eladó	Más valamit?
Kati	Köszönöm, mást nem kérek.
	(*Kati looks at her watch and she suddenly realises that she will be late at the airport unless she takes a taxi. She approaches a taxi stand.*)
Kati	Szabad a taxi?
Taxis	Igen. Hová parancsol?
Kati	A Ferihegyi repülőtérre, legyen szíves.
	(*They arrive at the airport.*)
Kati	Mennyit fizetek?
Taxis	Hatszáznyolcvan forintot kérek.
Kati	Tessék. (*She is handing him the fare with the tip.*) Köszönöm.
Taxis	Én köszönöm.

 ———— **Szavak és kifejezések** ————

kell   *is necessary, needed*
egy kiló krumpli (-t)   *one kilogram of potatoes*
fél kiló paradicsom (-ot)   *half a kilogram of tomatoes*
háromnegyed   *three quarters*
negyed kiló gomba ('-t)   *a quarter of a kilogram of mushrooms*
alma ('-t)   *apple*
barack (-ot)   *peach, apricot*
hús (-t)   *meat*

drága   *expensive*
Elég lesz tíz deka is.   *100 grams will be enough.*
Még/más valamit? [⌐]   *Anything else?*
Van gyulai kolbász? [⌐]   *Have you got any 'gyulai' sausages?*
Sajnos nincsen.   *Unfortunately, we haven't any.*
Nem baj.   *It doesn't matter.*
Jó lesz a házi kolbász is.   *Home-*

Azután pedig a közértbe megyek.
And afterwards I'll go to the
supermarket.
két liter tej (-et)   *two litres of milk*
sajt (-ot)   *cheese*
sonka ('-t)   *ham*
szalámi (-t)   *salami*
kolbász (-t)   *sausage*
eladó   *sales assistant*
deka ('-t)   *a unit of 10 grams*
téliszalámi (-t)   *Hungarian salami*
   called 'winter salami'
Mennyibe kerül?   *How much does*
   it cost?
most   now
Ötvennégy forintba.   *(It costs) 54*
forints.

made sausages will do as well.
harminc   *thirty*
harminchárom   *thirty-three*
Köszönöm, mást nem kérek.   *No,*
thank you. That's all.
Szabad a taxi? [⌣]   *Is the taxi*
available?
A Ferihegyi repülőtérre, legyen
szíves.   *To Ferihegy airport,*
please.
Mennyit fizetek?   *How much do*
I pay?
Hatszáznyolcvan forintot kérek.
680 forints, please.

Kérdések

1   Melyik igaz? (*Which is true?*) Select the correct expression.

(*a*)   Katinak kell _____.
   (i)   két kiló krumpli
   (ii)   egy kiló krumpli

(*b*)   Kati húsz deka _____
   kér.
   (i)   sajtot
   (ii)   kolbászt

(*c*)   A téliszalámi _____.
   (i)   drága
   (ii)   olcsó

(*d*)   Kati azután _____
   megy.
   (i)   a Ferihegyi repülőtérre
   (ii)   a közértbe

olcsó   *cheap*

2   Feleljen a kérdésekre!

(*a*)   Hány liter tej kell?
(*b*)   Hány deka sonkát kér Kati?
(*c*)   Drága vagy olcsó a téliszalámi? [⌣]
(*d*)   Hová megy Kati a közért után?

Hány?   *How many?*   **Hová?**   *Where to?*   **után**   *after*

—— Magyarország és a magyarok ——

Kilograms, dekagrams and litres

Fruit, meat, bread and most vegetables are bought by the kilo (kg) in Hungary. (One kilogram is 2.2 pounds.) Milk and other liquid food items, as well as petrol, are sold by the litre (l.) (One litre is 1.76 pints.) In a food shop, at a delicatessen counter, cheese, salami, ham and sausages are sold by the **dekagram** or for short **deka** (dkg). (One dekagram is 10 grams.)

Közért

There are few big supermarkets in Hungary. In cities, women usually buy some fresh food every day after work in small shops like: **közért** or **ABC** or **csemege** (*small supermarket*), **zöldség – gyümölcs** (*pron.* zölcség) (*vegetables and fruit*), **hentes** or **húsbolt** (*butcher's*), **pék** (*baker's*), **piac** (*market*), **csarnok** (*covered market*).

If you do not know the name of the item you want to buy, just point to it and say: **Ezt** (*pron.* eszt), **legyen szíves.** *This one, please.* or **Azt** (*pron.* aszt), **legyen szíves.** *That one, please.*

Gyulai kolbász, házi kolbász, téliszalámi

These are spicy, characteristically Hungarian sausages and salami. **Házi kolbász** (*home-made sausage*) is very popular with Hungarians. People in the country like to make their own pork sausages. The **házi kolbász** you get in food shops or at the butcher's is not quite the same, but similar in taste.

Taxi

If you want to call a taxi, just raise your arm and shout: **Taxi!** If you cannot say where you want to go in Hungarian, write the address down, show it to the driver and say: **Ide, legyen szíves.** *Here, please.* When you arrive and you want him to stop, just say: **Köszönöm, itt jó lesz.** *Thank you. It'll be fine here.* On top of the fare, most people give between 10 and 15 per cent extra as a tip.

Ferihegyi repülőtér

There are two terminals at Ferihegy airport in Budapest. Foreign airlines arrive at and depart from **Ferihegy egy** (*Ferihegy No 1*).

Malév (the Hungarian airline) arrives at and departs from **Ferihegy kettő** (*Ferihegy No 2*).

Forint

The Hungarian currency is called **forint** (Ft). There are 100 **fillérs** (f) to the forint. Sometimes people, just like in England, leave out the words **forint** and **fillér**, e.g. **Mennyibe kerül? Hatvannégy ötvenbe.** *How much does it cost? Sixty-four fifty.*

Krumpli is the colloquial word for *potato* (like spud in English). The official word is **burgonya**. This is used in menus, etc.

Szabad is a word used in a number of situations:

(*a*) when finding out if something is available:

    Szabad a taxi? [⌐]   *Is the taxi available?* (or *free*)

(*b*) when getting past somebody in a crowded place, or getting off a bus:

    Szabad? [⌐]   *Can I get past?*

(*c*) when walking up to a table at a restaurant where somebody is already sitting:

    Szabad? [⌐]   *Do you mind if I sit here?*

(*d*) when knocking at the door:

    Szabad? [⌐]   *Can I come in?*

(*e*) when asking if somebody is free:

    Szabad vagy ma este? [⌐]
      (sing. fam.)
                           } *Are you free tonight?*
    Szabad ma este? [⌐]
      (sing. form.)

(*f*) in the sense *allowed* (and **nem szabad** in the sense *not allowed*):

    Szabad itt parkolni? [⌐]   *Can one park here?*
    Itt nem szabad parkolni.   *Parking is not allowed here.*

Nyelvtan

1 *Cardinal numbers (one, two, etc.)*

● These numbers answer the questions **Hány?** (*How many?*), and **Mennyi?** (*How much?*).

0	nulla	16	tizenhat
1	egy	17	tizenhét
2	kettő/két	18	tizennyolc
3	három	19	tizenkilenc
4	négy	20	húsz
5	öt	21	huszonegy
6	hat	22	huszonkettő/huszonkét
7	hét	23	huszonhárom
8	nyolc	24	huszonnégy
9	kilenc	25	huszonöt
10	tíz	26	huszonhat
11	tizenegy	27	huszonhét
12	tizenkettő/tizenkét	28	huszonnyolc
13	tizenhárom	29	huszonkilenc
14	tizennégy	30	harminc
15	tizenöt		

From 30 upwards add the relevant number after the teens. For example *31* will be **harmincegy**, *32* **harminckettő/harminckét**, etc. So all you need to know is the teens.

40	negyven	100	száz
50	ötven	1000	ezer
60	hatvan	10000	tízezer
70	hetven	100000	százezer
80	nyolcvan	1000000	millió
90	kilencven	billion	milliárd

The same principle applies after the hundreds. So for example *101* is **százegy**, *200* is **kétszáz**, *845* is **nyolcszáznegyvenöt**, *2,600* is **kétezer-hatszáz**, *43,000* is **negyvenháromezer** and *500,000* is **ötszázezer**.

● **Két** and **kettő** both mean *two*. **Két** is used before another word, (i.e. when you want to express two of something), while **kettő** is used on its own. The same goes for **tizenkettő** and **tizenkét**, etc.

Két kiló almát kérek.   *Two kilograms of apples, please.*
Hány kiló alma kell? **Kettő?** [⌣]   *How many kilograms of apples*
                           do we / you need? Two?

Kettő is often used instead of **két** when speaking on the phone, as **két** could easily be taken for **hét**.

● Numbers as well as words like **sok** (*a lot of, many, much*) **kevés** (*a little, a few*) **néhány** (*a few*) are followed by the singular.

Cf. **Három barack van** itt.   *There are three peaches here.*
  Sok olasz turista volt az   *There were a lot of Italian*
  étteremben.   *tourists in the restaurant.*

- The following characters are slightly different from their English equivalents in writing:

$$1=1 \quad 2=2 \quad 4=4 \quad 7=7 \quad 9=9$$

- There is no comma after the thousands in Hungarian. (A comma is the same as the decimal point in English). Sometimes a full stop is used instead.

- Names of years are read out in full like this:

  Ezerkilencszázkilencvenkettő.   *1992.*

2 The -ba and -be ending

This ending is the equivalent of the English prepositions *to* and *into* (prepositions are words like *on, onto, off, with,* etc.). Back vowel words take **-ba**, and front vowel words take **-be**. As usual the final **a** changes to **á**, and the final **e** to **é** before it.

Mi?	Hová?		Mi?	Hová?	
London	Londonba	*to London*	Berlin	Berlinbe	*to Berlin*
Prága	Prágába	*to Prague*	Firenze	Firenzébe	*to Florence*

The **-ba/-be** ending is used:

(*a*) after all foreign and some Hungarian place names;

  Hova mész?   *Where are you going?*
  Londonba megyek.   *I'm going to London.*
  Hová mentek?   *Where are you going?*
  Debrecenbe megyünk.   *We're going to Debrecen.*

(*b*) after words denoting enclosed spaces, like **mozi** (*cinema*), **színház** (*theatre*), **opera** (*opera*), **bank** (*bank*), **uszoda** (*swimming-pool*), **hotel** (*hotel*) and so on;

  Moziba megyek.   *I'm going to the cinema.*

Note the questions **Hova?** or **Hová?** (*Where to?*) (both forms are used).

Note that the words **Budapest** and **Magyarország** take different endings (**-ra/-re**):

Magyarországra megyünk.	*We are going to Hungary.*
Budapestre is mentek? [⌐]	*Are you going to Budapest as well?*

3 Mennyibe kerül? (*How much does it cost?*)

When answering this question put **-ba** or **-be** after the number denoting the price, or the name of the currency:

Mennyibe kerül a kolbász?	*How much does the sausage cost?*
Ötvenhat **forintba.**	*Fifty-six forints.*
Hány **forintba** kerül a sajt?	*How much does the cheese cost?*
Negyvenötbe.	*Forty-five.*

4 Nincs, nincsen

- These are the negatives of **van**.

Either form is correct, though **nincs** is more common.

Ági itt **van**.	*Ági is here.*
Ági **nincs** itt.	*Ági is not here.*

Note the change in word order!

- **Nincs** and **nincsen** can also mean *there isn't any, we haven't got any*. If you want to ask if something is available, use **van**.

Van gyulai kolbász? [⌐]	*Have you got any gyulai sausages?*
Igen, **van**.	*Yes, we have.*
Sajnos **nincsen**.	*Unfortunately, we haven't.*

5 Megy (*go*)

This is an irregular verb (i.e. its conjugation does not follow rules), therefore you have to learn all of its forms separately.

(én)	megyek	*I go*	(mi)	megyünk	*we go*
(te)	**mész**	*you go*	(ti)	**mentek**	*you go*
(maga/ön)	megy	*you go*	(maguk /önök)	**mennek**	*you go*
(ő)	megy	*he/she goes*	(ők)	**mennek**	*they go*

Luckily, there are not many irregular verbs in Hungarian. Make sure you learn them by heart, otherwise it will take you too long to finish a sentence trying to remember the correct form.

6 Lesz (*will be*)

This is not a standard verb, therefore it is not conjugated in quite the same way. Note the 2nd person singular form: **leszel**.

(én)	leszek	*I will be*	(mi)	leszünk	*we will be*
(te)	**leszel**	*you will be*	(ti)	lesztek	*you will be*
(maga/ön)	lesz	*you will be*	(maguk /önök)	lesznek	*you will be*
(ő)	lesz	*he/she will be*	(ők)	lesznek	*they will be*

 ———————— **Gyakorlatok** ————————

1 These are famous events in Hungarian history. Write the dates in words.

(*a*) ———— ———— ———— (*896*): The Hungarians conquered the Carpathian Basin, led by the Chieftain Árpád.

(*b*) ———— ———— ———— (*1000*): The first Hungarian king, István (*Stephen*) was crowned.

(*c*) ———— ———— ———— (*1526*): At the battle of Mohács, the Turkish army defeated the Hungarian army, after which Hungary split into three parts.

(*d*) ———— ———— ———— (*1825*): István Széchenyi (*pron.* szécsényi) started the Reform Movement by founding the Academy of Sciences.

(*e*) ———— ———— ———— (*1848*): The March 15 revolution broke out, led by the poet Sándor Petőfi. This led to the war of independence against Austria.

(*f*) ———— ———— ———— (*1956*): The Hungarian uprising against Soviet rule took place.

2 You are doing some shopping at a **zöldség-gyümölcs**. You want to buy some fruit, but first you want to find out about prices. What are your questions and what are the shopkeeper's answers? Make up similar dialogues to the example overleaf:

– Mennyibe kerül egy kiló eper?
– Egy kiló eper hetven forintba kerül.

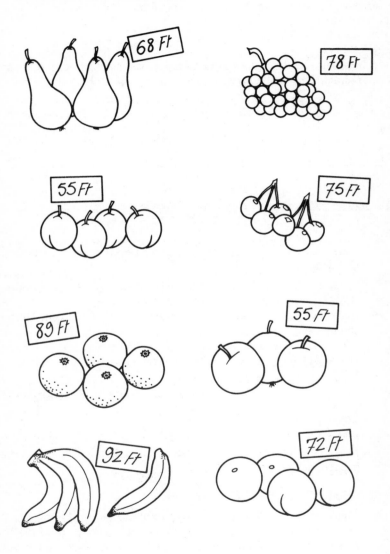

eper (epret) *strawberry* **körte** ('-t) *pear* **szilva** ('-t) *plum* **narancs** (-ot) *orange*	**banán** (-t) *banana* **szőlő** (-t) *grape* **cseresznye** ('-t) *cherry*

3 The people below (a) – (e) were in the queue in front of you. What did they ask for and how much did they have to pay? Make up dialogues like the one below. Then act them all out.

(a) – Egy kiló almát és két kiló szőlőt, legyen szíves.
  – Tessék, kétszáztizenegy forintot kérek.

	alma	körte	szilva	szőlő	barack	eper
(a)	1 kg			2 kg		
(b)			1,5 kg			0,5 kg
(c)		1 kg			1 kg	
(d)	1,5 kg		0,5 kg			
(e)		2 kg			0,5 kg	

4 You are on a round-the-world trip and Hungary is your last stop. You go to a **bank** (*bank*) to change the money that you have left. You have (a) **angol font** (*English pound*), (b) **ausztrál dollár** (*Australian dollar*), (c) **ír font** (*Irish pound*) and (d) **amerikai dollár** (*American dollar*). Study the exchange rate. What questions will you ask and what answers will you be given? Here is the first one for you:

(a) – Hány forint egy angol font?
  – Száznegyvennégy forint hetvenöt fillér egy angol font.

	angol font	ausztrál dollár	ír font	amerikai dollár
vétel	144,75	58,40	132,54	77,79
eladás	146,25	58,95	133,18	78,19

vétel *buying*	**eladás** *selling*

5 There were five tourists queuing behind you in the bank. You overheard the first tourist saying: **Száz fontot szeretnék beváltani.** And the bank clerk answering: **Tessék, tizennégy-ezer-négyszázhetvenöt forint.** What did the others say and what was the response? Write it down and then act it out from memory.

(a) Bruce: 200 ausztrál dollár   (c) Caroline: 180 amerikai dollár
(b) Patrick: 160 ír font   (d) Simon: 70 angol font

beváltani	to change

6 You are doing some shopping in a **közért**. Fill in your part of the conversation and then act it out.

Eladó Tessék.
(a) *Say that you want 10 dekagrams of cheese and 15 deka-grams of sausages.*
Eladó Melyik sajtot kéri?
(b) *Say: That one, over there.*
Eladó Tessék. A kolbász tizenhét deka. Jó lesz?
(c) *Say that it is O.K.*
Eladó Még valamit?
(d) *Say that you want some ham as well and ask her how much 100 grams costs.*
Eladó Negyvenhat forintba.
(e) *Say that it is very cheap and ask for 200 grams. At the same time ask for 100 grams of téliszalámi as well.*
Eladó Téliszalámi sajnos nincsen. Még valamit?
(f) *Thank her and say that you do not want anything else.*

Melyik sajtot kéri?	Which cheese do you want?

7 Several people are queuing for some train tickets (**vonatjegy** *train ticket*). What are they saying? Follow this example: (a) Két jegyet kérek Debrecenbe.

	Hány jegy kell?	**Milyen városba?**
(a)	2	Debrecen
(b)	3	Budapest
(c)	5	Eger
(d)	1	Sopron
(e)	4	Győr

jegy (-et)	ticket	Milyen?	What?

8 Give the correct form of the verb **megy**.

(a) Én Bécsbe ——— (b) És te Párizsba ———? (c) Ti hova
———?

Érti?

Marlon D. Johnson is an American businessman. He is on a business
trip to Hungary. He has a day off and decides to venture out on his
own. First he needs a map of Budapest and a few other things. He
enters a **trafik***.

Johnson úr	Jó reggelt kívánok!
Trafikos	Jó reggelt! Tessék.
Johnson úr	Egy Budapest térképet kérek.
Trafikos	Tessék.
Johnson úr	Mennyibe kerül?
Trafikos	Százharminchat forintba. Kéri?
Johnson úr	Igen, kérem. És öt budapesti képeslapot is szeretnék.
Trafikos	Tessék. Parancsol még valamit?
Johnson úr	Igen, öt bélyeget is, legyen szíves.

Trafikos	Hová kéri a bélyeget?
Johnson úr	Amerikába, New Yorkba.
Trafikos	Sajnos, itt csak Magyarországra van bélyeg.
Johnson úr	És hol kapok bélyeget Amerikába?
Trafikos	A postán.
Johnson úr	Értem. Mennyit fizetek?
Trafikos	Százkilencvenhét forintot kérek.

Budapest térkép (-et)   *map of Budapest*
bélyeg (-et)   *stamp*
Kéri? [⌣]   *Do you want it?*
(sing. form.)
Kérem.   *I'll take it.*

budapesti képeslap (-ot)   *postcard of Budapest*
Hol?   *Where?*
kap   *get*
a postán   *at the post office*

---

*You can buy all sorts of things in a **trafik** or **dohánybolt**: post-cards, stamps for Hungary, cigarettes, small souvenirs, sweets and tickets for public transport.

Igaz vagy nem igaz? Correct and re-write the false statements.

(*a*) Johnson úr Budapest térképet, képeslapot és bélyeget kér.
(*b*) Johnson úr kéri a térképet.
(*c*) Amerikába nincsen bélyeg a postán.
(*d*) Johnson úr százkilencvenhét forintot fizet.

5

HOL VAN A
BLAHA LUJZA TÉR ?
Where's Blaha Lujza Square?

In this unit you will learn how to

- ask for and give directions
- read maps and addresses
- ask for help
- apologise
- respond when somebody apologises to you
- express agreement
- deal with some emergency situations

 ——————— **Párbeszéd** ———————

Janet has decided to pay a surprise visit to her friend in Budapest.
But first she wants to send some postcards to her family in York.
Unfortunately she has lost her way. She stops a man in the street.

Janet Bocsánat, eltévedtem. Tudna segíteni?
Férfi Hogyne. Hová akar menni?
Janet Egy pillanat! (*She pulls the address out of her pocket and
reads it out.*) Itt a cím: Vas utca három, második emelet
négy.
Férfi A Vas utca nagyon közel van. Talán tíz perc gyalog. Ismeri a
Blaha Lujza teret?
Janet Nem, sajnos nem ismerem. Hol van a Blaha Lujza tér?
Férfi Menjen egyenesen tovább! A Blaha Lujza tér innen két perc.
A Vas utca pedig a harmadik utca balra.

Janet Tényleg nincs messze. Van itt valahol egy posta? Az ott zárva van.

Férfi Nem tudom. Én csak a Petőfi Sándor utcában tudok egy postát.

Janet És hol van a Petőfi Sándor utca?

Férfi Menjen egyenesen tovább a Rákóczi úton! Az Astoria innen talán húsz-huszonöt perc. A Petőfi Sándor utca pedig onnan a harmadik utca jobbra.

Janet Hm. Egy kicsit messze van. Lehet metróval is menni?

Férfi Igen. A metrómegálló a Blaha Lujza téren van. Az Astoria az első megálló.

BLAHA LUJZA TÉR

Janet Nagyon szépen köszönöm.

Férfi Kérem. Nincs mit.

Szavak és kifejezések

Bocsánat, eltévedtem. *Excuse me, I have lost my way.*
Tudna segíteni? [~] *Could you help?* (sing. form.)
férfi (-t) *man*
Hogyne. *Of course.*
Hová akar menni? *Where do you want to go?* (sing.form.)
akar *want*
Itt a cím. *Here is the address.*
Vas utca három *No 3, Vas Street*
második emelet négy *Flat No 4, second foor*
Közel van. *It is near here.*
talán *perhaps*
Tíz perc gyalog. *10 minutes on foot.*
Ismeri a Blaha Lujza teret? [~] *Do you know Blaha Lujza Square?* (sing.form.)
Nem ismerem. *I don't know it.*
Hol van ..? *Where is ..?*
Menjen (*pron.* mennyen) **egyenesen tovább!** *Go straight on!* (sing.form.)

innen *from here*
a harmadik utca (*pron.* ucca) **balra.** *the third street on the left.*
tényleg *indeed, really*
Nincs messze. *It isn't far.*
Van itt valahol egy posta? [~] *Is there a post office somewhere here?*
valahol *somewhere*
Az ott zárva van. *That one there is closed.*
az *that, that one*
ott *there*
tud *know of*
a Rákóczi úton *in Rákóczi Road*
onnan *from there*
jobbra (*pron.* jobra) *to the right*
Lehet metróval is menni? [~] *Is it possible to go by metro as well?*
metrómegálló (-t) *metro station*
az első megálló (-t) *the first stop*
Nagyon szépen köszönöm. *Thank you very much.*
Kérem./Nincs mit. *You are welcome.*

Kérdések

1   Igaz vagy nem igaz? Correct and re-write the false statements.

   (a) Janet a Vas utcába akar menni.
   (b) A Vas utca nincs messze.
   (c) Janet ismeri a Blaha Lujza teret.
   (d) A posta a Blaha Lujza téren van.

2   Feleljen a kérdésekre!

   (a) Hány perc gyalog a Vas utca?
   (b) Hányadik utca balra a Vas utca?
   (c) Hol van egy posta?
   (d) Hol van a metrómegálló?

—— Magyarország és a magyarok ——

Postal addresses

Hungarian addresses are written like this:

city / town / village
Budapest

street   *flat*
Kerepesi út 40. IV. emelet 3.
              house   floor
1144

post code

Note that floor levels in blocks of flats are written in Roman numerals.

Hungarian addresses are read out like this:

Budapest
Kerepesi út negyven, negyedik emelet három ezeregyszáznegyven-négy.

So use cardinal numbers (i.e. **egy, kettő**, etc.) for the number of the house or block of flats and the flat itself, as well as the post code. Use ordinal numbers (i.e. first, second, third, etc. – see **Nyelvtan** on pages 74–75) for the floor level.

Budapest and a few other big towns are divided into districts (*district* **kerület**). Districts are indicated by ordinal numbers and Roman numerals are used in writing, e.g. **VIII. kerület** (nyolcadik kerület). Districts are often left out in Budapest postal addresses, as the post code includes the district. The first number in a Budapest post code is always 1. The next two numbers indicate the number of the district. So the post code 1144 in the above address tells us that **Kerepesi út** is in the 14th district. Districts in Budapest also have names. People living in the city often refer to them by their names.

The following abbreviations are very common in postal addresses:

em. = emelet	**ker.** = kerület	**u.** = utca
fszt. = földszint	**krt.** = körút	

Note that the abbreviated forms are always read out in full.

Post office

You will need to go to a **posta** (*post office*) if you want to send cards, letters and telegrams or you want to telephone abroad.

(*a*) To send letters, find the right window or counter saying **Levelek** (*Letters*) and hand over your card or letter to the clerk saying: **Légipostán, legyen szíves** (*By air mail, please*). If you just drop your letters in a post box, they might take weeks to arrive as they will go by land.

(*b*) To send a **távirat** (*telegram*), say: **Táviratot szeretnék feladni** (*I would like to send a telegram*). You will be given a form to fill in.

(*c*) To telephone abroad, book your call at one of the windows. Say which country and town you want to call, write the telephone number down and hand it to the clerk:

Angliába, Bath-ba szeretnék　*I would like to make a call to*
telefonálni. Itt a　*Bath in England. Here is the*
telefonszám.　*telephone number.*

When you are put through, the place where you want to telephone and the number of the box where you will have to go will be called out, e.g. **Bath, egyes fülke.** *Bath, box number one.* Here are the other numbers you might need to know in this situation:

egyes　*No 1*	**ötös**　*No 5*	**kilences**　*No 9*
kettes　*No 2*	**hatos**　*No 6*	**tízes** (pron. tizes)　*No 10*
hármas　*No 3*	**hetes**　*No 7*	
négyes　*No 4*	**nyolcas**　*No 8*	

If there are no numbered boxes, look out for the word **nemzetközi** meaning *international*.

Here is a list of the names of the countries that you might need when booking your call:

Anglia　*England* (often used for the whole of Great Britain)
Nagy-Britannia　*Great Britain*
Írország　*Ireland*
az Egyesült Államok (or just **Amerika**)　*the United States*
Kanada　*Canada*
Új-Zéland　*New Zealand*
Ausztrália　*Australia*

You can also call direct abroad, if you are staying at a hotel or with friends who are on the phone, or from some public telephone boxes in big cities.

In an emergency, you can call free from any telephone box.

Dial:　**04** nulla négy for **Mentők** (*Ambulance*),
　　　05 nulla öt for **Tűzoltók** (*Fire Brigade*),
and　**07** nulla hét for **Rendőrség** (*Police*).

Public transport

This is very efficient in Budapest. You do not normally have to wait more than five or 10 minutes (the underground is even more frequent), but Hungarians still manage to grumble about delays.

The **metró** (*underground*) has three lines in Budapest. The **egyes metró** (*line No 1*) (also called **földalatti**, which literally means *underground*) is yellow; the **kettes metró** (*line No 2*) is red; and the **hármas metró** (*line No 3*) is blue. At **Deák tér** all three lines come together, so this is where you can change onto another line. When entering an underground station, punch your ticket in a ticket machine near the entrance (unless you have a travelcard). Your ticket is valid for one line and for one hour. Underground stations can be recognised by the letter **M** in the street.

The **autóbusz** or just **busz** (*bus*), is blue. Those displaying a black number stop at every stop, while those with a red number are express buses, (i.e. they only stop at certain stops and are therefore faster). If you want to get off a bus you might have to press a red button above the door when approaching your stop.

The **trolibusz** or **troli** (*trolley bus*) is red and the **villamos** (*tram*) is yellow. If you want to go to a suburb, you might need to take a **HÉV** (*suburban train*), which is green.

People in Hungary do not queue but form a crowd at the **villamosmegálló** (*tram stop*), **buszmegálló** (*bus stop*), **trolimegálló** (*trolley bus stop*), **HÉV megálló** (*suburban train stop*) or **metrómegálló** (*underground station*).

If you want to travel by public transport, buy a **jegy** (*ticket*). This is valid for all means of transport. Tickets can be bought at a **trafik** or **dohánybolt**, a **jegypénztár** (*ticket office*), a **posta**, an **újságárus** or **hírlap** (*news-stand*), from slot machines or outside underground stations. With the exception of the **kettes metró** and the **hármas metró**, tickets have to be punched in a ticket machine on the vehicle. Keep your ticket till the end of your journey in case an **ellenőr** (*ticket inspector*) asks to see it. If you do not have a valid ticket, you will have to pay a **büntetés** (*fine*). If you travel around a lot, you will save money by buying a **napijegy** (*day travelcard*) or a **hetibérlet** (*weekly travelcard*), **kétheti bérlet** (*fortnightly travelcard*) or **havibérlet** (*monthly travelcard*). These can only be purchased at ticket offices. To buy travelcards, you will need a passport-size photograph. A monthly travelcard is valid from the first day of the month till the fifth day of the following month. Weekly and fortnightly travelcards are valid for seven and 14 consecutive days respectively.

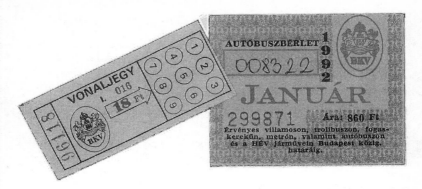

Zárva: if a shop is closed, a sign on the door will say **zárva** (*closed*). If it is open, the sign will say **nyitva** *(open)*.

Astoria (*pron.* asztória) is the name of a hotel in Budapest. It is also the name of a stop on the underground.

Bocsánat means both *I am sorry* and *Excuse me*. So you can use it when apologising for something, as well as when trying to draw attention to yourself. The expression **Elnézést.** has the same meanings. The phrases **Bocsánatot kérek.** and **Elnézést kérek.** can be used interchangeably.

If someone apologises to you, your response should be: **Nem történt semmi**. This literally means: *Nothing happened*.

Tudna segíteni? This is a useful phrase when you want help from people. In cases of emergency like fire, an accident, etc. shout **Segítség!** (*pron.*segíccség) (*Help!*). Other frequently used emergency words are: **Tűz!** (*Fire!*), **Vigyázz!** (sing. fam.) **Vigyázzatok!** (pl. fam.) **Vigyázzon!** (sing. form.) **Vigyázzanak!** (pl. form.) (*Watch out!*); and **veszélyes** (*dangerous*).

Ismer, just like **tud**, means *know* in English.

Ismer is used in the sense of *be acquainted with somebody* (or *something*):

Ismered Jánost? [⌐] (sing.fam.) *Do you know János?* (i.e. Have you met him before?)

Jól **ismeri** Budapestet? [⌐] (sing.form.) *Do you know Budapest well?* (i.e. Are you well acquainted with it?)

Tud means *know about somebody* (or *something*), or *have a knowledge of something*:

Hol van a Baross utca?	*Where is Baross Street?*
Sajnos nem **tudom**.	*Unfortunately I don't know.*
Elég jól **tudunk** franciául.	*We know French quite well.*

The verbs **tud** and **ismer** sometimes take an object and then require the use of the **-t** ending.

 Note that in most of the examples above, **tud** and **ismer** are conjugated differently from the verbs seen before. This is a different type of conjugation, called the definite conjugation (see Units 11 and 12.) At this stage it is enough for you to learn the definite conjugation of these two words and remember from the above examples when to use them.

(én)	**tudom**	**ismerem**	*I know*
(te)	**tudod**	**ismered**	*you know*
(maga/ön/ő)	**tudja** (*pron.* tuggya)	**ismeri**	*you know, he/she knows*
(mi)	**tudjuk** (*pron.* tuggyuk)	**ismerjük**	*we know*
(ti)	**tudjátok** (*pron.* tuggyátok)	**ismeritek**	*you know*
(maguk/önök/ők)	**tudják** (*pron.* tuggyák)	**ismerik**	*you know, they know*

Kérem. Nincs mit. Szívesen. All three expressions mean *you are welcome*. When you thank people for giving you information, they will answer **Kérem.** or **Nincs mit.** or both.

If, however, you thank people for a favour or for food, they will respond with **Szívesen**.

Kérem is often used in polite phrases. In this case it has no standard English equivalent, e.g. **Tessék kérem.** instead of just **Tessék**.

Nyelvtan

1 Ordinal numbers (first, second, etc.)

első	*first*	**hatodik**	*sixth*
második	*second*	**hetedik**	*seventh*
harmadik	*third*	**nyolcadik**	*eighth*
negyedik	*fourth*	**kilencedik**	*ninth*
ötödik	*fifth*	**tizedik**	*tenth*

tizenegyedik	*eleventh*	**hatvanadik**	*sixtieth*
tizenkettedik	*twelfth*	**hetvenedik**	*seventieth*
tizenharmadik	*thirteenth*	**nyolcvanadik**	*eightieth*
huszadik	*twentieth*	**kilencvenedik**	*ninetieth*
harmincadik	*thirtieth*	**századik**	*hundredth*
negyvenedik	*fortieth*	**ezredik**	*thousandth*
ötvenedik	*fiftieth*		

Ordinal numbers follow the same pattern as cardinal numbers (i.e. add the relevant ending to the cardinal numbers). So for example 24th will be **huszonnegyedik**, 45th **negyvenötödik**, 67th **hatvanhetedik**, and so on.

Ordinal numbers have a full stop after them, e.g. **1.** (*1st.*), **2.** (*2nd*).

These numbers answer the question **Hányadik?**

> **Hányadik** kerületben van a Malom utca?
> A **hatodikban**.

> *In which district is Malom Street?*
> *In the sixth.*

2 Van (*is*)

It is used:

(*a*) when asking or saying *where* somebody or something is;

> **Közel van** a Blaha Lujza tér? [↝] *Is Blaha Lujza Square near here?*
> Tamás most **Bécsben van**. *Tamás is in Vienna now.*

(*b*) when asking or stating *how* someone is;

> **Hogy van** Eszter? *How is Eszter?*
> Ildi **rosszul van**. *Ildi is unwell.*

(*c*) in certain weather expressions;

> **Hideg van**. *It is cold.*
> **Meleg van**. *It is hot.*

(*d*) in the sense *there is...*;

> **Van** itt valahol egy posta? [↝] *Is there a post office somewhere here?*

(*e*) when asking, or stating, if something is available;

Van gyulai kolbász? [⌐]　　*Have you got 'gyulai' sausages?*
Van.　　　　　　　　　　　*Yes, we have.*

3 Innen (*from here*), onnan (*from there*)

The English question word *Where?* can be translated in three ways in
Hungarian, depending on whether it means *Where at?*, *Where to?* or
Where from? When answering these questions, **itt** and **ott** will also
have different forms.

Honnan? *Where from?*	Hol? *Where at?*	Hova/Hová? *Where to?*
innen	itt	ide
onnan	ott	oda

Hol vagytok?　　　　　　　*Where are you?*
Itt!　　　　　　　　　　　*Here!*
Hova mész?　　　　　　　　*Where are you going?*
Oda.　　　　　　　　　　　*There.*
Az Astoria **onnan** az első　*Astoria is the first stop on*
　megálló.　　　　　　　　　*from there.*

4 The -ban and -ben ending

This ending is the equivalent of the preposition *in* and occasionally
at. Back vowel words take **-ban**, and front vowel words take **-ben**.
The final **a** changes to **á**, and the final **e** to **é** before it. The **-ban/-ben**
ending is used with the same words as the **-ba/-be** ending. Here are
some you have come across:

Mi? *What?*	Hova/Hová? *Where to?*	Hol? *Where (at)?*
London	London**ba**	London**ban**
Firenze	Firenz**ébe**	Firenz**ében**
mozi	mozi**ba**	mozi**ban**
színház	színház**ba**	színház**ban**
opera	oper**ába**	oper**ában**
bank	bank**ba**	bank**ban**
uszoda	uszod**ába**	uszod**ában**
hotel	hotel**be**	hotel**ben**
utca	utc**ába**	utc**ában**
kerület	kerület**be**	kerület**ben**

Note the question word **Hol?** (*Where (at)?*)

Hol van István?	*Where is István?*
Moziban.	*At the cinema.*
A Vas **utcában** nincs posta.	*There is no post office in Vas Street.*

✳ Remember that there are words which take different endings. At this stage it is best to learn the ones you have come across.

Mi? *What?*	Hova/Hová? *Where to?*	Hol? *Where (at)?*
Budapest	Budapest**re**	Budapest**en**
Magyarország	Magyarország**ra**	Magyarország**on**
repülőtér	repülőtér**re**	repülőtér**en**
tér	tér**re**	tér**en**
út	út**ra**	út**on**
körút	körút**ra**	körút**on**

Budapesten sok jó étterem van.	*There are many good restaurants in Budapest.*
A Blaha Lujza **téren** van egy metrómegálló.	*There is a metro station in Blaha Lujza Square.*

☑ ———— Gyakorlatok ————

1 You are at a restaurant with a friend. How do you ask the waiter where the gents' and the ladies' toilets are? You will need to know the following expressions: **férfi WC** (*pron.* vécé) (*gents'*), **női WC** (*ladies'*).

2 A British and an American tourist are looking for their embassies in Budapest. Read out the addresses for them.

Brit Nagykövetség
Budapest
V. Harmincad u. 6.
1051

Amerikai Nagykövetség
Budapest
V. Szabadág tér 12.
1054

Note the pronunciation of the following words:
nagykövetség (*pron.* natyköveccség) *embassy*. **Szabadság tér**
(*pron.* szabaccság tér) *Szabadság Square*.

3 Here are some famous sights in Budapest. A tourist wants to
know where they are. What are his questions and what answers
is he given? Here is the first one for you:

(*a*) Hol van a Halászbástya?   Budán van, a Várban.

(a) Halászbástya (*Fishermen's Bastion*) I. Vár

(b) Országház (*Parliament*) V. Kossuth Lajos tér

(c) Mátyás-templom (*Matthias Church*) I. Szentháromság tér

(d) Nemzeti Múzeum (*National Museum*) VIII. Múzeum körút

(e) Szent István-bazilika (*St Stephen's Cathedral*) V. Szent István tér

(f) Király fürdő (*Király baths*) II. Ganz utca

> **vár** (-at) *castle*

4 Mr. Brown wants to see the **Országház** in Kossuth tér. He has run out of tickets. He walks to the nearest underground station at **Keleti pályaudvar** (*Eastern railway station*), where he spots the sign **JEGYPÉNZTÁR**.

Brown úr Jó napot kívánok! Tizenöt jegyet, legyen szíves.
Nő Kétszázhetven forintot kérek.
Brown úr Tessék. Hányadik megálló innen a Kossuth tér?
Nő A negyedik.
Brown úr Köszönöm.
Nő Kérem.

(*a*) Mennyibe kerül egy jegy?
(*b*) Study the underground map of the **földalatti** and then make up similar dialogues using the information given on page 82. Finally, act them all out.

| Hősök tere ('-t) | Heroes' Square | Széchenyi (pron. szécsényi) fürdő |
| | | (-t)   Széchenyi Baths |

	Ki?	Hová megy?	Hol van?	Hány jegyet kér?
(i)	Black úr	Oktogon	Bajza utca	8
(ii)	Rosalie	Széchenyi fürdő	Hősök tere	4
(iii)	Gordon	Vörösmarty tér	Opera	5

5 A young American tourist stops a girl in the street. Re-arrange her sentences so that their conversation makes sense. Write down the dialogue and then act it out.

Amerikai turista

(a) Elnézést.   Eltévedtem. Tudsz segíteni?
(b) A   Katona   József Színházba. Messze van?
(c) Egyenesen tovább?
(d) Nem jobbra van? A térkép szerint jobbra van.
(e) Értem. És van itt valahol egy jó uszoda?
(f) És hol van a Széchenyi fürdő?
(g) És hol kapok itt metró-jegyet?
(h) Köszönöm szépen.

Girl

(i) Nincs. Talán tíz perc gyalog.   Menj   egyenesen tovább!
(ii) Nem. Balra van.
(iii) Nincs. De a Városliget-ben van a Széchenyi fürdő. Nagyon szép épület és nagyon jó uszoda.
(iv) Hová szeretnél menni?
(v) Igen. A Katona József Színház a második utcában van balra.
(vi) Ott a metrómegálló. A Széchenyi fürdő a hetedik megálló.
(vii) Nincs mit.
(viii) Ott, a jegypénztárban.

| Városliget (-et)   City Park | Hová szeretnél menni?   Where |
| épület (-et)   building | would you like to go? (sing.fam.) |

6 Ticket inspectors often masquerade as passengers. Then they unexpectedly put their armbands on and inspect tickets. They have a reputation for being strict. Can you understand the cartoon opposite? Translate it into English for a friend. You will need to know the following words: **szigor** (*strictness*), **jegyek** (*tickets*), **bérletek** (*travelcards*), **a férjed** (*your husband*), **BKV** (stands for **Budapesti Közlekedési Vállalat** *Budapest Transport Company*).

SZIGOR

━Jegyeket, bérleteket!
━ De Lujza, én Béla vagyok, a férjed...

Szmodis Imre rajza

7 It is August, and there is a long queue of tourists at the post office, all wanting to send post cards home by air mail. What does each say? Here are the names of the tourists and their nationalities.

(a) John, angol   (d) Caroline, amerikai
(b) Patrick, ír   (e) Jason, új-zélandi
(c) Sheila, ausztrál   (f) Pat, kanadai

8 Which is the correct alternative?

(a) Ismeritek a **Deák tér/teret?**
(b) Hol van az Astoria? Sajnos nem **tudjuk/ismerjük.**
(c) Patrick **angol?/angol van?**
(d) A Kossuth tér **nem van/nincs közel.**
(e) Sanyi **jól./jól van.**
(f) A jegypénztár **zárva./zárva van.**

✳ If you are going to Hungary now: **Jó utat!** (*Have a nice trip!*)

And to those who would like to be able to say and understand more – welcome to Part Two!

PART TWO
6

MI ÚJSÁG?
How are things?

In this unit you will learn how to

- enquire about where someone has been
- state if you have, or have not, been to a place
- give your opinion about something
- invite someone for a drink
- accept, or refuse, such an invitation
- ask about someone's age and state your own
- express surprise and uncertainty

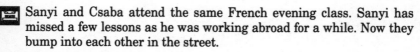

Párbeszéd

Sanyi and Csaba attend the same French evening class. Sanyi has missed a few lessons as he was working abroad for a while. Now they bump into each other in the street.

Sanyi Szia, Csaba!
Csaba Szia, Sanyi! Mi újság? Régen voltál franciaórán...
Sanyi Velencében voltam. De ráérsz? Van itt egy jó söröző. Gyere, iszunk egy korsó sört! Jössz?
Csaba Jó, jövök. Most nem sietek haza. Este franciaóra lesz.
           (*They sit down at a table.*)

Csaba	Szóval Olaszországban voltál. És milyen volt?
Sanyi	Nagyon érdekes! Sok olasz városban voltam már, de Velencében még nem. Nagyon romantikus város. Sajnos túl sok volt a munka, és csak este voltam szabad. Talán legközelebb többet látok. És te? Jársz még franciára?
Csaba	Persze. Most mindenki tanul.
Sanyi	Hogyhogy? Még te is?
Csaba	Még én is! Egész nap csak ülök az irodában, és ha nincs ott a főnök, tanulok.
Sanyi	Mi történt? Jól vagy?
Csaba	(*laughing*) Jól. Új tanárnő van az iskolában.
Sanyi	Hány éves? Fiatal?
Csaba	Azt hiszem, huszonnégy éves. Nagyon csinos...
Sanyi	Aha! Már értem. Azt hiszem, hogy ma este én is jövök franciaórára!

Szavak és kifejezések

Régen voltál franciaórán. *It's a long time since you've been to French classes.*
óra *lesson*
Velence *Venice*
egy korsó sör (-t) *a glass of beer* (*about a pint*)
Jössz? [↗] *Are you coming?* (sing. fam.)
siet *hurry*
este *in the evening*
érdekes *interesting*
munka *work*
Talán legközelebb többet látok. *Perhaps next time I'll see more.*
talán *perhaps*

legközelebb (*pron.* lekközelebb) *next time*
Jársz még franciára? [↘] *Are you still going to French classes?*
mindenki *everybody*
egész nap *all day*
iroda *office*
főnök (-öt) *boss*
Mi történt? *What has happened?*
iskola *school*
fiatal *young*
csinos *pretty*
Már értem. *Now I understand.* (Lit. *I already understand.*)
ma este *this evening* (Lit. *today evening*)

Kérdések

1 Melyik igaz? Select the correct expressions to complete the sentences.

(a) Sanyi régen volt franciaórán, mert _____

         (i) Velencében volt.

         (ii) ráér.

    (b) Csaba ráér, mert ————   (i)   este franciaórára megy.
                                     (ii) nagyon siet.
    (c) Sanyi ———— Velencében. (i)   régen volt
                                       (ii) még nem volt
    (d) Csaba franciául tanul az irodában, ha nincs ott ————
                                       (i)   az igazgató.
                                         (ii) a főnök.
    (e) Az iskolában most mindenki tanul, mert ————
                                         (i)   az új tanárnő csinos.
                                         (ii) a francia nem nehéz nyelv.

---

mert *because*

---

2 Feleljen a kérdésekre!

    (a) Miért volt Sanyi régen franciaórán?
    (b) Hol isznak egy korsó sört?
    (c) Miért nem siet Csaba haza?
    (d) Miért csak este volt szabad Sanyi Velencében?
    (e) Mit csinál Csaba egész nap az irodában, ha nincs ott a főnök?
    (f) Hány éves az új tanárnő?
    (g) Miért megy Sanyi ma este franciaórára?

---

miért? *why?*   **csinál** *do*

—— Magyarország és a magyarok ——

Directness

Hungarians are usually more direct than the English. They are not afraid or embarrassed to show what they feel or think. There is hardly any understatement in Hungary.

Mi újság? (*What is the news? How are things?*)

A useful greeting inviting the other person to speak. The answer could be **Nincs semmi különös.** (*Nothing in particular.*) or a full description of what they have been doing.

Sanyi

This is the diminutive form of **Sándor** (*Alexander*). The diminutive forms of first names are often used within the family or among friends. Sometimes the diminutive ending **-ka/-ke** is used, (e.g. Sanyi**ka**). The **-ka/-ke** forms are most frequently used for children, and less often for women. For example, a secretary called **Mária**, might be called **Marika** by her boss and colleagues. Elderly men and women also tend to be addressed by the diminutive form of their names, e.g. **Sanyi bácsi**, **Irénke néni**, and so on.

Here is a list of some typical examples. As sometimes it is difficult to work out the original full name from its diminutive form, the list is worth studying! (Some Hungarian names have no English equivalent.)

Male Names		**Female Names**	
Full names	**Diminutives**	**Full names**	**Diminutives**
András *Andrew*	Andris(ka),	Andrea	Andi
	Bandi	Anna *Ann*	Panni, Ani,
Béla	Bélus(ka)		Annus(ka)
Ferenc *Francis*	Feri(ke)	Ágnes *Agnes*	Ági(ka)
Gábor *Gabriel*	Gabi(ka)	Erzsébet	Erzsi(ke)
György *George*	Gyuri(ka)	*Elizabeth*	Bözsi(ke)
Gyula *Julius*	Gyuszi(ka)	Éva *Eva*	Évi(ke), Vica
Julian		Gabriella	Gabi(ka)
Imre *Emeric*	Imi	Györgyi	Györgyike
István *Stephen*	Pista, Pisti(ke)	*Georgina*	
	Pityu	Ildikó	Ildi(ke)
János *John*	Jancsi(ka), Jani	Ilona *Helen*	Ilonka, Ica,
Jenő *Eugene*	Jenci, Jenőke	*Elaine*	Ilus(ka)
József *Joseph*	Jóska, Józsi(ka)	Irén *Irene*	Irénke
Károly *Charles*	Karcsi(ka)	Judit *Judith*	Jutka
Lajos *Lewis*,	Lali(ka)	Júlia *Julia*	Juli(ka), Julis(ka)
Louis		Katalin *Catherine*	Kati(ka)
László *Leslie*	Laci(ka)	Klára *Clare*	Klári(ka)
Mihály *Michael*	Misi(ke)	Magdolna	Magdi(ka)
Miklós *Nicholas*	Miki	*Magdalen*	
Pál *Paul*	Pali(ka)	Mária *Mary*	Mari(ka)
Péter *Peter*	Peti(ke)	Márta *Martha*	Márti(ka)
Tamás *Thomas*	Tomi(ka)	Sára *Sarah*	Sári(ka)
Tibor	Tibi(ke)	Terézia *Theresa*	Teri(ke)
Zoltán	Zoli(ka)	Zsuzsa *Susan*	Zsuzsi(ka)

Ráér (*have time*) takes front vowel endings. Note how to negate it:

(én)	**nem érek rá**	(mi)	**nem érünk rá**
(te)	**nem érsz rá**	(ti)	**nem értek rá**
(maga/ön/ő)	**nem ér rá**	(maguk/önök/ők)	**nem érnek rá**

Sajnos most **nem érek rá**. *Unfortunately I don't have time now.*

Gyere! (*Come!*) (sing.fam.) and **Gyertek!** (*Come!*) (pl.fam.) are useful expressions when inviting friends for a drink, etc.

> **Gyere**, iszunk egy pohár sört! *Come, we'll drink a glass of beer.*
> **Gyertek**, iszunk egy pohár bort! *Come, we'll drink a glass of wine.*

You can accept the invitation by saying **Jó, jövök.** (*All right, I'm coming.*) and refuse it by saying **Sajnos most nem érek rá.** (*Unfortunately, I don't have time now.*).

Szóval (*so*) This word refers back to, or sums up, what has just been said, e.g. **Szóval** már voltál Párizsban is. *So you have been to Paris as well.*

Jár (*go*) While **megy** expresses a particular action, **jár** is used to express a habitual, frequent action:

> Angolra **mész**? [⌣] *Are you going to English classes?*
> **Jársz** angolra? [⌣] *Do you take English classes?*

Hogyhogy? (*How come? What do you mean?*) expresses surprise.

Tanárnő To denote the female equivalent of certain jobs and professions, the word **nő** (*woman*) is often added. Here are a few examples:

doktor, doktor**nő**	*doctor* (m), *doctor* (f)
eladó, eladó**nő**	*sales assistant* (m), *sales assistant* (f)
igazgató, igazgató**nő**	*manager / director, manageress*
pincér, pincér**nő**	*waiter, waitress*
szakács, szakács**nő**	*cook* (m), *cook* (f)
titkár, titkár**nő**	*secretary* (m), *secretary* (f)
újságíró, újságíró**nő**	*journalist* (m), *journalist* (f)

Sometimes the word **asszony** meaning a married or a mature woman is used instead, e.g. **üzletember** – **üzletasszony**.

However, quite often Hungarians use the male version of professions to denote females as well. For example, the phrase **magyartanár**

vagyok (*I'm a teacher of Hungarian*), could be said by either a man or a woman.

Azt (*pron.* aszt) **hiszem** (*I think*) This phrase is used when expressing uncertainty. Quite often it is followed by **hogy** (*that*):

> **Azt hiszem**, (**hogy**) Sanyi az   *I think (that) Sanyi is in the*
> irodában van.   *office.*

Azt hiszem on its own means *I think so* or *I believe so*:

> Sanyi az irodában van? [⌣]   *Is Sanyi in the office?*
> **Azt hiszem**.   *I think so.*

The exclamation mark is used when expressing a command, a wish or a suggestion. It is more commonly used in Hungarian than in English.

Names of countries

In Unit 5, you learnt the names of some English-speaking countries. Here is an additional list of some major European nationalities and countries that you might need:

Nationality		**Country**	
francia	*French*	Franciaország	*France*
lengyel	*Polish*	Lengyelország	*Poland*
német	*German*	Németország	*Germany*
olasz	*Italian*	Olaszország	*Italy*
orosz	*Russian*	Oroszország	*Russia*
osztrák	*Austrian*	Ausztria	*Austria*
spanyol	*Spanish*	Spanyolország	*Spain*

 ———————— **Nyelvtan** ————————

1 Word order

● The sequence of words can vary a great deal in a Hungarian sentence. There is only one golden rule to follow here. You often, though not always, want to emphasise one word, or group of words, rather than another. This stressed word or group of words, which carries the most important piece of information within the sentence, is called the focus of the sentence, and it is always followed by the verb.

	words before the focus	focus	verb	words after the focus
(*i*)		**Angol**	vagyok.	
(*ii*)		**Én**	vagyok	angol.
(*iii*)	Sanyi	**Velencében**	volt.	
(*iv*)		**Sanyi**	volt	Velencében.

The sentences in the table above mean:

(i) I am *English* (i.e. not German, etc.).

(ii) *I* am English (i.e. it is me who is English).

(iii) Sanyi was in *Venice* (i.e. not somewhere else).

(iv) *Sanyi* was in Venice (i.e. it was Sanyi who was in Venice).

In English, the same is achieved by just stressing the relevant word or words.

● The only two times when the focus is not followed by the verb are:

(*a*) when there is no verb in the sentence, e.g. **János magyar**. *János is Hungarian.*; and (*b*) when the focus is the verb itself, e.g. **Kérek egy feketét**. *I would like a black coffee.*

● In a Hungarian sentence, the focus is highlighted not only by word order, but also by being stressed.

✳ When in doubt, you can work out what the focus of the sentence is by drawing a contrast: for example, **Sanyi** volt Velencében, **nem Csaba**. *Sanyi, not Csaba was in Venice.*

In speech, you will not have time to work out what the focus of each sentence is. That is why even people with otherwise very good Hungarian make mistakes here. But don't lose heart. Keep trying and, as with anything, practice makes perfect. After a while, it will become second nature.

Here is a useful hint: the question word is always the focus of a question. Therefore when answering a question-word question, first answer the question-word and then follow the word order of the rest of the question, e.g. **Hol** volt Sanyi? **Velencében** volt Sanyi. Alternatively, a short answer can be given by just answering the question-word, e.g. **Hol** volt Sanyi? **Velencében**.

2 Intonation

Now you will understand why in the case of yes-or-no questions the intonation varies.

● If there are only one or two syllables in and after the focus of the question, your voice will rise on the last syllable. (In the examples below, the focus is in bold.) E.g. Eszter **éhes**? [⌣] *Is Eszter hungry?*

● If there are three or more syllables in and after the focus of the question, your voice will go up on the penultimate syllable and then come down again.

Eszter **amerikai**? [⌄]   *Is Eszter **American**?*
Eszter éhes? [⌄]   *Is **Eszter** hungry?*

Again, when speaking, there is no time to think about the focus and to count the syllables, so it needs some practice. Listen to and try to imitate native speakers so that after a while you will get it right instinctively.

● Note that in question-word questions which do not start with the question-word itself, your voice will have to rise sharply on the first syllable of the question-word, e.g.

Szerinted milyen város Velence?

3 Már *and* még

● These words are often used when asking about or stating whether something has been done or has happened.

Már (*already, yet, before*) is used in positive sentences and questions (i.e. in sentences and questions without any negation).

Még (*yet, before*) is used in negative sentences and questions (i.e. where something is negated).

Voltál már Budapesten?   *Have you been to Budapest before?*
Voltam már Budapesten.   *I've been to Budapest before.*

Még nem voltál Budapesten?   *Haven't you been to Budapest yet?*
Még nem voltam Budapesten.   *I haven't been to Budapest yet.*

- In these types of questions and statements Hungarian uses the past tense. So far you have come across the past tense of two verbs: **lenni** (*to be*) and **történik** (*happen*). Here is the full conjugation of **lenni**:

(én)	**voltam**	*I was*	(mi)	**voltunk**	*we were*
(te)	**voltál**	*you were*	(ti)	**voltatok**	*you were*
(maga/ön)	**volt**	*you were*	(maguk/önök)	**voltak**	*you were*
(ő)	**volt**	*he/she was*	(ők)	**voltak**	*they were*

- Note that **még** means *even* in sentences and questions like:

Még te **is**? [⌣]   *Even you?*
Igen, **még** én **is**.   *Yes, even me.*

and *still* in sentences like:

Jársz **még** angolra? [⌢]   *Are you still going to English classes?*

4 Ül (*sit*)

This is a standard front vowel verb, yet its conjugation is different from the conjugation of the front vowel verbs you have come across so far. This is due to the **ü** sound. Standard front vowel verbs whose final vowel is **ö, ő, ü** or **ű** conjugate like **ül**.

Note that the vowel of the ending is **ö** instead of **e** in the first person singular and the second person plural forms.

(én)	ül**ök**	*I sit*	(mi)	ülünk	*we sit*
(te)	ülsz	*you sit*	(ti)	ül**tök**	*you sit*
(maga/ön)	ül	*you sit*	(maguk/önök)	ülnek	*you sit*
(ő)	ül	*he/she sits*	(ők)	ülnek	*they sit*

5 Jön (*come*)

This is an irregular verb, even though it takes the endings with **ö**. Here is its conjugation in full:

(én)	jövök	I come	(mi)	jövünk	we come
(te)	jössz	you come	(ti)	jöttök	you come
(maga/ön)	jön	you come	(maguk/önök)	jönnek	you come
(ő)	jön	he/she comes	(ők)	jönnek	they come

6 The -t ending

It will now be easy to understand why, in the case of front vowel words, the linking vowel before the -t ending can be **e** or **ö**. The **ö** linking vowel is necessary when the final vowel of the word is **ö**, **ő**, **ü**, or **ű**.

Mi?	Mit?	Ki?	Kit?
gyümölcs	gyümölcs**öt**	főnök	főnök**öt**

There are a few exceptions to this rule, e.g. pörkölt-pörkölt**et**.

7 Iszik (*drink*)

This is not an easy verb to conjugate. At this stage just learn all its forms by heart and in Unit 7 you will see why it conjugates like this.

(én)	iszom	I drink	(mi)	iszunk	we drink
(te)	iszol	you drink	(ti)	isztok	you drink
(maga/ön)	iszik	you drink	(maguk/önök)	isznak	you drink
(ő)	iszik	he/she drinks	(ők)	isznak	they drink

8 Transitive and intransitive verbs

The verb **iszik** can also take an object, e.g. Sanyi **sört iszik**. *Sanyi is drinking beer.* The object here is **sör**.

Verbs that can take an object are called transitive verbs, e.g. **kér**: **Kérek egy sört.** *I would like a beer.* Verbs that never take an object are called intransitive verbs, e.g. **megy: Moziba megyek.** *I am going to the cinema.* From now on transitive verbs will be shown like this: **kér** vmit (**vmi** is short for **valami** *something*), similarly vkit (**vki** being short for **valaki** *somebody*). The -t indicates that **kér** is a transitive verb and usually takes an object, which is marked by the -t ending.

9 Haza (*home*)

This word has different forms depending on the question it answers.

Honnan?	Hol?	Hová?
itthonról (*pron*. ithonról)	itthon (*pron*. ithon)	haza
otthonról (*pron*. othonról)	otthon (*pron*. othon)	haza
hazulról		

Otthonról jössz? [↶]	*Are you coming from home?*
Jóska nincs **itthon**.	*Jóska is not at home.*
Hazamegyünk.	*We are going home.*

Note that the forms **itthon** and **itthonról** are used when talking about your own, or someone else's home and you are actually there when speaking. The forms **otthon** and **otthonról** or **hazulról** are used when you are talking about your own, or someone else's home but you are not there at the time of speaking.

10 Hány éves? (*How old is he/she?*)

When asking or answering this question, **van** is omitted.

(én)	huszonöt éves vagyok
(te)	huszonöt éves vagy
(maga/ön/ő)	huszonöt éves

Hány éves vagy?	*How old are you?*
Harmincéves vagyok.	*I'm thirty years old.*
Hány éves István?	*How old is István?*
István kétéves.	*István is two.*
Hány éves?	*How old are you?* (sing.form.)

 ——————— **Gyakorlatok** ———————

1   Attila (*pron*. atilla) always gives uncertain answers, never commits himself and speaks in a rather laconic style. He is well travelled. His geography teacher asks him where he has been and

what he thinks of the places he has been to. What are the teacher's questions, and what are Attila's answers? Use the information below. The first questions and answers are provided for you.

(a) **Tanárnő**   Voltál már Párizsban, Attila?
    Attila   Igen, voltam.
    Tanárnő   Szerinted milyen város Párizs?
    Attila   Azt hiszem, hogy nagyon érdekes város.

város	volt már	még nem volt	Milyen?
(a) Párizs	✓		nagyon érdekes
(b) Róma	✓		szép, de egy kicsit piszkos
(c) Prága	✓		romantikus
(d) Varsó	✓		elég csúnya
(e) Berlin	✓		egy kicsit unalmas
(f) Bécs	✓		nagyon tiszta
(g) London	✓		túl nagy
(h) Szeged		✓	

Varsó *Warsaw*		**piszkos** *dirty*	
csúnya *ugly*		**nagy** *big*	
unalmas *boring*		**szerinted** *in your opinion*	
Bécs (-et) *Vienna*		(sing.fam.)	

2   Study a page in Tibor's **naptár** (*diary*). Then answer this question: **Mit csinál ma Tibor?** Make up complete sentences and then repeat each aloud. (See overleaf for the new vocabulary).

1992 NAPTÁR

SZOMBAT

korán reggel: futok a parkban
délelőtt: vásárolok az ABC-ben
délben: ebédelek
délután: a Király fürdőbe megyek
este: moziba megyek

korán	early	délben	at noon
reggel	in the morning	ebédel	have lunch
fut	run	délután	in the afternoon
délelőtt	in the morning, a.m.	este	in the evening
vásárol	do some shopping		

3   It is 1992. Answer these questions.

(a)   Bori néni 1906-ban született. Hány éves most Bori néni?

(b)   Karcsi bácsi 1897-ben született. Hány éves most Karcsi bácsi?

(c)   Jutka 1957-ben született. Hány éves most Jutka?

(d)   Péter tizenhét éves. Mikor született Péter?

(e)   Kerekes Anna harmincnégy éves. Mikor született Kerekes Anna?

(f)   Peti ötéves. Mikor született Peti?

született	he/she was born, you	születtem	I was born
	were born (sing.form.)	születtél	you were born
Mikor?	When?		(sing.fam.)

4   Is (i) or (ii) the correct question in the following situations?

(i)   Beszélsz angolul? [⌐] (ii)   Angolul beszélsz? [⌐]

(a)   A Hungarian boy stops an English tourist in a Budapest street.

Magyar fiú   Elnézést! Hol van a Baross utca?
Angol turista   Tessék? Nem értem. Angol vagyok. _____

(b)   An English girl asks a Hungarian teenager the way in Budapest.

Angol lány   Excuse me, can you tell me how to get to the castle?

Magyar tinédzser   Tessék? _____ Sajnos én csak magyarul tudok.

fiú	boy	tinédzser (-t)	teenager
lány (-t)	girl		

5 Which Hungarian sentence has the same meaning as the English sentence? (The emphasised expression is in bold.)

(a) Were you at your **English** class? (i) Angolórán voltál? [↙]

(ii) Voltál angolórán? [↙]

(b) I **have been** to Venice. (i) Velencében voltam.

(ii) Voltam Velencében.

(c) The English class will take place **in the evening**.

(i) Este angolóra lesz.

(ii) Este lesz az angolóra.

(d) **I** am twenty-four. (i) Huszonnégy éves vagyok.

(ii) Én vagyok huszonnégy éves.

(e) I'm learning **Hungarian**. (i) Tanulok magyarul.

(ii) Magyarul tanulok.

6 Zoltán and Imre are good friends. They have not seen each other for a while and now they bump into each other in the street. Re-arrange Imre's sentences so that their conversation makes sense. Write it all down and then act it out from memory.

Zoltán

(a) Szia, Imre! Mi újság?

(b) Nem túl jól.

(c) Nagyon fáradt vagyok. Túl sok a munka az irodában.

(d) Még nem. De szeretnék Olaszországba menni, Velencébe. Nagyon romantikus város lehet. De te már voltál Velencében. Szerinted milyen város?

(e) Kösz. Sietsz? Van itt egy jó söröző. Gyere, iszunk egy korsó sört. Jössz?

(f) Hogyhogy?

Imre

(i) Mi történt?

(ii) Voltál már szabadságon?

(iii) Jövök. Ma nem sietek. Csak késő este megyek haza.

(iv) Romantikus, de sajnos egy kicsit piszkos. De azt hiszem, tetszik majd neked. Jó utat!

(v) Nincs semmi különös. És te? Hogy vagy?

(vi) Nem tudom, hol van a lakáskulcsom. A feleségem pedig csak este lesz otthon.

---

szabadságon (*pron.* szabaccságon) *on holiday*
késő este *late in the evening*
a lakáskulcsom *the key to my flat*
a feleségem *my wife*

tetszik (*pron.* teccik) **majd neked** *you will like it* (sing.fam.)
Nagyon romantikus város lehet. *I hear it's a very romantic town.* (Lit. *It must be a very romantic town.*)

—————— **Érti?** ——————

Mrs Jones is on a business trip to Budapest. As she is staying over the weekend, her Hungarian colleague, Mrs Tóth, organises a trip for her to Szentendre.

Tóthné	Mit csinál a hétvégén, Mrs Jones?
Mrs Jones	Még nem tudom.
Tóthné	Ráér szombaton?
Mrs Jones	Igen, szombaton szabad vagyok. Miért? Mit javasol?
Tóthné	Volt már Szentendrén?
Mrs Jones	Nem, még nem voltam. Hol van Szentendre?
Tóthné	A Dunakanyarban. Szép régi kisváros, és nincs messze.
Mrs Jones	És mi van Szentendrén?
Tóthné	Sok butik, templom, hangulatos épület, utca (*laughing*) és persze sok turista. Itt van a Kovács Margit Múzeum is. Ismeri Kovács Margitot?
Mrs Jones	Nem, nem ismerem.
Tóthné	Kovács Margit híres magyar keramikus és szobrász. (*She picks up a postcard from her desk.*) Tessék, itt van például egy képeslap. Ez egy Kovács Margit kerámia: „Családi fényképalbum." Hogy tetszik?
Mrs Jones	Nagyon eredeti! Jó, akkor szombaton Szentendrére megyünk a Kovács Margit Múzeumba!

a hétvégén	*at the weekend*	**szobrász** (-t)	*sculptor*
szombaton	*on Saturday*	**családi fényképalbum** (-ot)	*family photo album*
javasol (vmit)	*suggest* (sg)		
Dunakanyar (-t)	*Danube Bend*	**eredeti**	*original*
hangulatos	*atmospheric*	**akkor**	*then*
keramikus (-t)	*potter*	**kisváros** (-t)	*small town*

Igaz vagy nem igaz? Correct and re-write the false statements.

(a) Mrs Jones ráér szombaton.
(b) Mrs Jones volt már Szentendrén.
(c) Szentendre kisváros a Dunakanyarban.
(d) Kovács Margit híres magyar színésznő.
(e) Mrs Jones szerint a „Családi fényképalbum" eredeti képeslap.

7

HÉTFŐN KÖLTÖZÜNK!

We're moving house on Monday!

In this unit you will learn how to

- talk about houses and flats
- name the months and the days
- introduce some unusual news
- express agreement in some other situations

————————— **Párbeszéd** —————————

János and Béla live in the same block of flats on a housing estate in Újpalota (XVth district of Budapest). They meet in the park while Béla is walking his dog.

Béla Szervusz, János! Mi újság?
János Szervusz, Béla! Képzeld, hétfőn költözünk!
Béla Költöztök? Hová?
János Egy szép kis családi házba Zuglóba, a tizennegyedik kerületbe. Ez a lakás nagyon kicsi, csak másfél szobás. Túl kicsi a konyha, a fürdőszoba, az előszoba. Nincs telefon. A feleségem mindig mérges, mert a szomszédban hangos a magnó. Meg aztán én sem vagyok már fiatal. Hatvanöt éves leszek júliusban. Gyakran rossz a lift, mi meg a hatodik emeleten lakunk.

Béla   Mi sem nagyon szeretünk itt lakni. A feleségem mindig panaszkodik, mert piszkos a lépcső és a kapu éjszaka is nyitva van. Este túl sötét van, a folyosón gyakran nem ég a villany. És milyen az új ház?

János   Nagyon szép! Világos, tágas, kétszobás. A kert is szép nagy. Sok gyümölcsfa és virág van benne. Augusztusban nyugdíjba megyek. A feleségem is nyugdíjas. Én majd a kertben dolgozom, ő meg majd napozik és olvas.

Béla   És milyen utcában laktok majd?

János   A Kaffka Margit utcában.

Béla   Nem ismerem.

János   És te hogy vagy?

Béla   Megvagyok. Most új munkahelyen dolgozom, a Mátyás téren.

BÚTORSZÁLLÍTÁS

János   És itt mennyit keresel?

Béla   Negyvenezer forintot kapok egy hónapban. Ez manapság nem rossz pénz!

János   Nem bizony!

Szavak és kifejezések

költözik *move house*	**folyosó** *corridor*
lakás (-t) *flat*	**Ég a villany.** *The light is on.*
kicsi *small*	**világos** *light*
a szomszédban *next door*	**tágas** *spacious*
mindig *always*	**szép nagy** *nice and big*
mérges *angry*	**gyümölcsfa** *fruit tree*
szomszéd (-ot) *neighbour*	**fa** *tree*
hangos *loud*	**virág** (-ot) *flower, plant*
magnó *tape recorder*	**benne** *in it*
Meg aztán (*pron.* asztán) **én sem vagyok már fiatal.** *I'm not young any more either.*	**nyugdíjba megy** *retire*
	dolgozik *work* (verb)
	napozik *sunbathe*
gyakran *often*	**olvas** *read*
panaszkodik *complain*	**Megvagyok.** *I'm not too bad.*
lépcső *stairs*	**munkahely** (-et) *workplace*
kapu *door, gate*	**hónap** (-ot) *month*
éjszaka *at night*	**manapság** *these days*
sötét *dark*	**pénz** (-t) *money*

Kérdések

1 Igaz vagy nem igaz? Correct and re-write the false statements.

(a) János hamarosan költözik.
(b) Zugló a tizenegyedik kerület neve Budapesten.
(c) János felesége (*János' wife*) mindig mérges, mert a lakásban nincs telefon.
(d) Béla sem szeret itt lakni.
(e) Az új ház sötét, tágas, kétszobás.
(f) Béla az új munkahelyen negyvenezer forintot keres egy hónapban.

---

hamarosan	*soon*

---

2 Feleljen a kérdésekre!

(a) Hova költözik János?
(b) Milyen ez a lakás?
(c) Hány éves János?
(d) Miért panaszkodik Béla felesége?
(e) Mikor megy János nyugdíjba?
(f) Mit csinál majd János és a felesége a kertben?
(g) Mennyit keres Béla az új munkahelyen?

—— Magyarország és a magyarok ——

Housing

There is an acute shortage of flats and houses in Hungary. Flats, houses and lodgings (**albérlet** *lodging*) are very expensive, so newly married people often continue to live with their parents. As flats and houses are such precious commodities, Hungarians do look after them. In most families they offer a **papucs** (*a pair of slippers*) to the **vendég** (*guest*). The family take off their shoes and put on slippers when they come home.

Családi ház literally means a family house. It is a **kertes ház** (*a house with a garden*) usually in a suburb occupied by a family. In inner cities people live in blocks of flats (**bérház** *block of flats*). Many people live in a **panellakás** (*concrete construction flat*) on a **lakótelep** (*housing estate*). These are notorious for their lack of space and for the walls through which all the noises from next door can be heard. However, they all have **központi fűtés** (*central heating*) and constant **meleg víz** (*hot water*) for a set monthly charge.

Ház: In Hungarian this word can mean both a private house for a family or a block of flats. When referring to private houses, people talk about **szint** (*level*) in the house, e.g. **egyszintes ház** (*pron.* etyszintes) *one-storey house,* **kétszintes ház**, etc. Most private houses in Hungary are only **egyszintes**. When they talk about blocks of flats, Hungarians use the word **emelet** (*floor*) to indicate floor-level, e.g. **egyemeletes ház, tízemeletes ház** (*one-storey, ten-storey building*).

Másfél szobás

Unlike in Western countries, it is not a tradition in Hungary to have a separate **nappali** (*living-room*). It is often the parents' **hálószoba** (*bedroom*) which doubles as a sitting-room during the day. That is why the **rekamié** (*sofa bed*) is so common in Hungary! As there is no distinction between types of rooms, Hungarians just use the word **szoba** (*room*) to indicate a living and sleeping area as opposed to **konyha** (*kitchen*), **fürdőszoba** (*bathroom*), **vécé** (*toilet*), **előszoba** or **hall** (*hall*). Most flats and houses would not have an **ebédlő** (*dining-room*) or a **dolgozószoba** (*study*) either. Because of this, when referring to the size of their flats and houses, Hungarians do not talk about one or two-bedroom flats or houses. They just use the word **szoba** (*room*), e.g **egyszobás** (*pron.* etyszobás) **lakás, kétszobás ház**, etc. A **félszoba** (Lit. *half room*) is a small room usually for children. So a **másfél szobás lakás** (Lit. *one and a half room flat*) would have a big room for the parents and a small one for a child. Similarly **két és fél szobás lakás, egy plusz két fél szobás lakás** (Lit. *two and a half room flat, one plus two half room flat*), etc.

Kert: You will hardly ever see a big lawn with flowers at a private home. Gardens have a practical function; they are meant to provide some fruit and vegetables for the family.

Lakik, él: These both mean *live*. **Él** is used in a more general sense:

János **jól él**.	*János lives well.*
Anna most **Párizsban él**.	*Anna lives in Paris now.*

The word **lakik** means *reside*. (This is what you do in your **lakás**.)

Egy kis másfél szobás **lakásban laknak**.	*They live in a small flat with two rooms.*
A Vas **utcában lakunk**.	*We live in Vas Street.*

Mennyit keresel? (*How much do you earn?*) How much one earns is not a taboo subject in Hungary. Friends and acquaintances openly discuss what their salaries are (**fizetés** *salary*). Everybody in a full or part-time job – even manual workers – is paid monthly in Hungary. Hungarians talk about monthly, not yearly pay.

Majd: This means *some time in the future*. It is a useful word to express a future action, using the present tense:

Én **majd** a kertben **dolgozom**.	*I'll work in the garden.*

Meg can be used like **és** or **pedig**. In the latter case it is usually the second expression in the second half of the sentence:

Ica meg Csaba jön.	*Ica and Csaba are coming.*
Én majd a kertben dolgozom, **a feleségem meg** majd olvas.	*I'll work in the garden and my wife will read.*

Képzeld (*pron.* kébzeld) means *just imagine* (sing.fam.). It is a good way of introducing some unusual news. Note the forms:

képzeljétek (*pron.* kébzejjétek) (pl.fam.)
képzelje (*pron.* kébzejje) (sing.form.)
képzeljék (*pron.* kébzejjék) (pl.form.)

Nem bizony: This is a useful phrase to express agreement with a negative statement, e.g. **Ez nem rossz pénz! Nem bizony.** *This is not bad money. It certainly isn't.* If you want to agree with a positive statement, just say **bizony** (*surely*):

Most **nagyon drága** a téliszalámi. **Bizony!**	*Téliszalámi is very expensive now. It certainly is!*

Similarly you can agree with a positive statement by saying: **Szerintem is.** (*I think so too.*) and with a negative statement by saying: **Szerintem sem.** (*I don't think so either.*):

London **túl nagy. Szerintem is.**	*London's too big. I think so too.*
Szerintem Budapest **nem piszkos.** **Szerintem sem.**	*I don't think Budapest is dirty. I don't think so either.*

Nyelvtan

1 Verbs ending in s, sz, z or dz

If a verb stem ends in s, sz, z or dz (these are called sibilants), form the second person singular by adding **-ol** (for back vowel words), **-el** (for front vowel words) and **-öl** (for front vowel words with ö, ő, ü or ű as their final vowel). Otherwise these verbs are conjugated just like standard verbs.

(én)	olvasok	*I read*	(mi)	olvasunk	*we read*
(te)	olvas**ol**	*you read*	(ti)	olvastok	*you read*
(maga/ön)	olvas	*you read*	(maguk/önök)	olvasnak	*you read*
(ő)	olvas	*he/she reads*	(ők)	olvasnak	*they read*

(én)	keresek	*I earn*	(mi)	keresünk	*we earn*
(te)	keres**el**	*you earn*	(ti)	kerestek	*you earn*
(maga/ön)	keres	*you earn*	(maguk/önök)	keresnek	*you earn*
(ő)	keres	*he/she earns*	(ők)	keresnek	*they earn*

(én)	főzök	*I cook*	(mi)	főzünk	*we cook*
(te)	főz**öl**	*you cook*	(ti)	főztök	*you cook*
(maga/ön)	főz	*you cook*	(maguk/önök)	főznek	*you cook*
(ő)	főz	*he/she cooks*	(ők)	főznek	*they cook*

2 The -ik verbs

Verbs whose third person singular form ends in **-ik** are called *-ik verbs*. These are different from standard verbs not only in their third person singular form (**-ik** is added to the verb stem), but also in their first person singular form (**-om** is added for back vowel words, **-em** for front vowel words and **-öm** for front vowel words with ö, ő, ü or ű as their final vowel).

(én)	lakom	I live	(mi)	lakunk	we live
(te)	laksz	you live	(ti)	laktok	you live
(maga/ön)	lakik	you live	(maguk/önök)	laknak	you live
(ő)	lakik	he/she lives	(ők)	laknak	they live

(én)	verekedem	I fight	(mi)	verekedünk	we fight
(te)	verekedsz	you fight	(ti)	verekedtek	you fight
(maga/ön)	verekedik	you fight	(maguk/önök)	verekednek	you fight
(ő)	verekedik	he/she fights	(ők)	verekednek	they fight

(én)	öltözködöm	I dress	(mi)	öltözködünk	we dress
(te)	öltözködsz	you dress	(ti)	öltözködtök	you dress
(maga/ön)	öltözködik	you dress	(maguk/önök)	öltözködnek	you dress
(ő)	öltözködik	he/she dresses	(ők)	öltözködnek	they dress

In colloquial Hungarian, some people use the **-ok**, **-ek**, **-ök** endings in the first person singular form, e.g. lak**ok**, vereked**ek**, öltözköd**ök**. With most verbs though, this sounds uneducated.

3 Mixed category verbs

Many verbs belong to more than one category, therefore more than just one rule will have to be applied when conjugating them. For example, some verbs can be both -*ik* verbs and end in a sibilant:

(én)	dolgozom	I work	(mi)	dolgozunk	we work
(te)	dolgozol	you work	(ti)	dolgoztok	you work
(maga/ön)	dolgozik	you work	(maguk/önök)	dolgoznak	you work
(ő)	dolgozik	he/she works	(ők)	dolgoznak	they work

4 Ez, az (*this, that*)

● When expressing *this is a ...*, *that is a ...* Hungarian only uses **ez** (*this*) and **az** (*that*):

Ez templom.   *This is a church.*
Az iskola.   *That is a school.*

In colloquial Hungarian, some people would use the indefinite article (i.e. **egy**) in the sentences above: **Ez egy templom. Az egy iskola.**

• In English, *this* and *that* can be followed by a noun or a phrase containing a noun. (A noun is the name of a person, a thing or some abstract idea, e.g. girl, pen, happiness.) In Hungarian, the definite article (i.e. **a, az**) is needed between **ez** or **az** and the noun:

Ez a lakás túl kicsi.	*This flat is too small.*
Ez az angolóra unalmas.	*This English lesson is boring.*
Az a kert elég nagy.	*That garden is quite big.*
Az az ír lány csinos.	*That Irish girl is pretty.*

5 Kis, kicsi (*small*), egy kicsit (*a bit*)

Both **kis** and **kicsi** mean *little*, or *small*, and answer the question **Milyen?** (*What is it like?/What sort of?*). **Kis** can only be used when immediately followed by a noun. **Kicsi**, however, can also be used on its own:

Magyarország **kis ország**./	*Hungary is a small country.*
Magyarország **kicsi ország**.	
Magyarország **kicsi**.	*Hungary is small.*

Egy kicsit (*a little, a bit*) expresses the quantity or the degree of something:

Csak egy kicsit kérek.	*I only want a little.*
Egy kicsit éhes vagyok.	*I am a bit hungry.*

6 Sem (*neither, not ... either*)

As with **is, sem** always comes straight after the word it refers to:

Most nem kérek feketét. **Én sem.**	*I don't want coffee now.*
	Neither do I.
John sem amerikai? [⌇]	*Is John not American either?*

7 The -n ending

This ending corresponds to the preposition *on* in English. For words ending in a vowel just add **-n**. (As usual the final **a** changes to **á**, and the final **e** to **é** before it.)

ajtó – ajtón	fa – fán	Szentendre – Szentendrén

If a word ends in a consonant, a linking vowel joins the **-n** ending to the word. In the case of back vowel words, the linking vowel is **o**. After front vowel words the linking vowel is **e** or **ö** (if the final vowel of the word is **ö, ő, ü** or **ű**).

asztal – asztal**on**	kép – kép**en**	gyümölcs – gyümölcs**ön**

Unfortunately, the use of the **-n** and the **-ban/-ben** endings does not always correspond to the use of their English equivalents. So it is best if you simply learn which endings to use with certain words as you come across them. Here are a few examples of the difference:

> **a megállóban** *at the stop*
> **munkában** *at work*
> **a fán** *in the tree*
> **a képen** *in the picture*

8 Expressions of time with the -n, and the -ban, -ben endings

These endings are also used when answering the question **Mikor?** (*When?*)

The -n ending is used:

(a) after names of days –

Milyen nap van ma?		Mikor?	
hétfő	*Monday*	hétfő**n**	*on Monday*
kedd	*Tuesday*	kedd**en**	*on Tuesday*
szerda	*Wednesday*	szerdá**n**	*on Wednesday*
csütörtök	*Thursday*	csütörtök**ön**	*on Thursday*
péntek	*Friday*	péntek**en**	*on Friday*
szombat	*Saturday*	szombat**on**	*on Saturday*
vasárnap	*Sunday*	vasárnap*	*on Sunday*

*****Vasárnap** is an exception.

Note that you can either say **hétfő reggel** or **hétfőn reggel** (*on*

Monday morning), **kedd délelőtt** or **kedden délelőtt** (*on Tuesday morning*, i.e. *Tuesday a.m.*), **szerda este** or **szerdán este** (*on Wednesday evening*), etc.

(*b*) in expressions like –

a hétvégén (*at the weekend*), **a múlt héten** (*last week*),
ezen a héten (*this week*), **a jövő héten** (*next week*), etc.

The -ban/-ben ending is used:

(*a*) after names of months –

Milyen hónap van?		Mikor?	
január	*January*	januárban	*in January*
február	*February*	februárban	*in February*
március	*March*	márciusban	*in March*
április	*April*	áprilisban	*in April*
május	*May*	májusban	*in May*
június	*June*	júniusban	*in June*
július	*July*	júliusban	*in July*
augusztus	*August*	augusztusban	*in August*
szeptember	*September*	szeptemberben	*in September*
október	*October*	októberben	*in October*
november	*November*	novemberben	*in November*
december	*December*	decemberben	*in December*

(*b*) in expressions like –

a múlt hónapban (*last month*), **ebben a hónapban** (*this month*),
a jövő hónapban (*next month*), etc.

(*c*) when talking about years, e.g. **1967-ben**, **1988-ba**.

Note that the names of days and months are spelt with a small letter.

 ——————— **Gyakorlatok** ———————

1 Which is the correct alternative?

   (*a*) Kedden délután **költözöm/költözek**.
   (*b*) Tamás Debrecenben **élsz/él**.
   (*c*) Lajos bácsi a József körúton **él/lakik**.
   (*d*) Miért **panaszkodol/panaszkodsz** mindig?
   (*e*) A folyosón gyakran **nem ég/égnek** a villany.

    (f)   A kertben **napozol/napozsz**?

2   Which is the correct expression in these sentences?

    (i) kis   (ii) kicsi   (iii) kicsit

    (a) Edit néni egy _____ családi házban lakik.
    (b) Peti nagyon _____.
    (c) Köszönöm, csak egy _____ kérek.
    (d) Egy _____ szomjas vagyok.
    (e) Csak egy _____ pálinkát kérsz? [⌄]
    (f) London nem _____ város.

3   Put **sem** in the correct place, so that the Hungarian and English sentences mean the same. The stressed English words are in bold.

    (a) Én ismerem Király Dezsőt. *I don't know Király Dezső either.*
    (b) Vörös bort kérek. *I don't want **red wine** either.*
    (c) Zsolt tud franciául. ***Zsolt** doesn't speak French either.*
    (d) Az egri bikavért ismered? [⌄] *Don't you know **egri bikavér** either?*
    (e) Mi májusban költözünk. *We aren't moving in May either.*
    (f) Barack kell. *We don't need **peaches** either.*

4   Jack is a lazy student of Hungarian. He has made a few mistakes in these sentences. Can you spot them? Put **jó** after the sentences that he got right, and **rossz** after the ones that he got wrong. Correct the latter.

    (a) Ez ház nem tetszik.
    (b) Az az iskola szerintem nem jó.
    (c) Az tokaji? [⌄]
    (d) Ez alma nagyon finom!
    (e) Ez citrom vagy narancs? [⌄]
    (f) Az villamos nem itt jár.

citrom (-ot)	*lemon*

5   Karcsi is a bit untidy (see picture overleaf). Especially when there is something interesting on television, he cannot bother to put things away. Where are his belongings? Make up complete sentences, using the vocabulary given on page 110. The first sentence is provided for you.

    (a) A papucs az ágyon van.

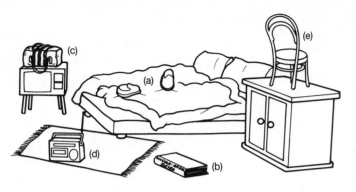

You will need to know the following words:

ágy (-at)	*bed*	**szék** (-et)	*chair*
szótár (-t)	*dictionary*	**táska**	*bag*
föld (-et)	*floor*	**tévé**	*T.V.*
szekrény (-t)	*cupboard, wardrobe*	**szőnyeg** (-et)	*carpet*

6 Kati's **macska** (*cat*) is very restless. She keeps jumping around the kitchen. Where is she? Make up complete sentences following the examples.

    (a) A macska az ablakban ül (Lit. *The cat is sitting in the window*).
    (b) A macska a hűtőszekrényen ül.

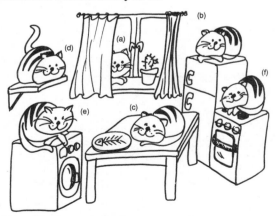

You will need to know the following words:

ablak (-ot)	*window*	**polc** (-ot)	*shelf*
hűtőszekrény (-t)	*refrigerator*	**mosógép** (-et)	*washing machine*
asztal (-t)	*table*	**gáztűzhely** (-t)	*gas cooker*

7 Answer these questions in complete sentences.

   (a) Ha ma szerda van, milyen nap volt tegnap?
   (b) Ha ma szombat van, milyen nap lesz holnap?
   (c) Ha ma vasárnap van, milyen nap volt tegnapelőtt?
   (d) Ha ma kedd van, milyen nap lesz holnapután?

tegnap (-ot)	*yesterday*	**holnapután** (-t)	*the day after*
holnap (-ot)	*tomorrow*		*tomorrow*
tegnapelőtt (-et)	*the day before*		
	yesterday		

8 Antal Seregi is a busy journalist. Look at his diary for a typical week and make up complete sentences about when and what he is doing. The first sentence is completed for you.

Antal Seregi hétfőn reggel fut a parkban.

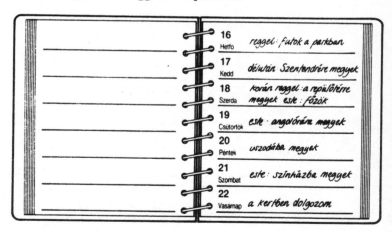

9 Béla has had enough. He is in a bad mood today. After a few drinks he complains to a friend. Write in the missing endings of his monologue on page 112, then imagine that you are Béla and tell his story aloud.

Nagyon szeretnék a Rózsadombon* lakni egy szép, nagy, két-szintes kertes (a) ház_____. De sajnos Újpalotán (b) lak_____ egy tipikus másfél szobás (c) panellakás_____. Újpalota tipikus lakótelep: csúnya és szürke. A lakás egy nyolc-emeletes (d) ház_____, a hetedik (e) emelet_____ van. A lift majdnem mindig rossz. A lakás túl kicsi, a fal túl vékony. A (f) szomszéd_____ mindig hangos a magnó vagy a rádió. A feleségem mindig mérges és minden nap (g) panaszkod_____, mert piszkos a lépcső, mert a kapu éjszaka is nyitva van, mert a (h) folyosó_____ nem ég a villany. Ráadásul a mosógép** is rossz, és beteg a kutya. Nehéz az élet!

tipikus typical		**beteg** ill	
szürke grey		**kutya** dog	
vékony thin		**élet** (-et) life	
ráadásul on top of all that		**majdnem** almost, nearly	

*Rózsadomb (Rose Hill) is a fashionable, expensive quarter in Buda. This is where Hungarian millionaires live.

**Virtually all households have washing machines in Hungary. They are not regarded as luxury items.

10 Answer these questions about yourself.

(a) Hol él?
(b) Albérletben lakik? [∿]
(c) Milyen házban/lakásban lakik?
(d) Hány és milyen szoba van a házban/lakásban?
(e) Van telefon a házban/lakásban? [∿]
(f) A szomszédban mindig hangos a magnó vagy a lemez-játszó? [∿]
(g) Szeret itt lakni? [∿]

lemezjátszó (pron. lemezjáccó) record player	**szeret** like

This was a difficult unit with a lot of new grammar introduced. Make sure that you have mastered it all before going on to Unit 8.

8

IMÁDOK MECCSRE JÁRNI
I love going to football matches

In this unit you will learn how to

- talk about your lifestyle, eating habits, pastimes and what sports you do
- express hope
- say what you prefer, love or hate doing

 ——————— **Párbeszéd** ———————

 A TV journalist is making a documentary film about the lifestyle of Hungarian teenagers. Zoli Szabó, a 13-year old from Budapest, is one of the children that he interviews.

Riporter Mit és hol reggelizel, ebédelsz és vacsorázol?

Zoli Otthon reggelizem. Reggelire általában vajas kiflit vagy zsemlét eszem, és kakaót vagy tejes kávét iszom. Az iskolában ebédelek. Ebédre mindig van leves. A második fogás pedig főzelék vagy hús, rizs, krumpli, tészta. Este anyu főz vacsorát. De ha későn jön haza, mert sok a munka az irodában, csak hideget eszünk vacsorára.

Riporter Mit csinálsz délután, iskola után?

Zoli Hazamegyek és először eszem valamit. Az iskolában elég rosszul főznek, és délután mindig éhes vagyok. Aztán hétfőn és szerdán edzésre, kedden és csütörtökön pedig angolra megyek.

Riporter Mit sportolsz?

Zoli Focizok.

Riporter És mikor tanulsz?

Zoli Este. De utálok leckét írni. Inkább magnót hallgatok vagy tévét nézek. De anyu mérges, ha túl hangos a magnó.

Riporter Ha nem értesz valamit, a szüleid tudnak segíteni?

Zoli Nem nagyon érnek rá. Anyu munka után bevásárol, főz. Mindig fáradt és ideges. Apu későn jár haza, mert két munkahelyen dolgozik.

Riporter Segítesz otthon a házimunkában?

Zoli Nem nagyon. A szüleim takarítanak. Én újságot veszek, mert apu szeret újságot olvasni, vagy néha segítek bevásárolni.

Riporter És mit szeretnél elérni? Mi leszel, ha felnőtt leszel?

Zoli Nem is tudom. Talán állatorvos. Sok pénzt szeretnék, de nem akarok egész nap csak dolgozni. Szeretnék egy nyugati kocsit és egy nagy házat is. Szeretnék sokat utazni külföldre. Imádok meccsre járni és nagyon szeretnék egyszer Angliában egy focimeccset látni. Remélem, hogy sikerül! De lehet, hogy mindez csak álom …

Szavak és kifejezések

reggelizik *have breakfast*	**munka után** *after work*
ebédel *have lunch*	**bevásárol** *do one's shopping*
vacsorázik *have supper*	**ideges** *irritable, short-tempered*
vajas kifli *buttered Hungarian*	**házimunka** *housework*
croissant	**a szüleim** *my parents*
zsemle *roll*	**takarít** *do the cleaning*
kakaó *cocoa*	**újság** (-ot) *newspaper*
tejes kávé *white coffee*	**vesz** (vmit) *buy* (sg)
a második fogás (-t) *the second*	**néha** *sometimes*
course	**szeretnél** *you would like*
utál (vmit) *hate* (sg)	**elérni** *to achieve*
rosszul *badly*	**felnőtt** (-et) *adult*
rosszul főznek *the cooking is bad*	**Nem is tudom.** *I don't really know.*
(Lit. *they cook badly*)	**állatorvos** (-t) *vet*

Edzésre (pron. **eddzésre**) **megyek.**
I go to training.
focizik *play football*
leckét ír *do homework*
hallgat (*pron.* **halgat**) (vmit)   *listen to* (sg)
néz (vmit)   *watch* (sg)
a szüleid   *your parents*

nyugati kocsi   *western car*
külföldre utazik   *travel abroad*
imád   *adore*
meccs (-et)   *football match*
Remélem, hogy sikerül.   *I hope I'll be able to.* (Lit. *I'll succeed.*)
mindez (-t)   *all this*
álom (álmot)   *dream*

Kérdések

1   Igaz vagy nem igaz? Correct and re-write the false statements.

   (a) Zoli otthon reggelizik és vacsorázik, de az iskolában ebédel.
   (b) Este néha hideget eszik, mert az édesanyja (*pron.* édesannya) (*his mother*) nem főz vacsorát.
   (c) Iskola után Zoli először edzésre megy.
   (d) Zoli jobban szeret magnót hallgatni, mint TV-t nézni.
   (e) Zoli egy nyugati házat és kocsit szeretne (*he would like*).

2   Feleljen a kérdésekre!

   (a) Mit eszik Zoli reggelire?
   (b) Mi a második fogás az iskolában?
   (c) Miért éhes délután mindig Zoli?
   (d) Mit és mikor sportol Zoli?
   (e) Miért jár Zoli édesapja (*Zoli's father*) későn haza?
   (f) Mit szeretne Zoli Angliában látni?

—— Magyarország és a magyarok ——

Hungarian lifestyle

This can be rather unhealthy. Hungarians eat a lot, and their food is heavy and spicy. Many Hungarians smoke and drink, and most of them have to work far too hard. A lot of people in Hungary have two jobs in order to make ends meet.

Mit sportolsz? (*What sports do you do?*)

Sport (*sport*) is something that most Hungarians prefer watching rather than doing themselves. **Futball** or **labdarúgás** or **foci** (*football*) is the most popular sport in Hungary. Other popular sports are

úszás (*swimming*), **kosárlabda** (*basketball*), **röplabda** (*volleyball*), **korcsolyázás** (*skating*), **tenisz** (*tennis*), **kocogás** (*jogging*) **torna** (*gymnastics*) and **síelés** (*skiing*). **Sakkozás** (*playing chess*) probably suits the Hungarian character best, as it requires only mental not physical gymnastics! You might even see a few men playing chess in the hot water spa baths of Budapest.

Most Hungarians are a bit mystified by Anglo-Saxon games like **krikett** (*cricket*), **golf** (*golf*), **fallabda** (*squash*) or **rögbi** (*rugby*).

Anyu, apu: there are several ways of addressing one's parents in Hungarian. **Anyu** or **anya** (*mum*) and **apu** or **apa** (*dad*) are the most common forms. When they talk about their parents, small children use the expression **az anyukám** (*my Mum*) or **az apukám** (*my Dad*). Adults refer to their parents as **az anyám** or **az édesanyám** (*my mother*) or **az apám** or **az édesapám** (*my father*) or just **a szüleim** (*my parents*). **Az édesanyám** and **az édesapám** are more respectful and affectionate.

Inkább (*would rather*): this expresses preference in a particular situation:

Nem szeretek olvasni.	*I don't like reading.*
Inkább tévét nézek.	*I'd rather watch T.V.*
Inkább sajtot kérek, mint sonkát.	*I'd rather have cheese than ham.*

You can express general preferences by using the expression **jobban szeretek ..., mint...** (Lit. *I better like ... than ...*):

A vízben **jobban szeretek úszni, mint sakkozni.**	*I prefer swimming to playing chess in the water.*
Zoli sokkal **jobban szeret focizni, mint angolra járni.**	*Zoli much prefers playing football to going to English classes.*

Egyszer (pron. etyszer) has two meanings in English. It means *once* when talking about a past event, and *one day* when talking about the future:

Egyszer Rómában **voltam** és ...	*Once I was in Rome and ...*
Nagyon **szeretnék egyszer** Angliában egy focimeccset látni.	*One day I would love to see a football match in England.*

Remélem (*I hope*): as in English, **hogy** (*that*) is often used after this verb, e.g. **Remélem, hogy az édesanyád már jól van.** *I hope that your mother is recovered by now.*

On its own, it means *I hope so*, e.g. **Anna jön holnap?** [↷] **Remélem.** *Is Anna coming tomorrow? I hope so.*

Későn, késő: both these words mean *late* in English. **Későn** is used in answer to the question **Mikor?** *When?*, e.g. **Apu későn jön haza.** *Dad comes home late.* **Késő** is used in expressions like **késő van** (*it is late*), **késő este** (*late in the evening*), and so on.

 ——————— **Nyelvtan** ———————

1 Verbs ending in -ít *or two consonants*

If a verb stem ends in **-ít**, or two consonants, a linking vowel is needed before endings starting with a consonant.

Back vowel verbs

(én)	takarítok	*I clean*	(mi)	takarítunk	*we clean*
(te)	takarít**asz**	*you clean*	(ti)	takarít**otok**	*you clean*
(maga/ön)	takarít	*you clean*	(maguk/önök)	takarít**anak**	*you clean*
(ő)	takarít	*he/she cleans*	(ők)	takarít**anak**	*they clean*

Front vowel verbs

(én)	értek	*I understand*	(mi)	értünk	*we understand*
(te)	érte**sz**	*you understand*	(ti)	érte**tek**	*you understand*
(maga/ön)	ért	*you understand*	(maguk/önök)	érte**nek**	*you understand*
(ő)	ért	*he/she understands*	(ők)	érte**nek**	*they understand*

Front vowel verbs with ö, ő, ü or ű as their final vowel

(én)	töltök	*I spend (time)*	(mi)	töltünk	*we spend*
(te)	tölt**esz**	*you spend*	(ti)	tölt**ötök**	*you spend*
(maga/ön)	tölt	*you spend*	(maguk/önök)	tölt**enek**	*you spend*
(ő)	tölt	*he/she spends*	(ők)	tölt**enek**	*they spend*

Note the forms takarít**otok** and tölt**ötök**.

Note also that the verb **áll** (*stand*) is conjugated like a standard verb (i.e. without a linking vowel).

2 Ír *(write)*

Some words, like **ír** or **iszik** containing only **i** and/or **í**, take back vowel endings.

(én)	írok	*I write*	(mi)	írunk	*we write*
(te)	írsz	*you write*	(ti)	írtok	*you write*
(maga/ön)	ír	*you write*	(maguk/önök)	írnak	*you write*
(ő)	ír	*he/she writes*	(ők)	írnak	*they write*

3 The infinitive

The infinitive is the "to" form of the verb, (e.g. to cook, to live). The equivalent of *to* is the **-ni** ending in Hungarian.

(*a*) With most verbs it is joined straight to the verb stem.

főz *cook* – főz**ni** *to cook*	lakik *live* – lak**ni** *to live*

(*b*) Verbs ending in **-ít** or two consonants take the **a** or the **e** linking vowel before the infinitive ending.

takarít – takarít**ani**	ért – ért**eni**	tölt – tölt**eni**

(*c*) There is a group of seven verbs (all of whose stems end in the sibilant **sz**) which have irregular infinitives. These are:

lesz	**lenni**	*to be*	visz	**vinni**	*to take/to carry*
vesz	**venni**	*to buy*	tesz	**tenni**	*to put*
hisz	**hinni**	*to believe, to think*	eszik	**enni**	*to eat*
			iszik	**inni**	*to drink*

(*d*) Here are some other common irregular verbs:

megy	**menni**	*to go*	van	**lenni**	*to be*
alszik	**aludni**	*to sleep*	fekszik	**feküdni**	*to lie*

The infinitive is used after verbs.

Szeretek étterembe **járni**.   *I like to go / going to restaurants.*
Bori néni **utál főzni**.   *Bori néni hates to cook / cooking.*

4 Tud (*can, be able to*)

Tud means not only *know*, but also *can, be able to*. It is conjugated like other verbs:

Tudsz paprikás csirkét főzni? [~]   *Can you cook paprika chicken?*
Nem **tudok** aludni.   *I can't sleep.*

Note that you do not use **tud** with the verbs **lát** (*see*), **hall** (*hear*), **ért** (*understand*):

Egy házat **látok**.   *I can see a house.*
Jól **hallasz**? [~]   *Can you hear well?*
Nem **értem**.   *I can't understand it.*

5 The -ra and -re ending

• Words taking the ending **-n** in answer to the question **Hol?** (*Where?*) take the ending **-ra** (for back vowel words) and **-re** (for front vowel words) in answer to the question **Hova?** (*Where to?*). As usual the final **a** changes to **á** and the final **e** to **é** before it.

Hol?	Hova?
asztal**on**	asztal**ra**
repülőtér**en**	repülőtér**re**
ór**án**	ór**ára**
Hősök ter**én**	Hősök ter**ére**

Az **asztalon** van a naptár.   *The calendar is on the table.*
Az **asztalra** is teszek egy naptárt. *I'm going to put a calendar on the table as well.*

A **repülőtéren** mindig sok   *There are always a lot of taxis*
 taxi van.   *at the airport.*
Sietek a **repülőtérre**.   *I'm hurrying to the airport.*

• The **-ra/-re** ending can also mean *for* or *to* in sentences like:

Zoli minden délután **edzésre** jár. *Zoli goes to training every afternoon.*

Jársz **angolra**? [◡⌐]

Mi van **reggelire/ebédre/
vacsorára**?

*Do you go to English classes?
What is for breakfast / lunch /
supper?*

Note that the latter could also be put like this: **Mi a reggeli / az
ebéd / a vacsora?**

6 The -i ending

The **-i** ending is attached to many words to make adjectives. (An
adjective is used to describe someone or something, e.g. good, nice,
big, etc.)

---

ma – **mai**:   mai újság   *today's paper*
közel – **közeli**:   közeli rokon   *close relative*
család – **családi**:   családi ház   *a house for a family*

Here are a few groups of words that take the **-i** ending:

(a) the names of the days of the week,
hétfő – **hétfői**, kedd – **keddi**, etc.

Hol van a **keddi újság**?   *Where's the Tuesday paper?*

(b) words like **ma, tegnap, tegnapelőtt, holnap, holnapután** –
mai, tegnapi, etc.

A **tegnapi óra** nem volt érdekes.   *Yesterday's lesson wasn't
interesting.*

(c) the names of the parts of the day,
reggel – **reggeli**, délelőtt – **délelőtti**, etc.

A **reggeli posta** még nincs itt.   *The morning post isn't here yet.*

(d) the four points of the compass,
nyugat (*west*) – **nyugati** (*western*)
kelet (*east*) – **keleti** (*eastern*)
észak (*north*) – **északi** (*northern*)
dél (*south*) – **déli** (*southern*)

Szeretnék egy **nyugati kocsit**!   *I would like a western car.*

(e) the names of the months,
január – **januári**, február – **februári**, etc.

A **januári hidegben** nem   *I don't like jogging in the
szeretek kocogni.   January cold.*

(f)   place names,

Budapest – **budapesti**, London – **londoni**, etc.

Te is **budapesti** vagy? [↴]   *Are you also from Budapest?*

A **londoni metró** elég piszkos.   *The London underground is quite dirty.*

Note that the place names with the **-i** ending are spelt with a small letter in Hungarian.

Note also the following irregularities:

hét *week* – **heti** *weekly*	**hónap** *month* – **havi** *monthly*
messze *far* – **messzi** *far away*	**este** *evening* – **esti** *evening*

However, the **-i** ending is not always required, e.g. **Budapest térkép** but **budapesti képeslap.**

7 És (*and*)

When listing things in English, *and* is always used before the last item. In Hungarian, this is optional. Both of the following are correct.

Anyu munka után **bevásárol**   *Mum does the shopping **and*** **és főz.**   *the cooking after work.*

Anyu munka után **bevásárol, főz**.

 —————— **Gyakorlatok** ——————

1   Which is the correct alternative?

 (a) Milyen levest **ajánlsz/ajánlasz**?
 (b) Hány fontot szeretne **beváltni/beváltani**?
 (c) Miért **álltok/állatok** az ajtóban (*in the doorway*)?
 (d) Tudsz **segítni/segíteni**?
 (e) Te sem **értesz/értel** angolul?
 (f) Milyen nyelvet **tanítnak/tanítanak** itt?
 (g) Ti mikor **takarítotok/takaríttok**: szombaton vagy vasárnap?
 (h) Mit **írtek/írtok**?

2   Zsófi is a sporty girl. The table below tells you what sports she

likes, hates, etc. doing. Make up complete sentences about her. The first one is provided for you:

Zsófi szeret síelni.

szeret	tud	utál	nem szeret	imád	nem tud
síel					korcsolyázik
				tenisze-zik	
		kocog			
	kosárlab-dázik		röplabdázik		
	úszik				
tornázik		sakkozik			

síel *ski* (verb)		**röplabdázik** *play volleyball*	
korcsolyázik *skate* (verb)		**úszik** *swim* (verb)	
teniszezik *play tennis*		**tornázik** *do gymnastics*	
kocog *jog*		**sakkozik** *play chess*	
kosárlabdázik *play basketball*			

3 A sociological survey has been carried out to find out what people prefer doing in their spare time. What does it reveal about each person? Write complete sentences like the one done for you:

(a) Király Ferenc jobban szeret koncertre járni, mint sétálni.

Ki?	**szeret**	**nem szeret**
(a) Király Ferenc	koncertre jár	sétál
(b) Asztalos Gizi	videót néz	moziba jár
(c) Sípos Kati	operába megy	úszik
(d) Polgár Géza	sörözik	színházba jár
(e) Tordai Judit	eszik	sportol
(f) Balázs Kinga	könyvet olvas	tévét néz
(g) Fekete László	rádiót hallgat	újságot olvas

koncert (-et) *concert*	**könyv** (-et) *book*
sétál *walk, stroll* (verb)	**hallgat** (*pron.* halgat) (vmit)
sörözik *drink beer*	*listen to* (sg)

4 Add the correct ending, where necessary, to the highlighted word in each sentence at the top of page 123.

(a) **Ma**___ nem akarok tanulni.
(b) Hol a **ma**___ újság, Géza?
(c) A **január**___ hidegben nem szeretek úszni.
(d) **Január**___ mentek Kanadába?
(e) A **január**___ mindig hideg hónap Magyarországon.
(f) **Szeged**___ szép város a Tisza mellett (*by the Tisza*).
(g) **Szeged**___ vagy te is?
(h) Még nem voltam **Szeged**___.
(i) Mikor mentek **Szeged**___?
(j) Egy **szeged**___ képeslapot kérek.

5 After work everybody rushes off from the office. Who hurries where, and why? Make up complete sentences like this one (kórház (-at) *hospital*):

(a) Ági munka után a repülőtérre siet, mert jön Juliska néni.

(a)	Ági	repülőtér	jön Juliska néni
(b)	Kati	közért	este vacsorát főz
(c)	Zsuzsa	uszoda	imád úszni
(d)	Eszter	Pest	az édesanyja kórházban van
(e)	Ica	otthon	jó film lesz a tévében

6 Tihamér Szabó is being interviewed. First read the following passage about him, then supply his answers to the reporter's questions. Finally act it all out from memory.

Szabó Tihamér negyvenhat éves. Budán dolgozik egy irodában. Mérnök. Elég jól keres, így csak egy munkahelyen dolgozik. Az V. kerületben lakik a Petőfi Sándor utcában. A lakás egy régi házban, a negyedik emeleten van. Lift nincs. Ezért munka után ő vásárol minden nap. Este is segít a házimunkában. Nem iszik és nem dohányzik. Szabó Tihamér nem tipikus magyar férfi. Szabóné boldog asszony.

| **így** *so* | **dohányzik** *smoke* (verb) |
| **minden nap** *every day* | **boldog** *happy* |

(a) Szabó úr, ön hány munkahelyen dolgozik?
(b) Segít otthon a házimunkában? [↵]
(c) Miért ön vásárol minden nap?
(d) Máskor is segít a házimunkában? [↵]
(e) Mit gondol, ön tipikus magyar férfi? [↵]

> **máskor**   *on other occasions*   **gondol**   *think*

7   Now try to look at yourself through someone else's eyes. Make up a similar passage, introducing yourself, using the third person singular form.

8   Read this dialogue and then answer the question that follows.

Sanyi bácsi   Hány éves vagy, Peti?
Peti   Öt leszek. Májusban lesz a születésnapom.
Sanyi bácsi   És mit kérsz a születésnapodra?
Peti   Egy nyugati autót!

Miért modern gyerek Peti?

> **a születésnapom**   *my birthday*   **modern gyerek** (-et)   *modern child*
> **a születésnapod**   *your birthday*   **a születésnapja**   *his/her birthday*

9   Answer these questions about yourself.

(*a*)   Mit és hol ebédel?
(*b*)   Mit főz ma vacsorára?
(*c*)   Rendszeresen sportol? [⌄]
(*d*)   Mit szeret este otthon csinálni?
(*e*)   Mit utál csinálni?
(*f*)   Mit tud jól csinálni?
(*g*)   Mit szeret jobban: tévét nézni vagy moziba menni?

> **rendszeresen** (*pron.* rentszeresen)   *regularly*

 ———————————— **Érti?** ————————————

Read this passage about eating habits in Hungary. Then answer the questions that follow.

 A magyarok nagyon szeretnek enni. Magyarországon reggelire az emberek vajas kenyeret és szalámit, sajtot, kolbászt vagy sonkát esznek. Utána feketét, tejes kávét vagy citromos teát isznak. Sokan csak egy kávét isznak reggel, és sietnek dolgozni.

Délben a legtöbb ember főtt ételt eszik. Egy tipikus magyar ebéd levessel kezdődik. A második fogás lehet főzelék (bab-, borsó-, tök-, vagy krumplifőzelék), hús krumplival, rizzsel vagy tészta. Magyarországon kevés ember vegetáriánus. A magyarok sok húst esznek. Gyakran van harmadik fogás is: általában valamilyen sütemény. És persze egy jó erős fekete! A magyar ebéd után nehéz felállni. A tipikus magyar vacsora olyan, mint az ebéd. Nem sokan esznek hideget vacsorára.

A magyarok általában nem olajjal, hanem zsírral főznek és sok pirospaprikát használnak. Az átlag magyar jobban szeret enni és inni, mint sportolni.

Most már érti, hogy miért van olyan sok kövér ember Magyarországon!

utána *after then*	**rizzsel** *with rice*
citromos tea *lemon tea*	**olyan, mint** *is like*
sokan *a lot of people*	**olajjal** *with oil*
a legtöbb ember (-t) *most people*	**hanem** *but*
főtt étel (-t) *cooked food*	**zsírral** *with lard*
levessel kezdődik *starts with soup*	**az átlag magyar** (-t) *the average*
tök (-öt) *marrow*	*Hungarian*
krumplival *with potatoes*	**kövér** *fat*

Melyik igaz?

(*a*) Sokan csak egy _____ isznak reggel és sietnek dolgozni.
   (i)   feketét
   (ii) tejeskávét

(*b*) A tipikus magyar ebéd nem _____   (i)   főtt étel
                                   (ii) szendvics

(*c*) Az átlag magyar _____   (i)   vegetáriánus
                            (ii) sok húst eszik

(*d*) A magyar ebéd után nehéz _____   (i)   futni
                                 (ii) fizetni

(*e*) Magyarországon sok kövér ember van, mert a magyarok _____
   (i)   sokat isznak
   (ii) szeretnek sokat enni

9

NEM TETSZIK FÁZNI? __

Are you cold?

In this unit you will learn

- a third way to address people
- how to talk about the weather
- how to express surprise, indignation, curiosity and prohibition

── **Párbeszéd** ──

Mariska néni lives in the country. She has come up to Budapest to visit her niece and is feeling under the weather.

Erzsi	Csókolom, Mariska néni! Hogy tetszik lenni?
Mariska néni	Szervusz, Erzsi! Nem túl jól. Fáj a hátam meg a lábam. Öreg vagyok én már!
Erzsi	Öreg? Hiszen még csak hatvanhárom éves tetszik lenni! Ez ma már nem kor.
Mariska néni	Dehogynem! Szalad az idő ... Itt az öregség meg a reuma. Már az orvosság sem segít.
Erzsi	Sikerült taxit találni a pályaudvaron?
Mariska néni	Taxit? A taxi túl drága! És ez a város! Szép, de mindenki mindig rohan ... a sok autó az utcán, a zaj, a piszok, a tömeg ... Hogy tudtok itt élni? És micsoda szeptember ez? Fúj a szél, esik az eső, hideg van. A fejem is kezd fájni ...

Erzsi	A rádió szerint ma csak kilenc-tíz fok lesz. De hát nemsokára október lesz, Mariska néni. Jön a tél. Nem tetszik fázni? Még nincs fűtés a lakásban.
Mariska néni	Bizony nincs melegem! Jaj, a reumám ...
Erzsi	Nem tetszik kérni egy kávét? Hamarosan kész az ebéd és ebédelünk.
Mariska néni	Hm. Konyak nincsen?
Erzsi	De van. De Mariska néni, ha gyógyszert tetszik szedni, nem szabad alkoholt inni!
Mariska néni	Ugyan! Nem orvosság, hanem konyak kell, amikor kint hideg van! Egyedül különben sem iszom, de ha ketten vagyunk, az más! Örülök, hogy jól vagytok. Egészségedre, Erzsi!
Erzsi	Egészségére, Mariska néni!

 ——— **Szavak és kifejezések** ———

öreg *old*	**nemsokára** *soon*
kor (-t) *age*	**tél** (telet) *winter*
szalad *run* (verb)	**fűtés** (-t) *heating*
öregség *old age*	**Jaj, a reumám!** *Oh, my*
orvosság (-ot) *medicine*	*rheumatism!*
mindenki *everybody*	**gyógyszert szed** *take medicine*
rohan *rush about, hurry*	**egyedül** *on one's own*
zaj (-t) *noise*	**ha ketten vagyunk** *if there's*
tömeg (-et) *crowd*	*someone else* (Lit. *if there are the*
Fúj a szél. *It's windy./The wind*	*two of us*)
is blowing.	**az más** *that's different*
Esik az eső. *It's raining.*	**örül** *be glad*
kezd *start* (verb)	

Kérdések

1 Igaz vagy nem igaz? Correct and re-write the false statements.

(a) Mariska néni reumás.

(b) Mariska néni szerint Budapest szép, de zajos és piszkos város.

(c) Kint süt a nap.

(d) Mariska néni fázik a lakásban.

(e) Mariska néni jobban szereti a kávét, mint a konyakot.

reumás *has rheumatism*	**Süt a nap.** *It's sunny, the sun is*
zajos *noisy*	*shining.*

2 Feleljen a kérdésekre!

  (a) Erzsi szerint Mariska néni öreg? [⤳]
  (b) Milyen idő van kint?
  (c) Hány fok lesz ma?
  (d) Miért nincs meleg a lakásban?
  (e) Mikor nem iszik Mariska néni?

—— Magyarország és a magyarok ——

The courtesy address

So far you have learnt two ways of addressing people. First, the formal address (i.e. when using **maga**, **maguk**, or **ön**, **önök**) second, the familiar address (i.e. when using **te** and **ti**).

The courtesy address is used by children when speaking to adults or elderly people; by adults when speaking to elderly people; and by some men (usually middle-aged) when speaking to women.

In the latter two cases, the use of the courtesy address is a matter of personal taste. Some adults (usually educated professionals) prefer using the formal address in these situations.

There is no equivalent of **te**, **ti**, **maga**, **maguk** or **ön**, **önök** in this address. Children address adult women as **néni** and adult men as **bácsi**. The same applies when talking to elderly people. (See Unit 1.) Men, however, would never address a woman as **néni**, unless she was much older. They would simply use the woman's first name.

In the courtesy address the words **tetszik** (*pron.* teccik) (sing.) and **tetszenek** (*pron.* teccenek) (pl.) are used, followed by the infinitive:

  Tetszik kérni egy kávét? [⤻] *Would you like a coffee?*
    (Lit. *Does it please you to have a coffee?*)
  Tetszenek kérni teát? [⤻] *Would you like some tea?*

In this form of address **Csókolom!** (*I kiss you*) and **Kezét csókolom!**, (pronounced sometimes as kezit csókolom or keziccsókolom) (*I kiss* *your hand*) are used both as greetings and as a way of saying farewell at any time of the day. However, an adult woman would rarely greet or say goodbye to an old man using **Csókolom!** and never **Kezét csókolom!** She would probably use **Jó reggelt kívánok!**, etc. instead.

As people in Hungary might use the courtesy address when talking to you, it is equally important to know how to respond. With children the familiar address is used all the time. A woman would use the formal address when talking to a man who speaks to her in the courtesy address. Elderly people might, however, use either address when speaking to other adults. They would probably use the familiar address with members of the family, and the formal address with acquaintances.

In some expressions, since there is no equivalent in the courtesy address, the formal form is used instead, e.g. **Egészségére, Mariska néni!** *To your health, Mariska néni.*

Mariska néni

The words **néni** and **bácsi** are used within the family as well. But they are never used when talking about, or addressing one's own parents or grandparents.

Még nincs fűtés a lakásban.

(*There's no heating in the flat yet*). In most Hungarian cities there is still district heating. This means that in blocks of flats the heating is centrally turned on in autumn, and turned off in spring.

Talking about the weather

In Hungary, unlike in England, people rarely talk about the weather. Therefore it does not provide a matter-of-course topic for social chit-chat. So beware! You will be considered a bore if you do! One of the reasons for this might be that the weather is much more predictable in Hungary. Sunny as well as rainy periods last longer. The seasons – **ősz** (*autumn*), **tél** (*winter*), **tavasz** (*spring*), **nyár** (*summer*) – have their distinctive characters.

Fok

Like everywhere else on the Continent, **Celsius** (*pron.* celziusz) **fok** (*centigrade degree*) and not Fahrenheit is used when talking about the temperature, e.g. **Ma 30°C lesz.** or **Ma 30 fok lesz.** (*Today it will be 30 degrees centigrade*). (In both cases read: **harminc fok**.)

Note also the use of **plusz** (*plus*) and **mínusz** (*minus*).

Tegnap **mínusz két fok** volt.   *Yesterday it was minus two degrees centigrade.* ·

Ma **plusz egy fok** van.   *Today it's plus one degree centigrade.*

Idő means both *time* and *weather*.

Szalad/Rohan az **idő**.   *Time flies.*
Szép **idő** van.   *The weather is nice.*

Note that you can say either:

Szép idő van. or **Szép az idő**.   *The weather is beautiful.*
Rossz idő van. or **Rossz az idő**.   *The weather is bad.*
Csúnya idő van. or **Csúnya az idő**.*The weather is nasty.*
Hideg idő van. or **Hideg az idő**. *The weather is cold.*
Meleg idő van. or **Meleg az idő**. *The weather is hot.*

Nincs melegem: take care to remember these forms properly:

Melegem van. *I'm hot.*
Nincs melegem. *I'm not hot.*
Meleged van. *You're hot.*
Nincs meleged. *You aren't hot.* (sing.fam.)
Melege van. *You're hot.* (sing.form.) or *He/she is hot.*
Nincs melege. *You aren't hot* (sing.form.) or *He/she isn't hot.*

Note that there is a separate verb **fázik** to express *be cold*.

Fázol? [⌣]   *Are you cold?*
Nem **fázom**.   *I'm not cold.*

The word **hideg** (*cold*) is used to describe something:

Hideg a leves.   *Thᵉ soup is cold.*
Hideg van.   *It's cold.*

Öreg, régi: both these words mean *old* in English. **Öreg** is used when talking about people and living things, while **régi** is used when talking about inanimate things:

Mariska néni még nem **öreg.**   *Mariska néni isn't old yet.*
Egy **régi kertes házban** lakunk. *We live in an old house*
                                    with a garden.

Fáj a lábam: to express that some part of one's body aches or hurts,
Hungarian uses the verb **fáj** (*ache, hurt*), followed by the part of the
body in question. The ending indicates whose foot, etc. you are
talking about.

Fáj a lábam. *My foot / leg hurts.*
Fáj a lábad. *Your foot / leg hurts.* (sing.fam.)
Fáj a lába. *Your* (sing.form.) */his / her foot / leg hurts.*

Here are a few more things that can hurt:

a hátam *my back* **a hátad** *your back* (sing.fam.)
a háta *your* (sing.form.) */ his / her back*
a fejem *my head* **a fejed** *your head* (sing.fam.)
a feje *your* (sing.form.) */ his / her head*
a fogam *my tooth* **a fogad** *your tooth* (sing.fam.)
a foga *your tooth* (sing.form.) */ his / her tooth.*

Note the expression: **Fáj mindenem.** *I'm aching all over.*

Hiszen (*why, surely, but*) expresses surprise:

Öreg vagyok én már!   *I'm old.*
Hiszen még csak hatvanhárom *Why, you are still only 63!*
éves tetszik lenni!

Sikerült (*succeeded, managed to*) is followed by the infinitive. As it is
an impersonal form it can be used in all three addresses, singular or
plural, e.g. **Sikerült bevásárolni?** [⌄]   *Did you manage to do the*
shopping?

Utcában, utcán: when talking about where someone lives or where
something can be found, the form **utcában** is used.

Milyen **utcában laktok**?   *What street do you live in?*
A Kossuth Lajos **utcában van**   *The museum is in Kossuth*
a múzeum.   *Lajos Street.*

To talk about something happening in the street, use the form **utcán**, e.g. Két férfi **megy az utcán**. *Two men are walking in the street.*

Micsoda...?, (*What...? What sort of...?*): apart from being a synonym of **Mi?**, it is used to express surprise, indignation or curiosity:

Nem sikerült taxit találni.   *I didn't manage to find a taxi.*
  Micsoda?   *What?*
Micsoda zaj ez?   *What sort of noise is this?*

Kicsoda? is used similarly when referring to people:

Ő sem volt ott. **Kicsoda?**   *He / she wasn't there either. Who?*
Hát ez **kicsoda**?   *And who is this?*

Kész, készen: both words mean *finished* or *ready*, e.g. **Kész vagy?** [⌒] or **Készen vagy?** [⌒] *Have you finished? Are you ready?*

Note that you can say either: **kész van az ebéd**; **készen van az ebéd**; or **kész az ebéd**.

Szabad (*allowed*) expresses permission. **Nem szabad** (*not allowed*) and **tilos** (*forbidden*) express prohibition. They are usually followed by the infinitive:

Itt **nem szabad parkolni.**   *Parking is not allowed here.*
Szabad itt **parkolni?** [⌒]   *Can one park here?*
Itt **tilos dohányozni**.   *Smoking is forbidden here.*

Note that **lehet** (*possible*) is used similarly to **szabad**, e.g. **Lehet** itt **parkolni?** [⌒] *Is it possible to park here?* (i.e. *Can I park here?*)

Ugyan, ugyan már (*nonsense, rubbish*) express indignation, impatience or protest;

Ha gyógyszert tetszik szedni,   *If you take medication, you*
  nem szabad alkoholt inni!   *mustn't drink alcohol.*
  Ugyan!   *Nonsense!*

Kint (*outside, out of doors*) has another form: **kinn**. Similarly you can either say **bent** or **benn** (*inside, indoors*), **fent** or **fenn** (*up*) and **lent** or **lenn** (*down, below*):

Ki van **benn** a konyhában?	*Who is inside the kitchen?*
Karcsi szeret **kint** focizni.	*Karcsi likes playing football outside.*
Lenn, a földszinten lakik Sári néni.	*Sári néni lives down on the ground floor.*
Fent a hegyen sok turista van.	*There are a lot of tourists up on the mountain.*

Különben sem (*moreover, besides, anyway, for that matter*) is used in negative statements, and **különben is** in positive ones:

Nem megyek, **különben is** késő van.	*I'm not going. It's late anyway.*
Egyedül **különben sem iszom**.	*I don't drink on my own anyway.*

Nyelvtan

1 Negative questions

Negative questions are more common in Hungarian than in English, especially when people are offering food and drink. In English, they usually suggest surprise. In Hungarian, they mostly mean the same as positive questions.

Positive answers to negative questions always begin with **de**, e.g. **Nem kérsz** egy feketét? [⌐] **De igen, kérek. / De igen. / De kérek.** *Would you like a black coffee? Yes, please.*

However, when a negative question or statement does suggest surprise or some kind of emotional undertone, a positive, contradicting answer to it would start with **dehogynem** (*but of course*), e.g. **Nem jössz? Dehogynem! / Dehogynem jövök!** *Aren't you coming? But of course. / Of course I'm coming.*

2 Már and még

Már and **még** can also be used with the present tense. **Még** means *still*, **még nem** means *not yet*, **már** means *already* and **már nem** means *not any more*:

Még ágyban **vagy?** [⌐]	*Are you still in bed?*
Még nem vagyok kész.	*I'm not ready yet.*
Őt **már ismerem**.	*I know him / her already.*
Kovács Margit **már nem él**.	*Margit Kovács isn't alive any more.*
Már az orvosság **sem segít**.	*Even medicine doesn't help any more.*

These are only the main guidelines though, as **még** and **már** can have other meanings as well.

3 Hanem, de (*but*)

They both mean *but*. **Hanem** is used when contradicting or correcting a negative phrase, e.g. Fritz **nem német, hanem** osztrák. *Fritz is not German, but Austrian.* **De** not so much contradicts a previous phrase, as enlarges on what has previously been said (whether it was positive or negative):

Egy kicsit fúj a szél, **de** süt a nap. *It's a bit windy, but sunny.*
A magyar nem könnyű nyelv, *Hungarian is not an easy*
   de érdekes.   *language, but it's interesting.*

4 Hányan? (*How many people? / How many of ...?*)

Numbers with the **-an/-en** ending express the number of people present or doing something. Note the highlighted irregular forms.

egyedül	**heten**	**tizenketten**	hatvanan
ketten	nyolcan	húszan (pron.	hetvenen
hárman	kilencen	huszan)	nyolcvanan
négyen	tízen (pron. tizen)	harmincan	kilencvenen
öten	tizenegyen (pron.	negyvenen	százan
hatan	tizeneggyen)	ötvenen	**ezren**

Négyen vagyunk a családban. *There are four of us in the family.*
Egyedül voltam otthon. *I was at home on my own.*
Hatan kérnek sört és **heten** bort. *Six of them want beer and seven want wine.*

Note also the forms **sokan, kevesen, néhányan** and **páran**. These always take the third person plural, while **sok** (*a lot of, many*), **kevés**

— 134 —

(*a few, some*), **néhány** (*a few, some*) and **pár** (*a couple of*) are followed by the third person singular form of the verb:

Sokan nem **szeretnek** futni. *A lot of people don't like running.*
Sok ember nem **szeret** futni.

Kevesen vesznek nyugati *Few people buy western cars*
autót Magyarországon. **Kevés** *in Hungary.*
ember **vesz** nyugati autót
Magyarországon.

Csak **néhányan voltunk**. *There were only a few of us.*
Csak **néhány** ember **volt** ott. *Only a few people were there.*

5 Minden (*every*)

Minden is followed by the third person singular form of the verb, e.g.
Minden gyerek **szeret** tévét nézni. *Every child likes watching T.V.*
Note some other expressions containing **minden**:

Mindenki nagy házat akar. *Everybody wants a big house.*
Ma **mindenhol** hideg van. *It's cold everywhere today.*
Mindenhová gyalog jársz? [⌄] *Do you walk everywhere?*
Mindenhonnan ide jönnek *They come from everywhere*
tanulni. *to study here.*

6 Amikor (*when*)

Unlike **Mikor?** (*When?*), this is not a question word.

Mikor leszel otthon? *When will you be at home?*
Amikor én otthon voltam, *When I was at home, Sanyi*
Sanyi az irodában volt. *was at the office.*
Amikor János dolgozik, te mit *When János is at work,*
csinálsz? *what do you do?*

Look at these other pairs:

Ki? (*Who?*) **aki** (*who*)
Mi? (*What?*) **ami** (*what*)
Hol? (*Where?*) **ahol** (*where*)
Hova/Hová? (*Where to?*) **ahova/ahová** (*where to*)
Honnan? (*Where from?*) **ahonnan** (*from where*), etc.

Péter, **aki** jól tud angolul, *Péter, who knows English well,*
még nem volt Angliában. *hasn't been to England yet.*

Gyakorlatok

1 Select the correct responses.

   (a) Sajnos nem vagyok már fiatal. (i) Ez ma már nem kor!
                                        (ii) Szép idő van!
                                        (iii) Dehogynem!

   (b) Csókolom, Gizike! (i)   Szervusz, Géza!
                            (ii) Jó napot, Géza!
                            (iii) Csókolom!

   (c) Nem tetszik kérni egy konyakot? [◁] (i) Hogy szalad az idő!
                                              (ii) De igen.
                                              (iii) Köszönöm, kérek.

   (d) Zoltán alkoholista (*alcoholic*). (i)   Micsoda?
                                          (ii) Nem szabad!
                                        (iii) Hiszen sok sört iszik.

   (e) Nem fázol? [◁]   (i)   Bizony, nincs hideg.
                            (ii) Nem vagyok meleg.
                            (iii) Bizony, nincs melegem.

2 Study the map below. Then describe the weather in the European capitals marked. You might need the phrase: **Esik a hó**. (*It is snowing*).

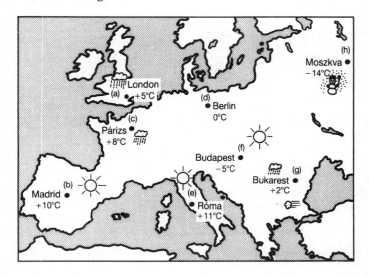

3 The pictures and captions below tell you about what the weather is like in autumn, etc. in Hungary. Study them and then make complete sentences about the seasons in your own country.

(a) Ősszel már elég hűvös van a parkban.

(b) Télen nagy hó van a Mátrában* Lehet síelni.

(c) Tavasszal süt a nap és elég meleg van. Lehet kirándulni.

(d) Nyáron kánikula van. Jó a strandon lenni!

ősszel	*in (the) autumn*	**kirándul**	*hike (verb)*
hűvös	*chilly*	**nyáron**	*in (the) summer*
park (-ot)	*park (noun)*	**kánikula**	*hot spell*
télen	*in (the) winter*	**strand** (-ot)	*lido*
tavasszal	*in (the) spring*		

***Mátra** is the highest mountain in the north of Hungary.

4 **Hány fok lesz ma az országban?** Joan loves the sun. She wants to go to the hottest place in Hungary. Help her choose the right place! Study the figures below and make complete sentences. The first one is completed for you: **Siófokon ma huszonnégy fok lesz.**

Siófok	24°C	Miskolc	21°C
Debrecen	25°C	Pécs	27°C
Tihany	23°C		

5 Which is the correct alternative?

(a) (i) Nem bab-, **hanem/de** borsófőzeléket kérek.
    (ii) Fúj a szél, **hanem/de** nincs hideg.
    (iii) Esik a hó, **hanem/de** nem fázom.
    (iv) Irma nem szép, **hanem/de** érdekes lány.
    (v) Mónika nem oroszul, **hanem/de** spanyolul tanul.
(b) (i) **Már/még** nem vagy fiatal.
    (ii) **Már/még** nem vagyok kész.
    (iii) **Már/még** ősz van, de már nagyon hideg van.
    (iv) **Már/még** nem él az édesanyád? [⌣]
    (v) **Már/még** péntek van? Hogy szalad az idő!

6 Bori néni is interviewed for a senior citizens' programme. Study the following passage about her and then supply the reporter's questions using the courtesy address. Finally, act it all out from memory.

Bori néni hatvannyolc éves. Egyedül él Debrecenben. Egy kis házban lakik a József Attila utcában. Bori néni nyugdíjas. Sajnos a nyugdíj elég kevés; csak nyolcezer-ötszáz forint egy hónapban. Pedig manapság minden nagyon drága: az élelmiszer, a ruha, a villany, a gáz. Télen általában esik a hó és hideg van. A fűtés is sokba kerül. De Bori néni nem él rosszul. Jól tud kötni, és pulóver, sapka, sál mindig kell.

villany (-t)	*electricity*	**köt** *knit* (verb)	
élelmiszer (-t)	*food*	**pulóver** (-t)	*pullover*
ruha	*clothes*	**sapka**	*cap*
gáz (-t)	*gas*	**sál** (-at)	*scarf*

(a) Hatvannyolc éves vagyok.
(b) Debrecenben, a József Attila utcában.
(c) Már nem dolgozom. Nyugdíjas vagyok.
(d) Sajnos elég kevés. Csak nyolcezer-ötszáz forint egy hónapban.
(e) Nem elég, mert manapság minden nagyon drága.
(f) Nem élek rosszul. Szeretek kötni, és pulóver, sapka, sál mindig kell.

7 Pista wants to invite his friend András to play football with him. He finds his friend's mother Irma néni at home. Re-arrange Irma néni's lines, so that their conversation makes sense. Write it all down and then act it out.

Pista

(a) Kezét csókolom, Irma néni! Itthon van András? [↝]
(b) És nem tetszik tudni, hogy mikor jön haza? [↝]
(c) Hm. Sajnos, akkor már késő van. Holnapra sok a lecke.
(d) Jól, csak a matek nehéz.
(e) Igen, de ő nem ér rá segíteni, mert minden este tanít. És nem tetszik tudni, hogy holnap délután mit csinál András? [↝]
(f) Köszönöm. Csókolom!

Irma néni

(i) Hiszen az édesapád matematikatanár!
(ii) Szervusz, Pista!
(iii) De igen, holnap egész délután itthon lesz.
(iv) Nincs. Németórán van.
(v) Két óra múlva.
(vi) Hogy megy az iskola?

matematika *mathematics*	**matek** (-ot) *maths*
két óra múlva *in two hours*	**tanít** (vkit, vmit) *teach* (sy, sg)

8 Answer these questions about yourself.

(a) Hányan vannak a családban?
(b) Nem kér egy jó hideg sört? [↝]
(c) Milyen idő van most kinn?
(d) Az időjárásjelentés szerint ma hány fok lesz?
(e) Nem fázik? [↝]

időjárásjelentés (-t) *weather forecast*	**jó hideg...** *nice cold...*

10

HÉTKOR OTT LESZEK
I'll be there at 7

In this unit you will learn how to

- tell the time
- make arrangements on the telephone
- find out if someone would like to do something
- express enthusiasm

Párbeszéd

Gábor Takács is Márta Kis's boyfriend. He is ringing to invite her to the cinema.

Gábor	Halló! Te vagy az, Márti?
női hang	Nem kérem, ez az Állatkert.
Gábor	Bocsánat! Téves.
	(*He is dialling again.*)
Kisné	Tessék!
Gábor	Jó napot kívánok! Kis lakás?
Kisné	Nem, elég nagy.
Gábor	(*laughing*) Csókolom! Gábor vagyok. Mártával szeretnék beszélni.
Kisné	Szervusz, Gábor! Egy pillanat! Márta! Telefon!
Márta	Halló!
Gábor	Szia, Márti! Én vagyok az, Gábor.
Márta	Szia, Gábor! Mi van?

Gábor	Nincs kedved este moziba jönni?
Márta	De igen. Milyen film megy a moziban?
Gábor	Egy régi magyar film. Szerelmesfilm a címe. Ismered?
Márta	Ez nem egy Szabó István-film?
Gábor	De igen.
Márta	De jó! Vali szerint nagyon jó film. Hánykor és hol találkozunk?
Gábor	Hétkor, a Bástya mozi előtt. A film negyed nyolckor kezdődik. Sajnos hét előtt nem tudunk találkozni, mert Sári néni influenzás és most a gyógyszertárba megyek. A Moszkva térről jövök a négyes villamossal, de hétkor ott leszek. Ugye pontos leszel?
Márta	Persze. Akkor hétkor várlak a mozi előtt. Szia!
Gábor	Szia!

Szavak és kifejezések

Te vagy az, Márti? *Is that you, Márti?*
női hang (-ot) *female voice*
állatkert (-et) *zoo*
Téves. *Wrong number.*
Mártával szeretnék beszélni.
  I would like to speak to Márta.
Én vagyok az, Gábor. *It's me, Gábor.*
Mi van? *What's up?*
Milyen film megy a moziban?
  What film is on at the cinema?

...a címe *It is called...* (Lit. *its title*)
Hánykor? *At what time?*
találkozik *meet*
előtt *outside*
gyógyszertár *chemist's*
A Moszkva térről jövök. *I'll be coming from Moscow Square.*
Ugye pontos leszel? *You will be on time, won't you?*
akkor *then*
várlak (Lit.) *I wait for you*

Kérdések

1 Igaz vagy nem igaz? Correct and re-write the false statements.

(a) Először az Állatkertben cseng a telefon.
(b) Gábor este színházba szeretne menni.
(c) Egy új magyar szerelmes film megy a moziban.
(d) Gábor és Márta negyed nyolckor találkoznak a Blaha Lujza téren.

(e) Gábor a Moszkva térről jön villamossal.

> **Cseng a telefon.** *The telephone is ringing.*

2 Feleljen a kérdésekre!

(a) Melyik hívás (*call*) téves: az első vagy a második?
(b) Kivel szeretne Gábor beszélni?
(c) Mi a Szabó István-film címe?
(d) Mikor kezdődik a film?
(e) Hányas villamossal megy Gábor a randevúra?

> **randevúra megy**   *go out on a date*

—— Magyarország és a magyarok ——

Making telephone calls

To telephone in the street, you need to find a **telefonfülke** (*telephone-box*). Unfortunately it might say on it: **A telefon nem működik.** (*The telephone is out of order.*), **Szerelés alatt.** (*Undergoing repair.*). If you manage to find a working telephone, the line may be **foglalt** (*engaged*).

Once you get through, it is polite first to say who you are, e.g. **Halló, itt John Smith beszél**. *This is John Smith speaking.* If you do not know or recognise who you are speaking to, ask **Kivel beszélek?** *Who am I speaking to?* or **Ki beszél?** *Who is speaking?* To find out if someone is at home, ask **Gábor otthon van?** [↘]   *Is Gábor there?* To be put through to a **mellék** (*extension*), say **A huszonhatos melléket, legyen szíves**. *Extension 26, please.*

The person at the other end of the line might say: **Egy pillanat. Rögtön** (*pron.* röktön) **kapcsolom.** *Just a minute. I'll put you through straight away.* When eventually you do get through, to ask for the person you want to speak to, say: **Németh Lászlóval szeretnék beszélni.** *I would like to speak to László Németh.* To leave a message, say **Szeretnék üzenetet hagyni.** *I would like to leave a message.* Your message could be **Majd később visszahívom.** *I'll call him/her back later.* or **Hívjon fel a ... -s számon.** *Could he/she ring me on ...*

Before putting down the receiver, say **Viszonthallásra!** (Lit. *until I hear from you again*), unless you are speaking to people you know. In that case you can say goodbye as you would normally, e.g. **Szia!**, **Csókolom!**, etc. However, you can only say **Viszontlátásra!** if you really will see them before you next ring them.

Telephone numbers

These are five, six or seven figures in two groups, e.g. 24-674, 983-645 or 174-3652. They are read out as follows:

huszonnégy-hat-hetvennégy
kilenc-nyolcvanhárom-hat-negyvenöt
százhetvennégy-harminchat-ötvenkettő.

To ask for someone's telephone number, say: **Mennyi a telefon-számod?** (sing. fam.) or **Mennyi a telefonszáma?** (sing. form.) (*What's your telephone number?*)

Nincs kedved...? (*Do you feel like...?*): this is a good way of introducing suggestions or inviting someone somewhere. It is followed by the infinitive:

Nincs kedved moziba **jönni**? [↝] *Do you feel like going to the cinema?*

You can also put the same question in the positive form with **van**, e.g. **Van kedved** moziba **jönni**? [↝]

Note all these forms:

Van/nincs kedved...? (sing.fam.)	**Van/nincs kedvetek...?** (pl.fam.)
Van/nincs kedve...? (sing.form.)	**Van/nincs kedvük...?** (pl.form.)

The latter two forms would be used in the courtesy address as well:

Van/nincs kedve sétálni, Lajos bácsi?   *Do you feel like a walk, Lajos bácsi?*

Note that the **nincs** version is a negative question, therefore a positive answer to it requires **de**:

Nincs kedved este videót nézni? [↝] **De** igen.   *Do you feel like watching a video tonight? Yes, I do.*

De jó! (*Great! Lovely!*) expresses enthusiasm. **Nagyszerű! Remek! Nagyon jó!** are other expressions that can express the same thing.

Jön, **megy**, **jár**: the use of these words does not always correspond to their English equivalents.

Jön expresses a movement towards the speaker, e.g. **Jön** a busz. *The bus is coming.* It can also mean go *with or to the same place as the speaker*:

Nincs kedved este moziba
jönni?

Do you feel like going to the cinema this evening?

Megy expresses a movement away from the speaker, e.g. Holnap színházba **megyünk**. *Tomorrow we're going to the theatre.*

Note that in answer to the question **Jössz?** [↗] (*Are you coming?*) both **Jövök**. (*I'm coming.*) and **Megyek**. (Lit. *I'm going.*) are used.

Jár expresses a frequent, habitual action whether *towards* or *away from* the speaker:

Mostanában későn **jársz** haza.
Rendszeresen **járok** úszni.

Nowadays you come home late.
I go swimming regularly.

 —————————— **Nyelvtan** ——————————

1 Telling the time

● In official time, the day is split into 24 hours, e.g. **Tizennégy óra húsz perc van**. *It's 14.20.* This is used on television and radio as well as in train timetables, etc.

● In everyday Hungarian, when answering the question **Hány óra van?** or **Hány óra?** or **Mennyi idő van?** or **Mennyi az idő?** (*What's the time?*), the 12-hour system is used just as in English.

It is easy to say it's five, six, seven, etc. o'clock, e.g. **Öt óra van**. *It's five o'clock.*

To say a quarter past five, half past five or a quarter to six in Hungarian, you have to think of the following hour (i.e. six). Imagine, for example, six o'clock as a full circle like a traditional watch. Quarter past five will be a quarter of the circle, half past five – half of the circle – and a quarter to six – three quarters of the circle.

Negyed hat van. *It's 5.15.* (Lit. *It's a quarter of six.*) **Fél hat van.** *It's 5.30.* (Lit. *It's half of six.*)	**Háromnegyed hat van.** *It's 5.45.* (Lit. *It's three quarters of six.*)

In writing, the above times would usually be put like this: ¼ **6 van**, ½ **6 van** and ¾ **6 van**.

✳ This is not easy to get used to. But if you understand the logic behind it, it will become easier. To say it's 10 past five, etc., use the 24-hour clock for the time being, e.g. **Öt óra tíz perc van**.

● To answer the question **Hány órakor?** or **Hánykor?** (*At what time?*) or **Mikor?** (*When?*) use the **-kor** ending.

Öt órakor (or just **ötkor**) találkozunk.	*We're meeting at five o'clock.*
Negyed hatkor lesz a meccs.	*The football match will be at a quarter past five.*
Fél tizenegykor jó film van a TV-ben.	*At half past ten there is a good film on television.*
Apa **háromnegyed nyolckor** jön haza.	*Father is coming home at a quarter to eight.*

Again, in writing, people often use numbers, e.g. **5-kor**, ¼ **6-kor**, ½ **11-kor**, ¾ **8-kor**.

Note that the **a** does not change to **á** before the **-kor** ending.

2 Postpositions

In English, there are **pre**positions, as these words come in front of the words they refer to, like *under*, *above* and *outside*. In Hungarian, the equivalents of these words are called **post**positions as they come after the word they refer to. There are three main groups:

(*a*) postpositions used in "*place*" expressions;

előtt	*in front of, outside*	**körül**	*around*
mögött	*behind*	**mellett**	*next to, beside*
alatt	*under*	**után**	*after*
felett, fölött	*above, over*	**között**	*between, among*

A **ház előtt** egy magas fa van.	*There is a tall tree in front of the house.*
A **ház mögött** van a garázs.	*The garage is behind the house.*
A **szék alatt** ül a kutya.	*The dog is sitting under the chair.*
Az **épület felett** egy repülőgép repül.	*An aeroplane is flying over the building.*
Az **asztal körül** öten ülnek.	*Five people are sitting around the table.*
A **hűtőszekrény mellett** van a gáztűzhely.	*Next to the fridge is the gas cooker.*
Egy férfi szalad a **nő után**.	*A man is running after the woman.*
A Lánchíd volt az első híd **Pest és Buda között**.	*The Chain Bridge was the first bridge between Pest and Buda.*

(b) postpositions used in *"time"* expressions;

előtt	*before*	**körül**	*about, at about*
után	*after*	**fele, felé**	*about, at about*
alatt	*in, during*	**óta**	*since*
közben	*during*	**múlva**	*in ... time*
között	*between*		

Nyolc óra előtt nincs nyitva az ABC.	*The food shop is not open before 8 o'clock.*
Ebéd után pihenek.	*After lunch I have a rest.*
Egy-két nap alatt kész lesz a magnó.	*The tape recorder will be ready in a day or two.*
A múzeum csak péntek délután **15 és 18 óra között** van nyitva.	*The museum is only open between 3pm and 6pm on Friday afternoon.*
Nyolc óra körül jön a postás.	*The postman comes at about 8 o'clock.*
Kilenc óra óta várlak.	*I've been waiting for you since 9 o'clock.*
Két óra múlva otthon leszek.	*I'll be home in two hours' time.*

(c) postpositions expressing more abstract ideas:

nélkül	*without*	**szerint**	*according to*
miatt	*because of*	**ellen**	*against*
helyett	*instead of*		

Cukor nélkül kérsz teát? [⌐]	*Do you want tea without sugar?*
Mindig **Ági miatt** késtek.	*You're always late because of Ági.*
Cukor helyett mézet kérek.	*I'll have honey instead of sugar.*
Mari szerint itt nagyon hideg van.	*Mari thinks that it's very cold here.*

3 The -val *and* -vel *ending*

This ending is the equivalent of *with* and, sometimes, *by* in English.

(*a*) It is attached to words ending in a vowel. (As usual the final **a** changes to **á** and the final **e** to **é** before it.)

Back vowel words	**Front vowel words**
autó *car* – autó**val** *by car*	ki? *who?* – ki**vel**? *with whom?*
Anna – Ann**ával** *with Anna*	Imre – Imr**ével** *with Imre*

Annával találkozom.	*I'm seeing* (Lit. *meeting with*) *Anna.*
Autóval mentek? [⌐]	*Are you going by car?*

(*b*) After words ending in a consonant, the **v** in **-val/-vel** changes and becomes the same as the last consonant of the word.

Back vowel words	**Front vowel words**
cukor *sugar* – cukor**ral** *with sugar*	tej *milk* – tej**jel** *with milk*

Tejjel és **cukorral** kértek teát? [⌐] *Do you want tea with milk and sugar?*

(*c*) In the case of two-letter consonants (like **sz**, **gy**, etc.), only the first letter is doubled in writing.

busz *bus* – bu**sszal** *by bus*	Balázs – Balá**zzsal** *with Balázs*

Busszal jársz dolgozni? [⌐]   *Do you go to work by bus?*

4 Hányas?

In Unit 5 you learnt the forms of the numbers 1–10 given in answer to this question. Here is an additional list:

Hány?	Hányas?	Hány?	Hányas?
húsz	húsz**as**	hetven	hetven**es**
harminc	harminc**as**	nyolcvan	nyolcvan**as**
negyven	negyven**es**	kilencven	kilencven**es**
ötven	ötven**es**	száz	száz**as**
hatvan	hatvan**as**	ezer	**ezres**

You can work out the rest easily, e.g. **tizenegyes**, **huszonkettes**, **harminchármas**, **ötszázas** and so on.

These forms are most frequently used when talking about:

(a) public transport:

Hányas busz jár a
József körúton?
A hetes villamossal járok
munkába.

What number bus goes along
József boulevard?
I go to work by tram No. 7.

(b) coins and banknotes:

coins: **egyforintos**, **kétforintos** or **kettes**, **ötforintos** or **ötös**, **tízforintos** or **tízes** (*pron.* tizes), **húszforintos** or **húszas** (*pron.* huszas).

banknotes: **tízes**, **húszas**, **ötvenes**, **százas**, **ötszázas**, **ezres**, **ötezres**.

Anyu, tudsz adni egy **százast?** [⌐] *Mum, can you give me 100 forints.*
(Lit. *a hundred-forint note*)?

(c) telephone extensions:

A negyvenhatos melléket,
legyen szíves.

Extension number 46, please.

(d) flat numbers:

A Tóth család a második emeleten *The Tóth family lives on the*
lakik **a négyes lakásban**. *second floor, in flat number 4.*

5 The -lak and -lek ending

● The **-lak/-lek** ending is used when **I** is the subject (i.e. the doer of the action) and **you** is the object of the sentence, e.g. *I can see you.*

This ending can only be used in the familiar address and with transitive verbs.

● With most verbs it is attached to the verb stem.

Back vowel verbs	Front vowel verbs
látlak *I can see you*	**szeretlek** *I love you*

After verbs ending in **-ít** or two consonants, a linking vowel (**a** or **e**) is required.

Back vowel verbs	Front vowel verbs
tanítalak *I teach you*	**értelek** *I understand you*

● When **you** is the object of the sentence, it is translated as **téged** (sing.fam.) and **benneteket** or **titeket** (pl.fam.) in Hungarian.

Téged is usually left out unless you want to emphasise who you are talking about, e.g. **Tége**d várlak, nem Pétert. *I'm waiting for* **you**, *and not for Péter.*

※ To avoid misunderstanding, keep **titeket** or **benneteket**. (A verb with the **-lak/-lek** ending will automatically suggest a second person singular object unless these are used.) E.g. **Látlak benneteket.** *I can see you.* (pl.fam.) **Szeretlek titeket.** *I love you.* (pl.fam.)

Note that the **-lak/-lek** form of the verb **hall** (*hear*) is **hallak** (*I can hear you*).

6 Mozi (*cinema*) *and* színház (*theatre*)

These words are always preceded by the definite article (i.e. *the*) in English. Their Hungarian equivalents only take the definite article if a particular cinema or theatre is meant:

Este **moziba** megyünk.　　We're going to the cinema tonight.

Szeretsz **színházba** járni? [⌄]　Do you like going to the theatre?

Note however, that the definite article is always used in the phrase: **Mi megy a moziban?** *What's on at the cinema?*; or **Mi megy a színházban?** *What's on at the theatre?*

——————— **Gyakorlatok** ———————

1 Éva has left her watch at home. All day she has to ask people the time. What are her questions, and what are the answers she gets? Convert the 'official' time to 'colloquial' time:

(a) 8.45 (b) 10.30 (c) 12.15 (d) 13.00 (e) 17.30

2 Look at the time and answer the questions below.

(a) Mikor megy János dolgozni?

(b) Hánykor vásárol Jenő bácsi az ABC-ben?

(c) Mikor főz anya vacsorát?

(d) Hány órakor segít Gabi a házimunkában?

(e) Mikor kezdődik a film?

(f) Hánykor van a magyaróra?

(g) Hány órakor jön ma haza István?

(h) Hánykor van a meccs a TV-ben?

3 Gyuri is very enthusiastic. He keeps coming up with suggestions about what to do on Saturday. But Kriszta, his girlfriend, is rather moody. What are Gyuri's questions, and what does Kriszta say? The first one is provided for you.

(a) **Gyuri**　Van/nincs kedved úszni? [⌣]
　　Kriszta　Most nincs kedvem úszni.

Mit javasol Gyuri?	**igen**	**nem**
(a)　úszni		✓
(b)　kirándulni		✓
(c)　koncertre menni		✓
(d)　teniszezni		✓
(e)　színházba menni		✓
(f)　itthon maradni	✓	

> **itthon marad**　*stay at home*

4 **Hol van az elefánt?** Make up complete sentences.

5 Write in the correct postposition taking one from the list: **előtt, körül, helyett, nélkül, után, között, miatt, alatt**.

(a) A magyarok nem tejjel, hanem tej ———— isznak teát.
(b) A rossz idő ———— ma is késik a vonat.
(c) Ebéd ———— nem szabad csokit enni!
(d) Vacsora ———— nincs kedvem a parkban futni.
(e) Két hét ———— nem lehet megtanulni magyarul.
(f) A gyerekek az asztal ———— ülnek.
(g) Az iskolában egy és két óra ———— van ebéd.
(h) Krumpli ———— rizst (*pron.* rist) kérek.

> **megtanul magyarul** *master Hungarian*

6 Write the answers to these questions, using the information in brackets.

(a) Hányas villamos jár a Fórum Hotel előtt? (**2**)
(b) Hányas busz jár a Rákóczi úton? (**7**)
(c) Hányas trolival lehet a Városligetbe menni? (**74**)
(d) Hányas busszal lehet a Várba menni? (**15**)
(e) Hányas melléken vagy? (**43**)

7 Mivel, kivel, mikor és hova utazik Márta? Make up complete sentences. The first one is done for you:

(a) Márta reggel a hetes busszal megy iskolába.

Mikor?	**Mivel?/Kivel?**	**Hova?**
(a) reggel	a 7-es busz	iskola
(b) iskola után	autó, Gábor	haza
(c) délután	metró	Belváros
(d) 6-kor	trolibusz	vásárolni
(e) este	a 6-os villamos	mozi

8 Sándor likes variety. Who does he go out with and where? Make up complete sentences using the information given below. The first one is done for you:

(a) Sándor Kingával jár uszodába.

Kivel?	**Hova?**
(a) Kinga	uszoda

(b) Kati   sétálni a Duna-partra (*Danube bank*)
(c) Irénke   discó
(d) Edit   mozi
(e) Aranka   sörözni
(f) Anett   angolóra

9 Riddles. In your answers, use the **-lak/-lek** ending!

(a) What does a passionate young man say to his girlfriend when he is madly in love?
(b) What does this passionate young man say a minute later when his girlfriend won't kiss him and love turns to hatred?
(c) What does the bemused girlfriend say to this young man who keeps blowing hot and cold?
(d) What does the girlfriend say to the repentant young man when he implores her to listen to his explanation?
(e) When will they meet again?

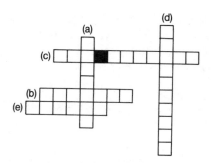

10 Márta is about to leave for her date. Her mother wants to know where she is going. Supply Márta's side of their conversation. (Use the present tense throughout). Then act it out.

(a) *Ask her if she can give you 100 Fts.*
Kisné Hová mész, Márti?
(b) *Tell her that you are meeting Gábor at 7 o'clock and that you are going to the cinema.*
Kisné Mivel mész? Busszal?
(c) *Tell her that you are – by the No 7.*
Kisné Melyik moziba mentek és mit néztek meg?
(d) *Tell her that you are going to the Bástya cinema and you are going to see an old Hungarian film called* **Szerelmesfilm**.

Kisné Hánykor kezdődik a film?
(*e*) *Tell her that it starts at 7.15.*
Kisné Én is a Bástyába megyek.
(*f*) *Ask her 'you?! and with whom?'*
Kisné Rezsővel. Még nem ismered. De már ¾ 7 van. Siessünk!

Mit néztek meg? *What are you going to see?*	**Siessünk!** *Let's hurry!*

11 Under the letter 'B', Zita has the following names and telephone numbers in her address book. Can you say them?

(*a*) Balogh Zoli: 179–8365
(*b*) Béres Klára: 184–2573
(*c*) Békés Zsófi: 243–6891

12 Answer these questions about yourself.

(*a*) Mivel jár dolgozni?
(*b*) Londonban lehet biciklivel munkába menni? [⤵]
(*c*) Mivel szeret írni: tollal vagy ceruzával?
(*d*) Nincs kedve most napozni? [⤵]
(*e*) Mennyi a telefonszáma?
(*f*) Milyen jó film megy most a moziban?
(*g*) Hánykor kezdődik?
(*h*) Mit csinál minden nap egy és két óra között?

bicikli *bicycle, bike*	**ceruza** *pencil*
toll (-at) *pen*	

This was a particularly dense unit full of new structures. Before going on to the next unit, make sure you have mastered it all.

11
HÁNYAS MÉRETBEN KÉRI?
What size do you want it in?

In this unit you will learn how to

- buy clothes and souvenirs
- give advice
- ask for reassurance
- express likes and dislikes
- express uncertainty and surprise

Párbeszéd

Géza Kormos is taking his son Gyuszi to school in the morning.

Gyuszi   Apu, ugye tudod, hogy ma van Irén nap?

Kormos G. Persze, hogy tudom.

Gyuszi   Én egy Liszt-lemezt adok anyunak. Imádja Liszt Ferencet. Mindig mondja, hogy kiváló zeneszerző. És te mit veszel neki? Virágot és konyakosmeggyet?

Kormos G. *(laughing)* Honnan tudod?

Gyuszi   Nem nehéz kitalálni. Minden évben ugyanazt veszed. Azt hiszem, már egy kicsit unja. Szerintem jobban teszed, ha idén valami mást adsz neki.

Kormos G. Tudom, csak viccelek. Idén majd valami eredeti ajándékot kap.

Gyuszi	Tényleg? Mit?
Kormos G.	Titok! Majd meglátod.

After work Géza Kormos goes to a fashionable boutique in Teréz körút.

Eladó	Tessék uram, mit parancsol?
Kormos G.	A feleségemnek szeretnék ajándékot venni.
Eladó	Mit parancsol? Blúzt? Szoknyát? Ruhát? Táskát? Esetleg egy szép kendőt?
Kormos G.	Hm. Nem is tudom. Talán egy pulóvert. Az a piros pulóver nagyon szép. Szerintem jól áll majd Irénnek.
Eladó	Melyiket mondja?
Kormos G.	(*pointing at it*) Azt, ott. A sárga sál mellett.
Eladó	Hányas méretben kéri?
Kormos G.	Nem is tudom. (*The shop assistant shows him some.*) Hm. Ez szerintem kicsi lesz. Ez meg túl bő. Az pedig biztosan szűk. Különben is sok pulóvere van. Talán inkább egy cipőt veszek neki. Nagyon szeretne egy új cipőt. És tudom, hogy harmincnyolcas lába van.

Eladó	Milyen színű cipőt parancsol? Barnát? Feketét? Sötétkéket?
Kormos G.	Hm. Nehéz kérdés. A feleségem elég válogatós. Nem vagyok benne biztos, hogy jó ötlet cipőt venni. Hátha nem tetszik majd neki?
Eladó	Akkor talán egy szép szoknyát parancsol? Ez a zöld szoknya most nagyon divatos.

Kormos G. Igen, de túl hosszú. Irén csak a rövid szoknyát szereti. (*depressed and resigned*) Azt hiszem, legjobb lesz, ha egy csokor virágot és egy doboz konyakosmeggyet veszek neki. Hiszen minden nő örül a virágnak és szereti a csokoládét, nem?

Szavak és kifejezések

lemez (-t) *record*	**a feleségemnek** *for my wife*
mond *say*	**blúz** (-t) *blouse*
kiváló *outstanding*	**szoknya** *skirt*
zeneszerző *composer*	**ruha** *dress, clothes*
Honnan tudod? *How do you know?*	**esetleg** *possibly, perhaps*
Nem nehéz kitalálni. *It is not difficult to tell.*	**kendő** *scarf, shawl*
ugyanaz (-t) *the same thing*	**Jól áll majd Irénnek.** *It will suit Irén.*
un (vmit) *be bored with (sg)*	**bő** *loose*
ad *give*	**szűk** *tight*
viccel *joke* (verb)	**Sok pulóvere van.** *She has a lot of pullovers.*
idén *this year*	**cipő** *shoes*
valami eredeti ajándék *some original present*	**válogatós** *choosy*
titok (titkot) *secret*	**hátha** *what if, suppose*
Majd meglátod. *You will see.*	**jó ötlet** (-et) *good idea*
Tessék uram, mit parancsol? *What can I do for you, sir?*	**divatos** *fashionable*
	hosszú *long*
	rövid *short*

Kérdések

1 Igaz vagy nem igaz? Correct and re-write the false statements.

(a) Kormosné imádja a konyakosmeggyet.
(b) Kormos Géza minden évben eredeti ajándékot vásárol Kormosnénak.
(c) A piros pulóver Kormos úr szerint jól áll Kormosnénak.
(d) Kormos úr nem pulóvert vesz, mert nem tudja, hányas méret kell.
(e) Végül Kormos úr idén is ugyanazt veszi, mint tavaly.

végül *in the end*	**tavaly** *last year*

2 Feleljen a kérdésekre!

(a) Mit vesz Kormos úr Kormosnénak minden évben?
(b) Miért akar idén Kormos úr eredeti ajándékot venni?
(c) Miért nem cipőt vesz Kormos úr?
(d) Mi a baj a szoknyával?
(e) Miért vesz Kormos úr virágot és konyakosmeggyet?

Mi a baj (vmivel)? *What's the matter with (sg)?*

—— Magyarország és a magyarok ——

Irén nap

People in Hungary not only have a **születésnap** (*birthday*), but a **névnap** (*nameday*) as well. Birthdays are usually celebrated within the immediate family. Namedays are printed in calendars and are known to everybody, so it is a good excuse to have a bit of a celebration at work as well. Traditionally, people pull the person's ear and recite an amusing couplet:

Isten éltessen sokáig, *May God grant you a long life,*
  a füled érjen bokáig!   *and may your ears reach your ankles!*

Most often it is just shortened to **Isten éltessen!** (sing.fam.) or **Isten éltesse!** (sing.form.)

Ajándék (*gift, present*)

Typical Hungarian souvenirs include delicious Hungarian chocolates filled with morello cherries and brandy called **konyakosmeggy**, **tokaji**, the famous '*king of wines and wine of kings*', **pirospaprika**, which is ground red paprika for cooking, and **hímzett** (*embroidered*) items of clothes. Hungarian embroidery has a unique style. Every region has its own, unmistakable pattern. Items of folk art might make a good present when you are visiting Hungary. So watch out for the sign **Népművészeti bolt** (*folk art shop*).

Hányas? (*What size?*)

Numbers answering this question are used when talking about the size of clothes and shoes, e.g. **Negyvenes lábam van.** *I take size 40 in shoes.*

Méret (*size*)

Clothes and shoes have different sizes in Hungary from those in Britain and America. Hungarians talk, not about shoe size, but foot size. Note the various forms:

Hányas lábad van? or
Hányas a lábad? (sing.fam.)   } *What size shoes do you take?*
Hányas lába van? or
Hányas a lába? (sing.form.)

Cipő (*shoes*)

Items of clothing which consist of two parts, or which are plural in English, are always singular in Hungarian. Here are a few examples:

csizma *boots*		**papucs** (-ot) *slippers*	
farmer (-t) *jeans*		**pizsama** *pyjamas*	
harisnya *stockings*		**szandál** (-t) *sandals*	
harisnyanadrág (-ot) *tights*		**szemüveg** (-et) *glasses*	
kesztyű *gloves*		**zokni** *socks*	
nadrág (-ot) *trousers*			

Uram '*monsieur*' (Lit. *my sir*) is a polite way of addressing a male customer. A young man would probably be addressed as **fiatalember** (*young man*). A woman of any age could be addressed as **hölgyem** (*my lady*). Married or middle aged women are often addressed as **asszonyom** (*madam*).

Jobban teszed, ha ... (*you had better ...*) (Lit. *you will do better if ...*) is a good way of giving advice. Note the other forms:

jobban teszitek, ha (pl.fam.)
jobban teszi, ha (sing.form.)
jobban teszik, ha (pl.form.)

Another phrase that can be used when giving advice using any form of address is **jobb, ha ...** (*it is better if ...*) or **jobb lesz, ha ...** (*it will be better if ...*) or **legjobb lesz, ha ...** (*it will be best if ...*),

Szerintem **jobb, ha** most nem   *I think it's better if you don't*
iszol alkoholt.   *drink alcohol now.*

Jobb lesz, ha most hazamegy. *It will be better if you go home now.*

Tényleg? (Really?) expresses surprise, e.g. Afrikában születtem. **Tényleg?** *I was born in Africa. Really?*

Nem vagyok benne biztos (pron. biztos), **hogy ...** (*I'm not sure that ...*) expresses uncertainty, e.g. **Nem vagyok benne biztos, hogy** ez jó ötlet. Hátha nem tetszik neki? *I'm not sure that this is a good idea. What if he/she doesn't like it?*

Milyen színű ...? (*What colour ...?*)

The most common colours are:

barna	*brown*	**narancssárga**	*orange*
bordó	*maroon*	**piros**	*red*
drapp	*beige*	**rózsaszín**	*pink*
fehér	*white*	**sárga**	*yellow*
fekete	*black*	**szürke**	*grey*
kék	*blue*	**zöld**	*green*
lila	*purple, lilac*		

With most colours you can use the words **sötét** (*dark*) and **világos** (*light*) like this: **világosbarna** (*light brown*), **sötétkék** (*dark blue, navy*), etc.

Piros, vörös: both these words mean *red*. **Piros** is much more common and is safer to use. **Vörös** is used when talking about wine, the colour of someone's hair and in a few other cases.

 ———————— **Nyelvtan** ————————

1 The definite conjugation: present tense I

There are only three tenses in Hungarian: present, past and future. But in all three tenses there are two types of conjugation: the *indefinite* and the *definite* conjugation.

You have by now come across all the different types of the indefinite conjugation in the present tense. Only the few irregular verbs do not follow the rules given in Units 2, 3, 6, 7 and 8.

Present tense: definite conjugation

	Back vowel verbs	Front vowel verbs	Front vowel verbs with ö, ő, ü, or ű as their final vowel
(én)	tud**om**	kér**em**	köszön**öm**
(te)	tud**od**	kér**ed**	köszön**öd**
(maga/ön/ő)	tud**ja**	kér**i**	köszön**i**
(mi)	tud**juk**	kér**jük**	köszön**jük**
(ti)	tud**játok**	kér**itek**	köszön**itek**
(maguk/önök/ők)	tud**ják**	kér**ik**	köszön**ik**

When pronouncing the words above **dj** is pronounced as **ggy** and **nj** as **nny**, e.g. **tudjuk** (*pron.* tuggyuk), **köszönjük** (*pron.* köszönnyük). (Remember to stress the first syllable!)

There is no equivalent of the definite conjugation in English. The verb itself will mean the same in English regardless of whether it is the indefinite or the definite conjugation in Hungarian:

Szeretek úszni.   *I like swimming.* (indefinite conj.)
Szeretem a banánt.   *I like bananas.* (definite conj.)

So simply learn when to use which conjugation.

● **The indefinite conjugation** is used with intransitive verbs as well as transitive verbs which take an indefinite object or no object at all:

Moziba **megyünk**.   *We're going to the cinema.*
Mit **csinálsz**? **Várok**.   *What are you doing? I'm waiting.*

The definite conjugation is used with transitive verbs which take a definite object.

A kávét **kérem**.   *I want the coffee.*

An object is indefinite if:

(*a*) it is preceded by the indefinite article (i.e. **egy**), e.g. Anikó **egy pulóvert** vesz. *Anikó is buying a pullover;*

(*b*) it is not preceded by either the indefinite or the definite article (i.e. **a, az**), and it is not the name of a particular person or thing, like for example Kati or Budapest, e.g. **Kávét kérsz?** [⌁] *Is it coffee that you want?;*

(c) it is expressed by the infinitive, e.g. Nem szeretek **sportolni**. *I don't like doing sports.*

An object is definite if:

(a) it is preceded by the definite article, e.g. Szereted **a szőlőt?** [⌁] *Do you like grapes?;*

(b) it is the name of a particular person or thing, e.g. Jól ismerem **Sopront**. *I know Sopron well;*

(c) it is expressed by **ez** or **az**, e.g. **Ezt** (*pron.* eszt) kérem. *I want this.* **Azt** (*pron.* aszt) nem szeretem. *I don't like that.*

• The question words **kit, mit, hány, hányat, milyen** and **milyent** require the indefinite conjugation:

Kit nézel?	*Who are you watching?*
Mit parancsol, uram?	*What would you like, sir?*
Hányat akarsz?	*How many do you want?*
Milyen házat **vesztek?**	*What sort of house are you buying?*

The question words **melyik, melyiket, hányadik** and **hányadikat** (i.e. those containing **-ik**) require the definite conjugation:

Melyik kenyeret **kéri?**	*Which bread do you want?*
Melyiket parancsolja?	*Which one do you want?*
Hányadik almát **eszi** Pisti?	*Which apple is Pisti eating?*
Hányadikat mondod?	*Which one are you saying?*

The definite conjugation is also required when a third person object is implied but not stated:

Ismered Jánost? [⌁] **Ismerem.**	*Do you know János?*
	Yes, I know **him**.

The verb **köszön** means *greet* or *say goodbye to someone* when conjugated in the indefinite conjugation, but *thank* when conjugated in the definite conjugation:

Laci, miért nem **köszönsz?**	*Laci, why don't you say hello?*
Köszönjük a vacsorát.	*Thank you for the supper.*

❊ The definite conjugation is an unusual and difficult feature of Hungarian. But do not get discouraged: all you need is plenty of practice! After a while it will come instinctively.

2 Verbs requiring the use of endings

A lot of Hungarian verbs require a certain ending to be used with them. For example the verbs **kezdődik** (*start*) and **beszél** (*speak*) require the **-val/-vel** ending. The same in English is expressed by prepositions (start *with* (sg), speak *to* (sy)):

Magyarországon az ebéd **levessel kezdődik**.

In Hungary lunch starts with soup.

Milyen nyelven **beszélsz Jánossal?**

What language do you speak to János in?

In dictionaries the ending to be taken is shown like this: **kezdődik** (**vmivel**) (i.e. valamivel) or **beszél** (**vkivel**) i.e. (valakivel).

Very often the ending used in Hungarian does not correspond to the equivalent preposition used in English, i.e. **beszél** takes the **-val/-vel** ending in Hungarian, but usually the preposition *to*, not *with*, in English.

Sometimes verbs do not require the use of an ending, e.g. A film nyolckor **kezdődik**. *The film starts at eight.*

Sometimes a verb might require different endings to express different things, e.g. **hisz** (vmit) *believe* (sg), **hisz** (vmiben, vkiben) (*believe in*) (sg), (sy).

Ezt nem **hiszem!**

I don't believe this.

Hiszek Istenben.

I believe in God.

3 The dative ending (-nak/-nek)

● As with most endings the final **a** changes to **á**, and the final **e** to **é** before the dative ending.

Back vowel words		Front vowel words	
Tamás	– Tamás**nak**	Ki?	– Ki**nek?**
kutya	– kuty**ának**	Imre	– Imr**ének**

The -nak/-nek forms of the personal pronouns

Ki?	Kinek?	Kik?	Kiknek?
én	nekem	mi	nekünk
te	neked	ti	nektek
maga	magának	maguk	maguknak
ön	önnek	önök	önöknek
ő	neki	ők	nekik

- The dative ending is used:

(a) When there is an object in the sentence, the person receiving this object takes the **-nak/-nek** ending, e.g. Adok **Katinak** egy barackot. *I give Kati a peach.*

Here is a list of some very common verbs that you have come across belonging to this group (vkinek = valakinek):

ad (vkinek) (vmit) *give* (sy) (sg)	**mond** (vkinek) (vmit) *say* (sy) (sg)
visz (vkinek) (vmit) *take* (sy) (sg)	**vesz** (vkinek) (vmit) *buy* (sy) (sg)
köt (vkinek) (vmit) *knit* (sy) (sg)	**fizet** (vkinek) (vmit) *pay* (sy) (sg)
ír (vkinek) (vmit) *write* (sy) (sg)	**válaszol** (vkinek) (vmit) *answer*
felel (vkinek) (vmit) *answer* (sy) (sg)	(sy) (sg)
főz (vkinek) (vmit) *cook* (sy) (sg)	**hoz** (vkinek) (vmit) *bring* (sy) (sg)
ajándékoz (vkinek) (vmit) *give*	**olvas** (vkinek) (vmit) *read* (sy) (sg)
(sy) (sg) *as a gift*	

Egy Liszt-lemezt adok **anyunak**. *I'm giving a Liszt record to Mum.*
Viszek **Katinak** virágot. *I'm taking flowers to Kati.*
Apunak új sálat veszek. *I'm buying a new scarf for Dad.*
Anyu pulóvert köt **nekünk**. *Mum is knitting pullovers for us.*
Fizetek **neked** egy sört. *I will stand you a beer.*
(Lit. *I'm paying you a beer.*)

In this case **-nak/-nek** can be expressed by *for* or *to* in English.

(b) After certain verbs. Here is a list of some very common verbs taking the **-nak/-nek** ending:

köszön (vkinek) *greet* (sy)	(vkinek) **tetszik** (vki) (vmi) *somebody*
telefonál (vkinek) *telephone* (sy)	*likes* (sy) (sg)
(vkinek) **ízlik** (vmi) *someone likes* (sg)	**örül** (vminek) (vkinek) *someone is*
(vkinek) **jól/rosszul áll** (vmi) (sg)	*glad about* (sg) (sy)
suits/does not suit (sy)	**segít** (vkinek) *help* (sy)
megy (vkinek) (vmi) *somebody is*	(vkinek) **fáj** (vmi) (sg) *hurts* (sy)
doing well in (sg)	(vkinek) **hívnak** (vkit) (sy) *is called* (sg)

Minden reggel köszönök a **portásnak**.	*I greet the doorman every morning.*
Nekem nagyon tetszik a rövid szoknya.	*I like short skirts very much.*
Segítesz **anyunak**? [⌐]	*Do you help Mum?*
Minden este telefonálok **Bori néninek**.	*I telephone Bori néni every evening.*
Lajos bácsinak fáj a feje.	*Lajos bácsi has a headache.*
Hogy hívnak? **Zsuzsának**.	*What is your name? Zsuzsa.*

4 Ugye, nem

A statement can be turned into a question by putting **ugye** or **nem** after it. While **ugye** can come after both positive and negative sentences, **nem** can only follow positive statements.

Ugye and **nem** have a rising intonation, e.g.

Ti is szeretitek a halászlét, **ugye**?
You also like fish soup, don't you?
Ti sem szeretitek a tejet, **ugye**?
You don't like milk either, do you?
Hiszen minden nő örül
a virágnak, **nem**?
After all, every woman likes flowers, doesn't she?

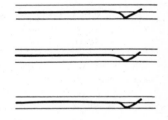

When responding to a statement turned into a question with **nem**, **de** is used to give a positive answer, e.g. Szereted a kakaót, **nem**? **De** igen. *You like cocoa, don't you? Yes, I do.*

Ugye can come at the very beginning of a question as well. In this case the question is asking for reassurance. Note the intonation in this type of question.

Ugye tudod, hogy ma van Irén nap?
You know that it is Irén's nameday today, don't you?

5 The definite article (a, az)

With a few exceptions, the definite article is used just as in English. However, unlike in English, it is also used in Hungarian:

(a) before abstract nouns (like happiness, life, death, etc.);

Nehéz **az élet!** *Life is difficult.*
Az idő pénz. *Time is money.*

(b) before street names, e.g. **A Baross utcában** lakunk. *We live in Baross Street.*

(c) before names of meals, e.g. **A reggeli** 7 órakor lesz. *Breakfast will be at 7 o'clock.*

(d) in some general statements before singular nouns, where English uses the plural;

Irén csak **a rövid szoknyát** szereti. *Irén likes only short skirts.*
Nem szeretem **a banánt**. *I don't like bananas.*

6 Leaving out the subject

When you are talking about the same person, there is no need to repeat the word or use a personal pronoun instead. It is clear from the context who you are talking about:

Én egy Liszt-lemezt adok *I'm giving Mum a Liszt record.*
anyunak. Imádja Liszt Ferencet. *She adores Ferenc Liszt.*

7 Expressions of quantity

There is no equivalent of *of* in the following Hungarian expressions:

egy csokor virág	*a bunch of flowers*
egy doboz csokoládé/csoki	*a box of chocolates*
egy doboz cigaretta	*a box of cigarettes*
egy doboz gyufa	*a box of matches*
egy pohár víz	*a glass of water*
egy korsó sör	*a glass of beer*
egy üveg bor	*a bottle of wine*

☑ ———————— **Gyakorlatok** ————————

1 Can you make complete sentences from the words at the top of page 167? Make the necessary changes.

(a)   eszik, a, szeret, sokat, magyarok
(b)   is, imád, az, én, eper
(c)   mit, kávé, tea, vagy, (te) kér?
(d)   egy, bicikli, vesz, apu, új, szép, Peti
(e)   vacsora, finom, (mi) köszön!, a
(f)   (ti) ismer, Bartók Béla, ugye, zeneszerző, a, híres, magyar?

2   On a lazy afternoon, you switch on **Petőfi Rádió** and then **TV2***
    to find out what's on. What do the announcers say? Here is how
    they start. Can you go on? Do it aloud.

Petőfi Rádió: Kedves hallgatóink! A pontos idő tizenhárom
                    óra. Most ismertetem a Petőfi Rádió műsorát.
                    Tizenhárom óra három perckor: Hogy tetszik
                    lenni?

TV2:   Kedves nézőink! Most ismertetem a tévé kettő
                    műsorát.

---

kedves   *dear*
hallgatóink   *our listeners*
A pontos idő tizenhárom óra.
   The time is one o'clock precisely.
a Petőfi Rádió műsora   *the
   Radio Petőfi programme*
nézőink   *our viewers*

Most ismertetem a TV2 műsorát.
*These are the programmes on
TV2. (Lit. I'm acquainting you with
the programme of TV2.)*
műsor (-t)   *programme*

---

*There are three radio stations in Hungary. They are called
Petőfi Rádió, **Kossuth Rádió** and **Bartók Rádió**. Hungarian
television has two channels: **TV1** (*pron.* tévé egy) and **TV2** (*pron.*
tévé kettő).

Petőfi Rádió

(a)   13.03   Hogy tetszik lenni?
(b)   14.00   Hírek
(c)   14.05   Új magyar zene
              a Rádióban
(d)   15.10   Hol a boldogság
              mostanában?
(e)   15.40   Szabó család*
(f)   16.05   Harminc perc alatt
              a Föld körül

TV2

(a)   18.45   Mit olvasnak a mai
              gyerekek?
(b)   19.30   Esti mese
(c)   20.00   Híradó
(d)   20.30   A férfiak szeretik
              a kövér nőket
(e)   22.40   Ismeri Vivaldit?
(f)   23.40   BBC Híradó

(g)   16.35   Ön mit ajánl?
(h)   17.20   Orosz Júlia énekel

hírek (-et) *news*	**esti mese** *bedtime story*
boldogság (-ot) *happiness*	**Híradó** *TV news*
mostanában *nowadays*	**férfiak** (-at) *men*
Föld (-et) *Earth*	**nők** (-et) *women*
énekel *sing*	

***Szabó család** is a **szappanopera** (*soap opera*) which has been
going for decades on Hungarian radio.

3   Christmas is approaching. István is hopeless when it comes to
choosing presents. Tell him what people prefer, in your opinion,
and help him to select the best presents for them. The first sen-
tence is provided for you.

(a)   Szerintem Jenő bácsi jobban szereti az elegáns ruhát, mint a
pálinkát. Jobb lesz, ha Jenő bácsinak egy kalapot ajándékozol/
veszel/adsz.

		István szerint	**Ön szerint**
(a)	Jenő bácsi	pálinka	elegáns ruha
(b)	Zsófi néni	virág	édesség
(c)	Dénes	zenét hallgat	olvas
(d)	Feri	külföldi cigaretta	alkohol
(e)	Mónika	rágógumi	állatok
(f)	Anna	parfüm	zene

elegáns *elegant*	**parfüm** (-öt) *perfume*
rágógumi *chewing-gum*	**kalap** (-ot) *hat*
állatok (-at) *animals*	**édesség** (-et) *sweets*

4 Gyuszi Kormos thought for a while about his mother's nameday before reminding his father. Follow his train of thought and write in the correct verb with the correct form. Then imagine that you are Gyuszi and say his thoughts aloud.

tud, ad, un, szeret, áll, mond, ért, örül, imád, vesz, hallgat, utál, vásárol

Ma van Irén nap! Azt hiszem, idén egy lemezt (a) _____ anyunak. De milyen lemezt? Kit (b) _____? Minden este Lisztet (c) _____. Azt (d) _____, hogy Liszt kiváló zeneszerző. Nem (e) _____. Én (f) _____ a komolyzenét. De ez jó ötlet! Persze, apu megint valami unalmasat (g) _____ majd neki. Virágot és egy doboz konyakosmeggyet! Szerinte minden nő (h) _____ a virágnak és az édességnek. Lehet, de szerintem anyu már nagyon (i) _____. Anyu (j) _____ a szép, divatos ruhát. Nem (k) _____, miért nem ajándékoz apu neki egy szép blúzt, szoknyát vagy cipőt. Anyunak könnyű ajándékot (l) _____, mert minden jól (m) _____ neki. Igaz, elég válogatós. Hm. Mégiscsak nehéz a nőknek ajándékot venni!

komolyzene *classical music* (Lit. *serious music*)	**megint** *again*	

5 Answer these questions.

(a) Milyen színű a citrom?
(b) Milyen színű a narancs?
(c) Milyen színű az elefánt?
(d) Milyen színű a magyar zászló (*flag*)?
(e) Milyen színű volt régen a Duna?

6 Péter Földvári is taking part in a phone-in radio competition. First he is asked to introduce himself briefly to the listeners. Unfortunately, the line is very bad and you can't hear the end of some of his words. What did he originally say?

(a) Földvári Péter... hívnak. Tizenhétéves pécsi diák vagyok. (b) Szeret... sportolni és utazni. Idegenvezető (c) szeret... lenni. De nem vagyok (d) ben... biztos, hogy sikerül, mert sajnos az angol elég rosszul megy (e) nek...

idegenvezető *guide*

7   Can you turn these statements into questions?

(a) Dezső nem szereti a sajtot.
(b) Te utálod a margarint.
(c) Éva néni nem tud paprikás csirkét főzni.
(d) Ismeritek az angol reggelit.
(e) Apa a híreket hallgatja (pron. hallgattya).
(f) Zsolt egy francia krimit néz.

margarin (-t) margarine	krimi detective story

8   Mr Kormos's birthday is soon. Mrs Kormos thinks that her husband dresses rather unimaginatively, so she decides to brighten up his wardrobe. She enters **Skála áruház** (Skála department store). Match her lines with the shop assistants', so that their conversation makes sense. Write it all down and then act it out.

Első eladó

(a) Melyik osztályt keresi, hölgyem?

(b) A negyediken. Tessék, ott van balra a mozgólépcső.

Második eladó

(c) Tessék parancsolni!

(d) Mit parancsol? Inget? Nadrágot? Öltönyt? Nyakkendőt? Kabátot? Esetleg egy pizsamát?

(e) Tessék, ez az esőkabát nagyon jó minőségű, divatos és nem túl drága. Ugye szép?

(f) Ez a kabát van még sötétkékben és drappban. Milyen méretben parancsolja?

(g) Tessék! Jó lesz?

(h) Tessék, itt a blokk. Fáradjon a pénztárhoz!

Kormosné

(i) Hm. Nem is tudom. Jön az ősz. Talán egy divatos esőkabátot veszek neki. Igen, egy esőkabátnak biztosan örül majd Géza.

(ii) Köszönöm. Viszontlátásra!

(iii) A férfiruha osztályt. Hányadik emeleten van?

(iv) Egy hét múlva lesz a férjem ötven éves. Valami szép ajándékot szeretnék neki venni.

(v) Köszönöm.

(vi) Igen, nagyon tetszik. De más színben kérem. Gézának nem áll jól a barna, és nekem sem tetszik.

(vii) Negyvennyolcasban. És sötétkékben, legyen szíves.

(viii) Jó.

osztály (-t) *department*	**esőkabát** (-ot) *raincoat*
keres (vmit) *look for (sg)*	**jó minőségű** *good quality*
mozgólépcső *escalator*	**blokk** (-ot) *bill*
ing (-et) *shirt*	**Fáradjon** (*pron.* fáraggyon)
öltöny (-t) *suit* (noun)	**a pénztárhoz.** *Please go to*
nyakkendő *tie* (noun)	*the cash-desk.*
kabát (-ot) *coat*	

Érti?

Mrs Scott has been on a business trip to Hungary. Before going home she wants to buy some presents for her family. She enters a **Népművészeti bolt** (*folk-art shop*).

Eladó   Tessék hölgyem, mit parancsol?

Mrs Scott Néhány tipikus magyar ajándékot szeretnék vásárolni a családomnak. Lehet itt pólót kapni? A fiam tizenhárom éves, és mindig csak pólót, farmert hord. Szeretnék egy budapesti pólót venni neki.

Eladó   Sajnos pólót nem árulunk. Itt csak hímzett terítőt, blúzt, dobozt, zsebkendőt, herendi porcelánt* és kerámiát lehet kapni.

Mrs Scott Értem. Tudja, nehéz a fiamnak ajándékot venni. Tipikus tinédzser és nagyon válogatós. De mi ez? Nem fényképalbum?

Eladó   De igen.

Mrs Scott Hímzett fényképalbum?! Nagyon eredeti! Tudja, én imádok fényképezni. Tudna mutatni egy hímzett blúzt is?

Eladó   Hogyne! Hányas méretet parancsol?

Mrs Scott Negyvennégyeset. Ez gyönyörű! Ezerhatszáz forint. Nem drága. De nem is tudom, nem lesz ez nekem egy kicsit szűk? Szeretném felpróbálni. Hol van a próbafülke?

Eladó   Sajnos itt nincs próbafülke. De ha nem jó a méret, kicseréljük.

Mrs Scott Hát jó! Akkor kérem a fényképalbumot, a hímzett blúzt (*she is pointing to an embroidered box*) és azt a szép piros hímzett dobozt. A fiamnak majd valahol veszek egy budapesti pólót. A férjem egy üveg tokajit kap. A lányomnak egy doboz konyakosmeggyet veszek, mert imádja az édességet, anyunak pedig pirospaprikát, mert szeret főzni. Nagyszerű bolt ez! Mindenkinek sikerült ajándékot találni!

póló	*T-shirt*	**gyönyörű**	*gorgeous*
a fiam	*my son*	**Szeretném felpróbálni.**	*I would like to try it on.*
terítő	*table cloth*		
porcelán (-t)	*porcelain*	**próbafülke**	*fitting room*
fénykép (-et)	*photo*	**a lányom**	*my daughter*

*Herend is world famous for its hand-painted porcelain.

Feleljen a kérdésekre!

(a) Mit árulnak a Népművészeti boltban?
(b) Milyen ajándékot szeretne Mrs Scott vásárolni?
(c) Miért nehéz Mrs Scott fiának (*Mrs Scott's son*) ajándékot venni?
(d) Kinek veszi Mrs Scott a hímzett fényképalbumot, blúzt (*pron.* blúszt) és dobozt (*pron.* doboszt)?
(e) Mi történik ha a blúz egy kicsit szűk?
(f) Miért nagyszerű bolt ez Mrs Scott szerint?

12

HÁNY ÉJSZAKÁRA?

How long are you staying?

In this unit you will learn how to

- book a room and a table
- rent a car
- complain at a restaurant
- express willingness and probability
- suggest alternative arrangements
- make polite requests

Párbeszéd

Jóska and his wife Klára are spending their summer holiday touring round Lake Balaton. They arrive at Tihany, and on the hillside they see the sign **szoba kiadó** (*room to let*). They ring the bell, and an elderly lady comes to the door.

Jóska	Jó napot kívánok! Látom, itt van kiadó szoba.
Juliska néni	Tessék? Nem hallom! Sajnos egy kicsit süket vagyok.
Jóska	(*raising his voice*) Tessék mondani, van szabad szoba?

SZOBA KIADÓ

Juliska néni	Igen, két üres szoba is van. Az egyik egyágyas, a másik pedig kétágyas. Hány személyre kellene?
Jóska	Két személyre. Ketten vagyunk a feleségemmel.
Juliska néni	Értem. Akkor nyilván a második szobát kérik. Hány éjszakára kellene?
Jóska	Valószínűleg két vagy három éjszakára, de még nem tudjuk biztosan. Egy csendes szobát keresünk szép kilátással.
Juliska néni	A kilátás nagyon szép. Az egyik ablak a tóra néz, a másik a kertre.
Klára	A fürdőszoba közös a családdal?
Juliska néni	Mit mond? Nem hallom!
Klára	(*raising her voice*) Közös a fürdőszoba a családdal?
Juliska néni	Igen.
Klára	És mennyibe kerül a szoba egy éjszakára?
Juliska néni	Kilencszáz forintba.
Jóska	Nem is drága. Az árban benne van a reggeli is?
Juliska néni	Nincsen. De ha kérnek reggelit, szívesen készítek. A reggeli hét órakor van a teraszon és plusz százötven forintba kerül.
Jóska	Nem lehetne nyolckor reggelizni? Most szabadságon vagyunk és nem akarunk korán kelni.
Juliska néni	Hogyne lehetne!
Jóska	(*looking around cheerfully*) Nagyon szép helyen tetszenek lakni! És ha megunjuk Tihanyt, közel van Balatonfüred. Nem tetszik tudni, milyen gyakran indul hajó Tihanyból Balatonfüredre?
Juliska néni	Úgy tudom, minden fél órában.
Jóska	Nagyszerű! De még nem is mutatkoztunk be: engem Jóskának hívnak, a feleségemet pedig Klárának hívják.
Juliska néni	Én pedig Juliska néni vagyok. Tessenek befáradni! Megmutatom a szobát. (*She leads the way.*) Erre tessenek!
Jóska	Jó, megnézzük! (*They enter a room.*)
Klára	Erkély is van?! Milyen gyönyörű az erkélyről a kilátás!
	(*Suddenly a loud snore comes through the thin wall from the adjoining room. Klára and Jóska look startled.*)
Klára	Tessék mondani, mi ez a zaj?
Juliska néni	Zaj?! Ja! A férjem minden délután alszik ebéd után.

	De alig lehet hallani.
Jóska	Köszönjük szépen, de nem egészen ilyen szobát keresünk.
	(*They leave hastily.*)
Juliska néni	(*bewildered*) Nem értem! Mindig ezt mondják ...

Szavak és kifejezések

süket *deaf*
Hány személyre kellene? *How many people would it be for?*
nyilván *obviously*
Hány éjszakára? (Lit.) *For how many nights?*
valószínűleg *probably*
csendes *quiet*
kilátás (-t) *view*
tó (tavat) *lake*
néz (vmire) *look* (on to sg)
közös (vkivel) (vmivel) *shared with* (sy) (sg)
Az árban benne van a reggeli is? [~] *Is breakfast also included in the price?*
reggelit készít *make breakfast*
korán kel *get up early*
megun (vkit) (vmit) *get tired of* (sy) (sg)

Milyen gyakran? *How often?*
indul *leave* (verb)
hajó *ship, boat*
Úgy tudom... *As far as I know...*
De még nem is mutatkoztunk (*pron.* mutatkosztunk) **be.** *But we haven't even introduced ourselves yet.*
Tessenek befáradni! *Please come in* (pl.).
megmutat (vkinek) (vmit) *show* (sy) (sg)
megnéz (vmit) *see, look at* (sg)
erkély (-t) *balcony*
Alig lehet hallani. *One can hardly hear it.*
Nem egészen ilyen szobát keresünk. *This is not quite what we're looking for.* (Lit. *This is not quite the sort of room we're looking for.*)

Kérdések

1 Igaz vagy nem igaz? Correct and re-write the false statements.

(a) Juliska néni rosszul hall.

(b) Jóska és Klára valószínűleg egy éjszakára maradnak.

(c) A kilencszáz forintban benne van a reggeli is.

(d) Jóska nem akar hétkor reggelizni, mert most nem kell korán kelni.

(e) Jóska és Klári nem kérik a szobát, mert Juliska néni férje a szomszéd szobában horkol.

rosszul hall *be hard of hearing*	**horkol** *snore* (verb)
a szomszéd szobában *in the*	
neighbouring room	

2 Feleljen a kérdésekre!

(a) Miért nem hallja (*pron.* hajja) Juliska néni, mit mond Jóska?
(b) Milyen szobát keres Jóska és Klára?
(c) Hova néz a két ablak?
(d) Honnan indul minden fél órában hajó Balatonfüredre?
(e) Miért nem ilyen szobát keres Jóska és Klára?

—— Magyarország és a magyarok ——

Szoba kiadó (*room to let*)

When on a visit to Hungary, you can book your accommodation in advance at a **hotel**, **szálloda** or **szálló**. (All these words mean *hotel*.) Hotels can be **első osztályú** (*first class*), **másodosztályú** (*second class*) or **harmadosztályú** (*third class*). If you decide to tour the country, but you do not want to commit yourself in advance, you can rent an **Ibusz szoba** through a travel agency when you arrive at a place, go to a **kemping** (*camp-site*) or a **panzió** (*pension*) or look for the sign **szoba kiadó** outside private houses. Here you will probably have to share the bathroom with the family, and they hardly ever provide breakfast.

A reggeli hétkor van

Things tend to start early in Hungary. Factory workers start work at 6am, office workers and school children at 8am. Meals are therefore earlier and people go to bed earlier. It is inconsiderate to telephone someone after 10pm.

Nem lehetne ...? (*Would it be possible...?*) is used to suggest a change of plan. The answer could be: **Sajnos nem lehet.** (*Unfortunately, it isn't possible*) or **Hogyne lehetne.** (*Of course it's possible*).

Szívesen (*gladly*) expresses willingness. It is used with the conjugated verb:

Szívesen készítek reggelit. *I'll be glad to make breakfast.*
Szívesen neki **adom** a könyvet. *I'll be glad to give him the book.*

Milyen (*how, what*) is used in exclamations:

Milyen gyönyörű az erkélyről   *How lovely the view is from*
a kilátás!   *the balcony!*
Milyen szép ház!   *What a lovely house!*

Similarly **de** can be used, e.g. **De gyönyörű** az erkélyről a kilátás!
De szép ház!

 ──────────── **Nyelvtan** ────────────

1 The object forms of the personal pronouns

Ki?	Kit?	Kik?	Kiket?
én	engem	mi	bennünket/minket
te	téged	ti	benneteket/titeket
maga	magát	maguk	magukat
ön	önt	önök	önöket
ő	őt	ők	őket

The first and second person plural have two forms: **minket**,
bennünket and **titeket**, **benneteket**. The forms **bennünket** and
benneteket are more commonly used:

Szeretsz **engem**? [~]   *Do you love me?*
Bennünket keresnek?l [~]   *Are you / they looking for us?*
Téged hogy hívnak?   *What is your name?*
Majd felhívlak **benneteket**.   *I'll phone you.*
Magát nem ismerem.   *I don't know you.*
Majd bemutatom **önt** a   *I will introduce you to my wife.*
feleségemnek.
Őt még nem ismered.   *You don't know her yet.*

2 The definite conjugation: present tense II

A few more things you need to know about the definite conjugation:

(a) The verb is always in the definite conjugation in expressions such as:

Azt mondja (*pron.* monggya),   *He / she says that ...*
  hogy ...
Remélem, hogy ...   *I hope that ...*
Azt hiszem, hogy ...   *I think that ...*
Úgy tudom, hogy ...   *As far as I know ...*

Azt mondják (*pron.* monggyák), **hogy** Tihany nagyon szép. *They say that Tihany is very beautiful.*

(b) The object pronouns **őt**, **magát**, **önt**, **őket**, **magukat** and **önöket** require the definite conjugation even if they are only implied. For example, in the question **Hogy hívják?** (*What's your / his / her name?*), there is an implied **önt** or **magát** or **őt**. **Látod őket?** [⌇] *Can you see them?*

(c) The object pronouns **engem**, **téged**, **minket**, **bennünket**, **titeket** and **benneteket**, whether stated or implied, always require the indefinite conjugation:

Hogy **hívnak?**   *What's your name?*
Engem Jóskának **hívnak**.   *I'm called Jóska.*
Nem **hallanak bennünket**.   *They can't hear us.*

(d) Cardinal numbers take the indefinite conjugation, and ordinal numbers take the definite conjugation:

Csak **egy** cukrot **kérek**.   *I only want one sugar.*
A másodikat kéred? [⌇]   *Do you want the second one?*

(e) The courtesy address remains the same whether the object is definite or indefinite:

A híradót tetszik nézni? [⌇]   *Are you watching the news?*
Egy filmet tetszik nézni? [⌇]   *Are you watching a film?*

(f) With verbs ending in a sibilant (i.e. **s**, **sz**, **z**, **dz**) the **j** of the ending changes to the sibilant.

s	+	j	=	ss
z	+	j	=	zz
sz	+	j	=	ssz
dz	+	j	=	ddz

Here is the conjugation of some of those verbs in full:

	olvas	néz	tesz
(én)	olvasom	nézem	teszem
(te)	olvasod	nézed	teszed
(maga/ön/ő)	olvassa	nézi	teszi
(mi)	olvassuk	nézzük	tesszük
(ti)	olvassátok	nézitek	teszitek
(maguk/önök/ők)	olvassák	nézik	teszik

As you can see from the table above, this affects back vowel verbs more than front vowel verbs.

(g) When you are pronouncing verbs in the definite conjugation, note the following changes:

spelling	pronunciation	example of spelling	example of pronunciation
d + j	ggy	adják	(aggyák)
t + j	tty	látjátok	(láttyátok)
l + j	jj	tanuljátok	(tanujjátok)
n + j	nny	köszönjük	(köszönnyük)

These will not be difficult to remember as they make pronunciation easier.

3 The -ról and -ről ending

Words taking the ending **-n** in answer to the question **Hol?**, and **-ra/-re** in answer to the question **Hova?**, take the ending **-ról** (for back vowel words) and **-ről** (for front vowel words) in answer to the question **Honnan?**

Hol? (Where at?)	Hová? (Where to?)	Honnan? (Where from?)
erkélyen	erkélyre	erkélyről
asztalon	asztalra	asztalról

A macska az **asztalról** a székre ugrik. *The cat jumps from the table to the chair.*

4 The -ból and ből ending

Words taking the ending **-ban/-ben** in answer to the question **Hol?**, and **-ba/-be** in answer to the question **Hova?**, take the ending **-ból** (for back vowel words) and **-ből** (for front vowel words) in answer to the question **Honnan?**

Hol? (*Where at?*)	Hová? (*Where to?*)	Honnan? (*Where from?*)
Tihany**ban**	Tihany**ba**	Tihany**ból**
szekrény**ben**	szekrény**be**	szekrény**ből**

Tihanyból minden fél órában indul hajó Balatonfüredre. Kiveszem a ruhát a **szekrényből**.

There is a boat from Tihany to Balatonfüred every 30 minutes. I'm taking the dress out of the wardrobe.

5 Compound words

These are made up of two separate words. For example, **Balatonfüred** (a town at Lake Balaton) is made up of the words **Balaton** and **Füred**.

If the second element contains only front vowels, the word will take front vowel endings. In the example above, **Füred** is a front vowel word, so the whole word will take front vowel endings, e.g. **Balatonfüredről** Tihanyba megyünk hajóval. (*From Balatonfüred we'll go by boat to Tihany*). All the names of professions where the word **nő** is added to denote the female equivalent, are in this group, e.g. titkár**nő** (Lit. *secretary woman*).

In the **Hungarian–English vocabulary** at the end of the book you will find a **c** after compound words in this group.

6 Tessék, tessenek

Tessék (sing.) and **tessenek** (pl.) followed by the infinitive are used to express a polite request, e.g. **Tessék befáradni!** (*Please come in*). and Erre **tessenek!** (*This way, please*).

These words are mostly used when talking to customers or those people with whom one uses the courtesy address.

Note that the following expressions are used similarly:

legyen szíves (sing.form.)   **legyenek szívesek** (pl.form.)
légy szíves (sing.fam.)   **legyetek szívesek** (pl.fam.)

Legyen szíves befáradni. Erre légy szíves.

7 Az egyik ..., a másik ...

This phrase is like the English *one ..., the other ...*:

Két szoba kiadó: **az egyik** az első,   *There are two rooms to let.*
a másik a harmadik   *One is on the first, the other*
emeleten van.   *is on the third floor.*
Az egyik szülő orvos, **a másik**   *One parent is a doctor, the*
tanár.   *other is a teacher.*

Gyakorlatok

1   You are in Debrecen with a group of friends. You are going to celebrate a friend's birthday tonight at the **Aranybika Szálloda** (*Golden Bull Hotel*). As you are the only Hungarian speaker in the group, you have to book the table. Supply your part of the conversation. Then act it out from memory.

Pincér   Halló, Aranybika Szálloda.
(*a*)   *Greet him and tell him that you would like to book* (**foglal**) *a table for tonight* (**ma este**).
Pincér   Hány órára?
(*b*)   *Tell him that you want it for 8 o'clock.*
Pincér   És hány személyre parancsolja?
(*c*)   *Tell him that you want it for five people.*
Pincér   Szabad a nevét?
(*d*)   *Tell him your name.*
Pincér   Bocsánat. Nem értem.
(*e*)   *Repeat your name and then spell it for him.*
Pincér   Köszönöm. Akkor nyolc órakor várjuk önöket. A viszonthallásra!
(*f*)   *Say goodbye.*

2 You go to a **vendéglő** with a group of friends.

(a) First you find that the table cloth is dirty and the table is not laid properly. You have to ask for the items listed below. How do you do it? Use the expression **legyen szíves**.

két kanál	egy tányér
egy villa	két szalvéta
három kés	

kanál (kanalat)	*spoon*	**tányér** (-t)	*plate*
villa *fork*		**szalvéta**	*napkin*
kés (-t) *knife*			

(b) When the dishes arrive your friends start complaining. Again, you do the talking. Tell the waiter what is wrong and ask for salt and black pepper (**bors** -ot).

Mi?   **Milyen?**

bableves	sótlan (*not enough salt in it*)
töltött paprika	sós (*salty*)
pezsgő	túl édes
saláta	túl savanyú (*vinegary*)
káposztás kocka	keserű (*bitter*)

(c) When you ask for the bill you notice that you do not have enough forints on you. Ask the waiter if you can pay by credit card (**hitelkártya**), cheque (**csekk**), traveller's cheque (**utazási csekk**) or foreign currency (**valuta**).

3 Sam is at **Keleti pályaudvar** waiting to catch a train to Sopron. He is queuing for about 10 minutes to find out which platform his train leaves from.

(a) While he is waiting for his turn he hears some announcements over the loudspeaker. What are the announcements? Study the table below. The first one has been completed for you.

(i) Figyelem! Figyelem! Az első vágányra Győrből személyvonat érkezik. Kérjük, a vágány mellett tessék vigyázni!

	Hányadik vágányra?	**Honnan?**	**Milyen vonat érkezik?**
(i)	1	Győr	személyvonat
(ii)	3	Pécs	gyorsvonat

(iii)	5	Szeged	gyorsvonat
(iv)	6	Miskolc	személyvonat
(v)	2	Debrecen	személyvonat

---

vágány (-t)   *platform* (Lit. *track*)   **gyorsvonat** (-ot)   *fast train*
érkezik   *arrive*   **figyelem** (figyelmet)   *attention*
személyvonat (-ot)   *slow train*   **vigyáz**   *watch out*

(*b*)   He also overhears what his fellow passengers want to know and the answers they get. What were they? Here is the first one:

(i)   – Hányadik vágányról indul Győrbe a vonat?
　　 – A nyolcadikról.

	Hányadik vágányról?	**Hova?**
(i)	8	Győr
(ii)	7	Pécs
(iii)	10	Siófok
(iv)	15	Eger
(v)	4	Sopron

4　Alex is a real eccentric. He's a plane spotter. Even while he is in Hungary, he can't resist the temptation to go spotting, so he goes out to Ferihegy Airport. To practise the language, he jots down the planes and their times of arrival in Hungarian. Study this page from his notebook, and then make up complete sentences like this: (*a*) Párizsból fél hatkor érkezik a repülőgép (*aeroplane*).

	Honnan?	**Hánykor?**
(*a*)	Párizs	5.30
(*b*)	London	4.45
(*c*)	Bécs	5.15
(*d*)	Helsinki	5.00
(*e*)	Róma	6.15

5　Which are the correct alternatives?

(*a*)　(i)　**Otthonról/otthonból** jössz?
　　　 (ii)　Az **uszodáról/uszodából** moziba megyünk.
　　　 (iii)　**Magyarországról/Magyarországból** jöttök?
　　　 (iv)　**Szegedről/Szegedből** hánykor indul a vonat?
　　　 (v)　A **repülőtérről/repülőtérből** taxival jövünk haza.

(b) (i) Péter a mai újságot **olvas/olvassa**.
(ii) Ma este a tv-t **nézünk/nézzük**.
(iii) Azt **hiszek/hiszem**, ma szerda van.
(iv) Mariska néni a pálinkát **iszik/issza**.
(v) **Viszünk/visszük** a kutyát is.

6 Mr Brown is checking in at the **Gellért Szálló** in Buda. Match his lines with the receptionist's so that their conversation makes sense. Write it all down and then say it out loud from memory.

Portás

(a) Jó napot kívánok! Tessék parancsolni.

(b) A harmadik emeleten van egy szoba. Az erkélyről nagyon szép a kilátás.

(c) Természetesen! Hány éjszakára parancsolja?

(d) Ötezer-hatszáz forintba.

(e) Nincsen. A reggeli nyolc és tizenegy óra között van az étteremben, és ott is kell fizetni. Akkor megfelel a szoba, uram?

(f) Igen. A szoba száma negyvennyolc. Szabad a nevét?

(g) A boy majd megmutatja önnek a szobát.

Mr Brown

(i) Van telefon és színes televízió a szobában?

(ii) A reggeli is benne van az árban?

(iii) Igen, de először szeretném megnézni. Lehet itt hitelkártyával fizetni?

(iv) Egy egyágyas szobát szeretnék szép kilátással a Dunára és Pestre.

(v) George Brown.

(vi) Még nem tudom biztosan. Valószínűleg négy-öt éjszakára. Mennyibe kerül a szoba egy éjszakára?

(vii) Köszönöm.

Ott is kell fizetni. *And you have to pay there.*	**boy** (*pron.* boj) *page boy at a hotel*
Megfelel. (*pron.* mekfelel) *It will do. It suits me.*	**színes televízió** *colour television*
	természetesen *of course*

7 Tamás and his wife Gizi decide to visit Pécs. They want to stay at the camp-site to save money. Gizi is a worrier. Follow her train of thought and give the correct form of each verb listed on page 185. Then say aloud what she is thinking.

él,	tud,	mond,	remél,	aggaszt,	megy,
		mond,	kerül,	aggaszt	

(a) _____, hogy lesz hely a pécsi kempingben. Manapság minden nagyon drága és mindenki kempingbe (b) _____. Kíváncsi vagyok, mennyibe (c) _____ sátorral és kocsival két személyre egy éjszakára a kemping. Úgy (d) _____, hogy csak a kocsi hatvan forint lesz. Tamás mindig azt (e) _____, hogy nem kell aggódni. Könnyű ezt (f) _____! Őt semmi sem (g) _____, engem meg mindig minden (h) _____. Tamás csak a jelen pillanatban (i) _____. A családban mindig nekem kell előre tervezni!

(vkit) **aggaszt** (vmi) (sg) *worries* (sy)	**a jelen pillanatban** *at the present moment*
kemping (-et) *camp-site*	**nekem kell tervezni** *I have to plan*
sátor (sátrat) *tent*	
aggódik *worry* (verb)	**előre** *ahead*

8   Answer these questions about yourself.

(a) Hogy hívják?
(b) Szívesen főz? [↴]
(c) Mikor lesz legközelebb szabadságon?
(d) Kit ismer, aki horkol?
(e) Szeret korán kelni? [↴]
(f) Gyakran megy első osztályú szállodába? [↴]

Érti?

Tim is having a fortnight's holiday in Hungary. After seeing the sights of Budapest, he decides to rent a car to see some of the countryside.

Fiatal nő   Jó reggelt kívánok! Tessék parancsolni!
Tim   Egy olcsó autót szeretnék bérelni néhány napra.
Fiatal nő   Akkor a Fiatot ajánlom.
Tim   Mennyibe kerül egy napra?
Fiatal nő   Huszonnyolc dollárba.

Tim	A huszonnyolc dollárban benne van a biztosítás is?
Fiatal nő	Igen. De minden kilométer után harminc centet kell fizetni. És a benzint természetesen ön veszi. Az autót tele tankkal kapja és tele tankkal kérjük visszahozni.
Tim	Értem. Hm. Elég drága itt kocsit bérelni. Előre kell fizetni, ugye?
Fiatal nő	Természetesen, uram.
Tim	Lehet angol fonttal is fizetni?
Fiatal nő	Hogyne, uram. Hány napra parancsolja a Fiatot?
Tim	Három napra. Mit ajánl? Mit érdemes megnézni?
Fiatal nő	(*getting a map of Hungary out and showing him where to go*) Sopront. Gyönyörű, régi város. Sopronból könnyű a Balatonra menni, Keszthelyre vagy Hévízre. Persze Tihanyt és Balatonfüredet sem lehet kihagyni. Tihanyból nagyon szép a kilátás a tóra. Innen érdemes Pécsre menni. Pécs nagyon szép város. És persze itt van a Csontváry Múzeum* is. Pécsről Szegedre, Szegedről Debrecenbe menjen. Szeged csodálatos város a Tisza mellett, és a szegedi halászlé nagyon finom! Debrecen az Alföld fővárosa. Sok híres épület van itt: a Nagytemplom, a kollégium, az Aranybika Szálloda. És közel van a Hortobágy, a magyar puszta! Debrecenből Egerbe menjen. Biztosan ismeri az Egri bikavért, nem? Egerben nemcsak sok szép épület, hanem sok borpince is van. De legjobb lesz, ha oda nem autóval megy, mert akkor tényleg kell majd a biztosítás!** Egerből pedig könnyű visszajönni Pestre***.
Tim	Jó, legközelebb egy hónapra jövök Magyarországra, de sajnos már csak három napom van.
Fiatal nő	Az útlevelét és a jogosítványát, legyen szíves!
Tim	(*with a little chuckle*) Mondja, maga másodállásban nem idegenvezető véletlenül?

autót bérel *rent a car*	**borpince** *wine cellar*
biztosítás (-t) (*pron.* bisztosítás) *insurance*	**Már csak három napom van.** *I have only three days left.*
benzin (-t) *petrol*	**jogosítvány** (-t) *driving licence*
tele tank (-ot) *full tank*	**másodállás** (-t) *second job*
visszahoz (vmit) *bring back* (sg)	**véletlenül** *by any chance*
kihagy (vmit) *miss* (sg)	**Mit érdemes megnézni?** *What is*
az Alföld fővárosa *the capital of the Great Plain*	*worth seeing?*

*Csontváry is a great 19th/20th-century Hungarian painter. His style is unique.
**It is illegal to drive after drinking any alcohol in Hungary.
***Budapest is often just called Pest.

Feleljen a kérdésekre!

(a) A biztosítás is benne van a kocsi árában (*in the price of the car*)? [↵]
(b) Mit kell még pluszban fizetni?
(c) Hogyan kell az autót visszahozni?
(d) Milyen valutával akar Tim fizetni?
(e) Mi történik (*happen*), ha Tim túl sok bort iszik Egerben?

Solitary Cedar by Csontváry

13

ÉN HORGÁSZNI FOGOK APÁVAL

I'll be fishing with Dad

In this unit you will learn how to

- talk about future plans, events and actions
- say you agree or do not agree with someone

 —————————— **Párbeszéd** ——————————

It is Thursday evening. The Balogh family is having dinner. (János Balogh is the father, Baloghné the mother, Feri their son and Andrea their daughter.)

Feri	Apu, te voltál már Szentendrén?
B. János	Voltam, de nagyon régen. Miért?
Feri	Pista szombaton ott volt a szüleivel. Azt mondja, hogy Szentendrénél a Dunában sok halat lehet fogni.
B. János	Tényleg? Hm … Régen voltunk már horgászni…
Baloghné	Csak a múlt szombaton …
Andrea	Anyu, a Tóth Vali is volt Szentendrén. Azt mondja, hogy sok jó butik van a városban. Nagyon szeretnék egy divatos, sötétkék miniszoknyát a ballagásra. Vali is ott fog venni egyet. Holnapután szombat lesz. Nem megyünk Szentendrére?

B. János	Ti nők mindig csak a pénzt költitek!
Baloghné	Emlékszel, János? Szentendrén van a Kovács Margit Múzeum. És milyen romantikus volt a Duna-parton sétálni ... Holnapután elmegyünk a múzeumba és aztán sétálunk a városban.
Feri	De én nem akarok múzeumba menni! Utálok múzeumba járni! Én horgászni fogok apával. Jó, apa?
B. János	Jó! Vasárnap délben halászlét eszünk.
Andrea	Én nem fogok veletek egész nap a Duna-parton ülni! Ti mindig csak horgászni akartok. Nincs is még olyan jó idő!
Feri	Nem baj! Mi nem fázunk. Ti majd a Kovács Margit Múzeumba mentek és sétáltok a városban. Mi pedig horgászni fogunk. Ti is szeretitek a halászlét, nem?
Andrea	De igen. Feltéve persze, ha fogtok halat. Anyu, azt hiszem jobb lesz, ha holnap bevásárolunk.
Baloghné	Igazad van, Andrea. Biztos, ami biztos. Holnap veszünk babot, hátha csak bablevest eszünk vasárnap ebédre.

Szavak és kifejezések

a szülei   *his/her parents*
halat fog   *catch a fish*
horgászik   *fish* (verb)
a múlt szombaton   *last Saturday*
nők   *women*
pénzt (*pron.* pénszt) **költ**   *spend money*
Ti mindig csak a pénzt költitek.
   You're always spending money.
   (Lit. *You are always only spending money.*)

emlékszik   *remember*
Duna-part (-ot)   *bank of the Danube*
elmegy   *go*
Nincs is még olyan jó idő!
   The weather is not even nice yet!
Nem baj!   *It doesn't matter.*
feltéve ha   *provided that, as long as*
Biztos (*pron.* bisztos), **ami biztos.**
   To be on the safe side...
hátha   *in case*

Kérdések

1   Igaz vagy nem igaz? Correct and re-write the false statements.

(*a*) Balogh János nagyon szeret a feleségével (*with his wife*) horgászni.

(b) Szentendrén sok jó üzlet van.

(c) Feri szerint a nők sok pénzt költenek.

(d) Baloghné szerint régen a Duna-parton romantikus volt kocogni.

(e) Most tavasz vagy kora nyár van.

üzlet (-et) shop	kora nyár early summer

2 Feleljen a kérdésekre!

(a) Pista szerint hol lehet a Dunában sok halat fogni?

(b) Mit fog Andrea vásárolni Szentendrén?

(c) Miért nem fog Andrea egész szombaton a Duna-parton ülni?

(d) Mindenki szereti a családban a halászlét? [⌣]

(e) Miért fog pénteken Andrea és Baloghné bevásárolni?

—— Magyarország és a magyarok ——

Ballagás

The school leavers' ceremony is an old tradition in Hungarian secondary schools. It usually takes place in May before the final exams. The whole school, and especially the school leavers' classrooms, are decorated with flowers. School leavers are given a small embroidered bag with a symbolic **pogácsa** (*Hungarian savoury scone*) and a small coin inside the bag. This is how the 'alma mater' (i.e. *nourishing mother*) sends her children on to the road of life. School leavers form a line, each with his or her hand on the shoulder of the person in front. They walk round the school slowly, while singing traditional songs, symbolically saying goodbye to their school and their childhood. Parents, relatives, friends, teachers and younger pupils line the corridors and classrooms and hand them flowers as they pass.

Bevásárol: there are three words in Hungarian used in connection with shopping. **Bevásárol** means *do all one's shopping*. It is an intransitive verb. **Vásárol** and **vesz** are transitive verbs. While

vásárol can be used without an object, meaning *do some shopping*,
vesz can only be used with an object, meaning *buy something*:

Holnap **bevásárolunk**.	*Tomorrow we'll do the shopping.*
Mit csinálsz itt? **Vásárolok**.	*What are you doing here?*
	I'm doing some shopping.
Andreának **veszünk** majd egy **miniszoknyát**.	*We'll get a mini-skirt for Andrea.*

Igazad van (*you are right*) (sing.fam.) expresses agreement, and
nincs igazad (*you are wrong*) (sing.fam.) expresses disagreement.
The other forms are:

Igazam van/nincs igazam.	*I'm right / wrong.*
Igaza van/nincs igaza.	*You're* (sing.form.) */he / she's right / wrong.*
Igazunk van/nincs igazunk.	*We're right / wrong.*
Igazatok van/nincs igazatok.	*You're right / wrong* (pl.fam.).
Igazuk van/nincs igazuk.	*You're* (pl.form.) */ they're right / wrong.*

 ——————— **Nyelvtan** ———————

1 The future

A future action or event can be expressed by:

● the present tense;

This is the most common way of expressing future actions and
events. To avoid ambiguity, time expressions indicating the future
are often used. Here is a list of some very common examples:

majd	*some time in the future*	**holnapután**	*the day after tomorrow*
most vasárnap	*this Sunday*	**a jövő szerdán**	*next Wednesday*
a jövő héten	*next week*	**a jövő hónapban**	*next month*
a jövő évben or **jövőre**	*next year*	**a nyáron**	*this summer*
az ősszel	*this autumn*	**a télen**	*this winter*
a tavasszal	*this spring*	**az idén** or **ebben az évben**	*this year*
ezen a héten	*this week*		

rögtön (*pron.* röktön) *right away*	**ebben a hónapban** *this month*
két hét múlva *in two weeks' time*	**azonnal** *straightaway*
nyolc óra után *after 8 o'clock*	**ma délután** *this afternoon*
mindjárt (*pron.* mingyárt)	**holnap este** *tomorrow evening*
straightaway	**hamarosan** *soon*
nemsokára *soon*	**a hétvégén** *at the weekend*
holnap *tomorrow*	

Holnap mozíba **megyünk.**   *Tomorrow we'll go to the cinema.*
Majd felhívlak.   *I'll give you a ring.*
Rögtön jövök.   *I'll be back soon.*
Sajnos **az idén** nem **tudunk**   *Unfortunately, we can't go*
külföldre menni.   *abroad this year.*
Fél nyolckor majd megnézzük *At 7.30, we'll watch the news.*
a híreket.

- the future tense;

This is made up of the present tense of the word **fog** plus the infinitive. Here for example is the full conjugation of the expression **will cook**:

	Indefinite conjugation	Definite conjugation	
(én)	**fogok főzni**	**fogom főzni**	*I will cook*
(te)	**fogsz főzni**	**fogod főzni**	*you will cook*
(maga/ön/ő)	**fog főzni**	**fogja főzni**	*you/he/she will cook*
(mi)	**fogunk főzni**	**fogjuk főzni**	*we will cook*
(ti)	**fogtok főzni**	**fogjátok főzni**	*you will cook*
(maguk/önök/ők)	**fognak főzni**	**fogják főzni**	*you/they will cook*

Holnap én **fogok** vacsorát **főzni.** *Tomorrow I'll cook dinner.*
Holnap én **fogom főzni** a vacsorát. *Tomorrow I'll cook the dinner.*

The future tense is usually used to express intention or certainty:

Nem fogok verekedni.   *I won't fight.*
Holnap **esni fog** az eső.   *It's going to rain tomorrow.*

Note the form **foglak,** e.g. **Nem foglak szeretni,** ha mindig mérges vagy! *I won't love you if you are always angry.*

- Everything that *will*, or *will not*, happen in the future is expressed by either the present or the future tense in Hungarian. So they can express quite a few tenses in English (e.g. expressions like *I'm buying, I'm going to buy, I'll buy, I'll be buying*).

2 The -nál and -nél (at, by) ending

● This ending is used in answer to the question **Hol?**

(*a*) to indicate something happening or being at or by a certain place,
A **folyónál** találkozunk. *We'll meet at the river.*

(*b*) with shops named after the profession of the person running
them:

A **hentesnél** most lehet téliszalámit kapni.	*One can buy 'téliszalámi' at the butcher's now.*
A **zöldségesnél** (*pron.* zölcségesnél) veszek epret.	*I'll buy strawberries at the greengrocer's.*
A **péknél** ma nem volt friss kenyér.	*There was no fresh bread at the baker's today.*

(*c*) when talking about something taking place at someone's place,
Eszternél lesz a buli. *The party will be at Eszter's place.*

(*d*) Note that **-nál/-nél** is also used to mean: *on somebody.*

Kinél van a könyv? **Zsoltnál?**   *Who has got the book on them? Is it Zsolt?*

and *for* when talking about somebody working for a company:

Egy nagy pécsi **vállalatnál** dolgozom. *I work for a big company in Pécs.*

The -nál/-nél forms of the personal pronouns

Ki?	Kinél?	Kik?	Kiknél?
én	nálam	mi	nálunk
te	nálad	ti	nálatok
maga	magánál	maguk	maguknál
ön	önnél	önök	önöknél
ő	nála	ők	náluk

Nálunk mindig friss a tojás, uram.	*Eggs are always fresh in our shop, sir.*
Kinél lesz a születésnapi buli? **Nálatok?** [⌐]	*Where is the birthday party going to take place? At your place?*
Sajnos nincs **nálam** elég pénz.	*Unfortunately I haven't got enough money on me.*

3 The -val and -vel forms of the personal pronouns

Ki?	Kivel?	Kik?	Kikkel?
én	velem	mi	velünk
te	veled	ti	veletek
maga	magával	maguk	magukkal
ön	önnel	önök	önökkel
ő	vele	ők	velük

Akarsz **velem** táncolni? [⌁]   *Do you want to dance with me?*
Beszélsz **vele**? [⌁]   *Are you going to talk to him / her?*

4 Ilyen, olyan

Ilyen (*this, like this, like that, such, such a*) points to something nearby, or refers to something that was just said:

Ez a szoknya 1400 Ft! Most nem   *This skirt costs 1,400 forints.*
   akarok **ilyen sok pénzt** költeni.   *I don't want to spend that*
      much money now.
De szép ez a blúz! Én is **ilyent**   *What a beautiful blouse!*
   szeretnék!   *I'd like to have one like this, too.*
Ilyen az élet!   *Such is life.*

Olyan (*that, like that, such, such a, so*) points to something further away, or refers back to something said by someone else:

Olyan kocsit veszek.   *I'm going to buy a car like that.*
Holnap hatkor indulunk.   *We'll leave at 6 tomorrow.*
   Miért **olyan korán**?   *Why so early?*
Péter **olyan kedves** fiú!   *Peter is such a nice boy!*
Olyan szép idő van!   *The weather is so nice!*

Note that both these words require the indefinite conjugation.

5 Hall (*hear*) without tud

Ért (*understand*), **lát** (*see*), **talál** (*find*), **emlékszik** (*remember*) and **hall** (*hear*) do not take **tud** (*can*) in Hungarian.

Nem **hallom** a magnót.   *I can't hear the tape recorder.*

Nem **értelek**, Jóska.	*I can't understand you Jóska.*
Látod őket? [⌐]	*Can you see them?*
Nem **találom** a tollat.	*I can't find the pen.*
Nem **emlékszem**.	*I can't remember.*

 ——————— **Gyakorlatok** ———————

1 Before falling asleep, Andrea thinks about the coming Saturday. Follow her train of thought and write in the missing words. Then imagine that you are Andrea, and speak her thoughts aloud.

De jó! Akkor szombaton Szentendrére (*a*) ———— menni. Nekem is lesz divatos sötétkék miniszoknyám a (*b*) ————. Én is Szentendrén (*c*) ———— venni egyet, mint Vali. Apu szerint mi nők mindig csak a pénzt (*d*) ————. Nincs (*e*) ————. Hiszen nincs minden nap ballagás! Aztán majd anyuval (*f*) ———— a Kovács Margit Múzeumot. Apu és Feri megint horgászni (*g*) ————. Persze, ez nem jelenti azt, hogy halat is (*h*) ———— fogni. Majd meglátjuk! Holnap anyuval (*i*) ————. Biztos, ami biztos. (*j*) ———— majd babot is, hátha csak bableves lesz vasárnap ebédre!

Nekem is lesz miniszoknyám.
I'll have a mini-skirt too.
mint *like, as*
Ez nem jelenti azt, hogy ... *This doesn't mean that ...*

Majd meglátjuk (*pron.* megláttyuk). *We shall see.*

---

2 It is Saturday and the Balogh family is at Szentendre. Andrea is looking in a shop window. Mrs Balogh is trying to get her to visit the museum first. Re-arrange their lines so that their conversation makes sense. Write it all down, and then act it out from memory.

(*a*) **Baloghné** Nincs messze. A harmadik utca jobbra. Látod azt a sok japán turistát? Biztos ott van.

(*b*) **Andrea** Rögtön jövök. Olyan jó ez a szokny a, nem, anyu?

(*c*) **Baloghné** Na jó. Gyere, majd a múzeum után visszajövünk és megnézzük!

(d) **Andrea**   Messze van a múzeum?
(e) **Baloghné** Melyiket mondod?
(f) **Andrea**   De anyu, Pesten is ilyen sokba kerül egy jó
           szoknya!
(g) **Baloghné** Andrea, gyere!
(h) **Andrea**   Azt, ott. Nekem nagyon tetszik.
(i) **Baloghné** Ezernégyszáz forint! Ez nagyon drága,
           Andrea! Apu nem fog örülni, ha ilyen sok
           pénzt költünk. Talán nincs is nálam most
           ennyi pénz.

japán *Japanese*	**visszajön** *come back*	
Na jó. *All right then.*	**ennyi** *this/that much*	

3   Late in the afternoon Baloghné and Andrea walk down to the
   Danube. Andrea is wearing her new mini-skirt. Which are the
   correct alternatives? Write their conversation down, and then act
   it out.

Andrea   Ott vannak, anyu! **Látsz/Látod** őket? Apu! Feri!
         Hahó!
Baloghné Hiába **kiabálsz/fogsz kiabálni**, Andrea. Nem
         látják/látnak és nem **hallják/hallanak** bennünket.
         Csak a halakat **figyelnek/figyelik**.
Andrea   Sziasztok! Milyen a szoknyám?
Feri   Pszt! Ott egy hal!
Andrea   Hal? Hol? Én nem látok egyetlen halat sem. Azt
         hiszem/hiszek,   holnap   megint   bablevest
         eszünk/esszük majd ebédre.

Hahó! *Hello there!*	**szoknyám** *my skirt*
hiába (Lit.) *in vain*	**Pszt!** *Hush!*
kiabál *shout*	**Én nem látok egyetlen halat**
figyel (vmit) *watch* (sg) *closely*	**sem.** *I can't see a single fish.*

4   Frigyes has finished his working week. On Friday evening he is
   thinking about what to do with his weekend. Write in the correct
   expressions. Then imagine you are Frigyes and act it out from
   memory.

Hosszú hét volt ez! Szerencsére vége. Holnap (a) _____.
Először (b) _____. Azután (c) _____. Anya biztos (d) _____

valami finomat. Délután talán (e) _____ egy kicsit. Aztán eset-
leg (f) _____ a Széchenyi fürdőben. (g) _____ Icát, hátha ő is
(h) _____. Holnap este pedig buliba (i) _____. Kinél is lesz?
Nem (j) _____. Karcsinál vagy Tamásnál? Hol a naptárom?
Nem (k) _____. Nem baj. Ica majd biztosan (l) _____. Hú,
már nyolc óra van! A fiúk már biztosan (m) _____ a sörözőben.

majd felhívom	nem fogok korán kelni
fogja tudni	takarítani fogok
megyünk	ebédelek
főz majd	emlékszem
várnak	jön
úszni fogok	alszom majd
találom	

hosszú	*long*	**Vége.**	*It's over.*
szerencsére	*luckily*	**a naptárom**	*my diary*

5 Mit fog csinálni a hétvégén? Write a similar passage about
yourself, memorise it and then say it aloud as if you were telling
a friend.

6 Which is the correct alternative?

(a) Szombaton **nálunk/velünk** lesz a buli.
(b) A **péknél/pékkel** mindig friss a kenyér.
(c) **Nálatok/veletek** megyek én is!
(d) **Veled/nálad** nem lehet viccelni? [∿]
(e) **Eszterrel/Eszternél** nehéz beszélni.

7 Answer these questions about yourself.

(a) Mit fog a nyáron csinálni?
(b) Hol vásárol húst: a hentesnél vagy a szupermarketben?
(c) Mindig igaza van?
(d) Szeret horgászni?

Érti?

Ildi and Tünde are good friends at school. Their final exam is soon.

Ildi	Tünde, olyan sápadt vagy! Biztosan éjjel-nappal tanulsz. Mit fogsz csinálni vasárnap?
Tünde	Otthon leszek. Feltéve, ha nincs jobb ötleted.
Ildi	Gyere, kimegyünk a strandra!* Úszunk, napozunk. Voltál már az idén strandon?
Tünde	Még nem.
Ildi	Na látod! Gyere velem! Egy kis napsütés jót fog neked tenni.
Tünde	De még nincs is olyan jó idő!
Ildi	Dehogy nincsen. Az időjárásjelentés szerint a hétvégén huszonhét-huszonnyolc fok lesz. Már a tv-t sem nézed?
Tünde	Nem szeretnék leégni.
Ildi	Nem fogsz leégni. Ismered a sárgarépa napolajat?
Tünde	Micsodát?
Ildi	Nyugaton lehet kapni. Állítólag nagyon jó fehér bőrre.
Tünde	Na jó. De tudod, hogy én nem nagyon szeretek napozni. Hamar megunom.
Ildi	Nem baj. Majd akkor úszol, vagy ha nagyon akarsz, ott is tudsz tanulni. De legalább kint leszünk a friss levegőn.
Tünde	Lehet, hogy igazad van. Melyik strandra akarsz menni?
Ildi	A Rómaira. Ott nincs olyan óriási tömeg. Fű is van, tiszta a víz. Akkor a Batthyány téren a HÉV-nél foglak várni tízkor. Jó?
Tünde	Jó. Csak az a baj, hogy nincs fürdőruhám!
Ildi	Nekem is kell egy napszemüveg. A Kálvin térnél tudok egy jó butikot. Gyere, veszünk fürdőruhát is, napszemüveget is.
Tünde	Azt hiszem, nincs nálam elég pénz.
Ildi	Nem baj, én majd adok kölcsön. Nálam van egy ötezres. Majd vasárnap megadod.

sápadt (*pron.* sápatt) *pale* **éjjel-nappal** *morning, noon and* *night* (Lit. *at night and in the day-* *time*) **Feltéve, ha nincs jobb ötleted.** *Unless you have a better idea.* **strand** (-ot) *lido* **jót tesz** (vkinek) (vmi) (sg) *does* (sy) *good* **leég** *get sunburnt*	**sárgarépa** *carrot* **bőr** (-t) *skin* **levegő** *air* **fű** (füvet) *grass* **fürdőruha** *swimsuit* **... is, ... is** *both ... and ...* **kölcsön ad** (vkinek) (vmit) *lend* (sy) (sg) **megad** (vkinek) (vmit) *return* (sg) *to* (sy)

*Lidos are very popular with city people in the hot summer months.

Melyik igaz?

(*a*) Tünde nagyon sápadt, mert ... (i) nem használ sárgarépa
napolajat.
(ii) túl sokat tanul.

(*b*) Tünde nem nagyon szeret napozni, mert ...
(i) a napozás szerinte elég unalmas.
(ii) fehér a bőre (*her skin*), és hamar leég.

(*c*) A sárgarépa napolaj jó, mert ... (i) ha valaki használja,
nem fog leégni.
(ii) Nyugaton lehet kapni.

(*d*) Ildi a Rómaira szeretne menni, mert ... (i) máshol nincs fű
és piszkos a víz.
(ii) ott nincsenek túl
sokan.

(*e*) Napszemüveget és fürdőruhát ... (i) most nem tudnak venni,
mert Ildinél nincs elég
pénz.
(ii) a Kálvin térnél vesznek
majd.

---

napozás (-t) *sunbathing*	**máshol** *elsewhere*

You've now learnt a great deal and should be proud of your ability in the Hungarian language. Units 14–21 will be more demanding. Just make sure you spend sufficient time on each unit before going on to the next one.

14
ÉS HOL TANULT TÁNCOLNI?
And where did you learn to dance?

In this unit you will learn how to

- talk about past actions and events
- say whether something is or is not possible

 ───────────── **Párbeszéd** ─────────────

Mária is looking for a job. She has spotted this advertisement in the newspaper. The following is part of her interview with Pál Kardos, the director of the school.

> **JAZZ-BALETT**
> tanárt keresünk heti
> 15 órára.
> Duna Tánciskola.
>
> Tel: 173– 4528

Kardos P.   Azt hiszem, én már mindent elmondtam az állásról. Most maga következik. Először is néhány személyi adatot szeretnék tudni. Mikor és hol született?

Mária   1967. február 4-én születtem Egerben. De a szüleim 1970-ben Budapestre költöztek, és én itt Pesten jártam iskolába a Horváth Mihály téren.

Kardos P.   Szóval maga a híres Fazekas Mihály Gimnáziumba járt?

Mária   Gimnáziumba sajnos nem ide jártam, csak általános iskolába. Tanulni soha sem szerettem.

Kardos P.   Értem. És hol tanult táncolni?

Mária   Mindig is imádtam balettozni. Már az általános iskolában is különórára jártam Kocsis Márta nénihez. Híres, kiváló tanár és csodálatos ember volt. Szegény tavaly meghalt. Nem ismerte véletlenül?

Kardos P.   Dehogynem! Márta nénit mindenki ismerte. És hogy ment a balett?

Mária   Nagyon jól. Szerencsés voltam, mert Márta néni mindenkivel nagyon türelmes és kedves volt. Később ő küldött jazz-balettra is. De sajnos nem lehettem balett-táncos, mert sokáig beteg voltam.

Kardos P.   Szóval többé nem táncol?

Mária   Sajnos nem. Csak táncházba járok a szabadidőmben. Ez a hobbim.

Kardos P.   És tanított már jazz-balettot?

Mária   Igen, a Balett Intézetben. A második évben jártak hozzám a gyerekek.

Kardos P.   Ilyen jó állást otthagyott?

Mária   Hát, muszáj volt. Két évvel ezelőtt férjhez mentem, és tavaly szültem. Most szeretnék visszamenni, de sajnos ott már más tanít. Nagyon szeretnék újra tanítani, és persze a pénz is jól jön.

Kardos P.   Értem. Azt hiszem, mindent megbeszéltünk. Vagy esetleg szeretne még valamit kérdezni?

Mária   Igen, csak egy utolsó kérdést. Megkapom az állást?

———— **Szavak és kifejezések** ————

állás (-t) *job*	**sokáig** *for a long time*
következik (Lit.) *follow,*	**többé nem** *no longer, not any more*
is sy's turn	**a szabadidőmben** *in my free time*
először is *first of all*	**Balett Intézet** (-et) *Ballet Institute*
személyi adat (-ot) (Lit.) *personal*	**otthagy** (vmit) *leave* (sg)
datum	**szül** *give birth, have a baby*
gimnázium (-ot) *secondary school*	**muszáj** *must, have to, necessary*
általános iskola *primary school*	**muszáj volt** *had to, it was*
különóra *private lesson*	*necessary*
csodálatos *wonderful*	(vmi) **jól jön** (vkinek) *come in*
ember (-t) *person*	*handy*
szegény (-t) *poor, poor thing*	**megbeszél** (vkivel) (vmit) *discuss*
meghal *die*	(sg) *with* (sy)
szerencsés *lucky*	**utolsó kérdés** (-t) *last question*
türelmes *patient* (adjective)	**Megkapom az állást?** [~] *Have I*
kedves *kind, nice*	*got the job?* (Lit. *Will I get the job?*)
jazz (-t) (*pron.* dzseszz) *jazz*	

Kérdések

1 Igaz vagy nem igaz? Correct and re-write the false statements.

(*a*) Mária nem Egerben, hanem Pesten járt iskolába, mert a szülei 1970-ben a fővárosba költöztek.

(*b*) Mária egy híres balett-tanárhoz járt különórára.

(*c*) Kardos Pál nem ismerte Márta nénit.

(*d*) Mária a táncházban tanított jazz-balettot.

(*e*) Mária egy évvel ezelőtt szült.

2 Feleljen a kérdésekre!

(*a*) Mikor és hol született Mária?

(*b*) Miért nem a Fazekas Gimnáziumba járt Mária?

(*c*) Kihez járt különórára Mária?

(*d*) Miért nem lehetett balett-táncos Mária?

(*e*) Kihez jártak a második évben a gyerekek jazz-balettot tanulni?

—— **Magyarország és a magyarok** ——

Fazekas Mihály

Fazekas Mihály was an 18th-century Hungarian poet. A lot of streets, schools and institutions are named after famous people in Hungary. There is a strong literary tradition in the country, and poets and writers have always had an important role in public life. Culture and education is important to Hungarians, and well-read and well-educated people enjoy high esteem. Someone talking about a serious topic at length is not considered a bore or pretentious. Hungarians are less keen on lengthy social chit-chat, and prefer to come straight to the point.

Márta nénit mindenki ismerte. (Everybody knew Márta néni.) Hungary is a small country. Many people know each other especially in professional circles.

Táncház (*dance house*)

This used to be the place where young people in villages went dancing. The **táncház** movement started in the 1970s and has become very popular with young people in big cities. Here they learn real folk dances, and dance to original folk music. It all started in a Transylvanian village called **Szék**, where people have retained a traditional lifestyle up to the present day.

Férjhez megy: this expression is only used about women, e.g. **Erzsi** tavaly **férjhez ment**. *Erzsi got married last year*. To say who she married, use the ending **-hoz/-hez/-höz**, e.g. Erzsi **Tamáshoz ment férjhez**. *Erzsi married Tamás*.

The equivalent for a man is **megnősül**, e.g. **Megnősült** már **János**? *Has János got married?* To include the name of the wife, the expression **feleségül vesz** (vkit) is used, e.g. János **feleségül vette Icát.** *János married Ica*.

The word **összeházasodik** is used about two people getting married, e.g. A múlt vasárnap **Miklós és Anna összeházasodtak**. *Last Sunday Miklós and Anna got married*.

Állás (*job*), **munka** (*work*): these words are used just like in English.

Végre kaptam egy jó **állást**!
Tegnap nagyon sok volt a
munka az irodában.

At last I've got a good job!
Yesterday there was a lot of
work to do at the office.

Note that both words are correct in the expression **munkát keres** or
állást keres (*look for a job*).

 ——————— **Nyelvtan** ———————

1 Past tense: indefinite conjugation

The past tense is formed by an ending which has a short form (**-t**) and
a long form (**-tt**). The short form comes directly after the verb stem,
while the long form is preceded by a linking vowel (**o** for back vowel
words, **e** for front vowel words and **ö** for front vowel words with **ö, ő,
ü** or **ű** as their final vowel.) This form is then followed by the definite
or indefinite personal endings. Here are two examples of how to form
the indefinite past tense:

Verb stem	-t/-ott -ett/-ött	Indefinite personal ending	Verb in the past tense	English equivalent
vár	-t	-ál	vártál	*you waited*
segít	-ett	-él	segítettél	*you helped*

Whether to use the short or the long form depends on the stem.
There are three possibilities:

(*a*) the long form (**-ott/-ett/-ött**) is taken in all persons by;

verbs ending in two consonants, e.g. **ért – értett**,
verbs ending in **-ít**, e.g. **tanít – tanított**,
one-syllable verbs ending in **-t**, e.g. **köt – kötött**.

(*b*) the short form (**-t**) is taken in all persons by;

verbs ending in **-ny, -r, -l, -j, -n, -ly**, e.g. **beszél – beszélt, vár – várt,
fáj – fájt, köszön – köszönt**,

An easy way to remember these letters is to learn the name
Nyaraló Janó (*Summering Johnny*). It has all these consonants.
All you have to do is add **-ly**.

verbs of more than one syllable ending in **-ad** or **-ed**, e.g. **marad – maradt**.

Note that the words **áll** (*stand*) and **száll** (*fly*) are also in this group.

(*c*) the short form (**-t**) is taken in all persons except for the 3rd person singular form of the indefinite conjugation. This takes the long form (**-ott/-ett/-ött**).

All the verbs not mentioned in groups (*a*) or (*b*) belong to this group.

Note that the verbs **lát, mond, küld** and **kezd** are also in this group.

● The same personal endings are used whether the verb is in group (*a*), (*b*) or (*c*). But, as usual, they have different forms for back and for front vowel words. In the tables below are examples of the indefinite personal endings in the past tense for each type of verb.

Back vowel verbs

	Group (a)	Group (b)	Group (c)
(én)	tanítottam	vártam	adtam
(te)	tanítottál	vártál	adtál
(maga/ön/ő)	tanított	várt	adott
(mi)	tanítottunk	vártunk	adtunk
(ti)	tanítottatok	vártatok	adtatok
(maguk/önök/ők)	tanítottak	vártak	adtak

Front vowel verbs

	Group (a)	Group (b)	Group (c)
(én)	kötöttem	kértem	néztem
(te)	kötöttél	kértél	néztél
(maga/ön/ő)	kötött	kért	nézett
(mi)	kötöttünk	kértünk	néztünk
(ti)	kötöttetek	kértetek	néztetek
(maguk/önök/ők)	kötöttek	kértek	néztek

Note that the 3rd person singular form has no personal ending.

The following verbs are irregular:

Verb	Full indefinite conjugation in the past tense					
megy	mentem	mentél	ment	mentünk	mentetek	mentek
jön	jöttem	jöttél	jött	jöttünk	jöttetek	jöttek
eszik	ettem	ettél	evett	ettünk	ettetek	ettek
iszik	ittam	ittál	ivott	ittunk	ittatok	ittak
tesz	tettem	tettél	tett	tettünk	tettetek	tettek
vesz	vettem	vettél	vett	vettünk	vettetek	vettek
hisz	hittem	hittél	hitt	hittünk	hittetek	hittek
visz	vittem	vittél	vitt	vittünk	vittetek	vittek
lesz*	lettem	lettél	lett	lettünk	lettetek	lettek
fekszik	feküdtem	feküdtél	feküdt	feküdtünk	feküdtetek	feküdtek
alszik	aludtam	aludtál	aludt	aludtunk	aludtatok	aludtak
emlékszik	emlékeztem	emlékeztél	emlékezett	emlékeztünk	emlékeztetek	emlékeztek

*__Lesz__ here means *become*.

The past tense is often used with time expressions like:

tegnap *yesterday*	**az ősszel** *last autumn*
tegnapelőtt *the day before*	**a tavasszal** *last spring*
yesterday	**a múltkor** *last time*
a múlt héten *last week*	**tavaly szeptemberben** *last*
a múlt szombaton *last Saturday*	*September*
a múlt hónapban *last month*	**két perccel / órával / nappal / héttel**
a múlt évben or **tavaly** *last year*	**/ hónappal / évvel ezelőtt**
a nyáron *last summer*	*two minutes / hours / days / weeks /*
a télen *last winter*	*months / years ago, etc.*

● Everything that happened or did not happen before the present moment is expressed with the past tense in Hungarian. So it expresses quite a few tenses in English (e.g. expressions like *has gone, went, was going, had gone, had been going*):

Éppen most **reggeliztem**.	*I've just had breakfast.*
Olvastam a könyvet, de nem emlékszem miről szól.	*I've read the book, but I can't remember what it's about.*
Láttad az új francia filmet? [⌣]	*Have you seen the new French film?*
Aludtál már sátorban? [⌣]	*Have you slept in a tent before?*
Még nem **jártam** Budán.	*I haven't been to Buda before.*
Tegnap tv-t **néztünk.**	*Yesterday we watched television.*
Amikor **megérkeztem**, András éppen **olvasott**.	*When I arrived András was reading a book.*

Mire **megérkeztem**, Eszter	*By the time I arrived Eszter*
már **elment**.	*had already left.*
Még csak nyolc óra volt, de Anna	*It was only 8 o'clock, but Anna*
már órák óta **dolgozott**.	*had been working for hours.*

✱ The past tense is a rather complicated feature of Hungarian. So you need lots of practice! Learn the examples and the irregular verbs by heart. Then try to conjugate a few verbs aloud. (It might help if you do it in writing as well.)

2 The -hoz, -hez and -höz (to) ending

Words taking the ending **-nál/-nél** in answer to the question **Hol?**, take the ending **-hoz/-hez/-höz** in answer to the question **Hova?**:

Este a **folyóhoz** mentünk.	*In the evening we went to*
	the river.
Először a **pékhez** mentem,	*First I went to the baker's and*
azután a **zöldségeshez**.	*then to the greengrocer's.*
Eszterhez mész? [↴]	*Are you going to Eszter's?*

The -hoz, -hez and -höz forms of the personal pronouns

Ki?	Kihez?	Kik?	Kikhez?
én	hozzám	mi	hozzánk
te	hozzád	ti	hozzátok
maga	magához	maguk	magukhoz
ön	önhöz	önök	önökhöz
ő	hozzá	ők	hozzájuk

Először **hozzánk** jöttök? [↴] *Are you coming to our place first?*

✱ Not only verbs, but also some expressions require the use of endings. Often there is no logical reason for which ending to use. You just have to learn them, e.g. (vki) férjhez megy vki**hez**: Ági egy **külföldihez ment férjhez**. *Ági married a foreigner.*

3 The -ról and -ről ending

This ending can also mean *about*:

| **Kiről** írt István? | *Who did István write about?* |
| **Miről** szólt a film? | *What was the film about?* |

4 The date

● In answer to the question **Hányadika van?** (*What's the date?*), ordinal numbers are used with the **-a/-e** ending, e.g. **január másodika** (*January 2*), **február harmadika** (*February 3*), **március negyedike** (*March 4*), etc.

Note the only irregular form: **elseje** (*the first of*).

When writing the date in numbers, a full stop is needed after the year and the day, e.g. **1993. március 24**.

The names of the months are often abbreviated: **jan.**, **feb.**, **márc.**, **ápr.**, **máj.**, **jún.**, **júl.**, **aug.**, **szept.**, **okt.**, **nov.**, **dec.**, e.g. **1993. márc. 24.**

Alternatively, they can be written in Roman numerals, e.g. **1993. III. 24.** (It is read out like this: **harmadik hó huszonnegyedike**.) The form **1993. 03. 24.** is also used.

Hungarian date order is the opposite of British English; first comes the year, followed by the month and then the day.

● In answer to the question **Hányadikán?** (*On which day of the month?*) the **-n** ending is used, e.g. **február negyedikén** (*on February 4*).

Note the absence of a full stop after days, e.g. **február 4-én, április 6-án**, etc. The only irregular form is **1-jén**.

5 Nem (*not*)

Nem comes directly before the word it negates. They are the focus of the sentence, so they are usually followed by the verb:

Nem vagyok balett-táncos.	*I'm **not** a ballet dancer.*
Nem balett-táncos vagyok, hanem operaénekes.	*I'm **not a ballet dancer**, but an opera singer.*
Nem mentünk Rómába.	*We **didn't** go to Rome.*
Nem Rómába mentünk, hanem Firenzébe.	*We didn't go to **Rome**, but to Florence.*

6 Soha (*never*) requiring a negative

The words **soha** (*never*), **senki** (*nobody*), **semmi** (*nothing*), **sehol** (*nowhere*), **sehova** (*to nowhere*), **sehonnan** (*from nowhere*) always require a negative expression like **nem** or **sem**. (Either of these can be used.)

Soha nem mondasz igazat!	*You never tell the truth.*
Senki sem érti Pétert.	*Nobody understands Péter.*
Semmit nem akarsz enni? [⌐]	*Don't you want to eat anything?*
Sehol sem kaptam téliszalámit.	*I couldn't get 'téliszalámi' anywhere.*
A hétvégén **sehova nem** mentünk.	*We didn't go anywhere at the weekend.*
Sehonnan sem kaptam levelet.	*I didn't get any letters from anywhere.*

Note that **senki** and **semmi** can take endings:

Senkivel sem találkoztál? [⌐]	*Didn't you meet anybody?*
Béla már **semmiben** sem hisz.	*Béla doesn't believe in anything any more.*

7 Lehet (*be possible, can be, may be*)

This word can be conjugated in Hungarian:

30 éves **lehetett**.	*He might've been 30 years old.*
Sajnos nem **lehettem** balett-táncos, mert sokáig beteg voltam.	*Unfortunately I couldn't become a ballet dancer because I was ill for a long time.*

8 Más (*other*)

This word can refer both to people and things. It can take a number of endings, or can be joined to other words. So it can mean a lot of things. Here are a few examples;

Köszönöm **mást** nem kérek.	*That's all, thank you.*
Sajnos most vasárnap nem tudunk jönni. Talán majd **máskor**.	*Unfortunately we can't come this Sunday. Perhaps another time.*
Próbáltál már **máshol** is szobát keresni? [⌐]	*Have you also tried looking for a room elsewhere?*
Mással nem akarok moziba menni, csak veled!	*I don't want to go to the cinema with someone else, only with you.*

—————————— **Gyakorlatok** ——————————

1 Klára Lehoczky spotted this advertisement in the paper:

> Energikus, fiatal titkárnőt
> keres egy budapesti
> nagyvállalat. Az angol
> nyelv ismerete előny.
> Jó kereseti lehetőség !
>
> Tel: 137–8429

energikus *energetic* **Az angol nyelv ismerete előny.** *Knowledge of English is an* *advantage.*	**jó kereseti lehetőség** *good* *salary prospects*

She liked it and decided to apply for the job. First she wrote her C.V.* Study it carefully and then supply her answers to the interviewer's questions.

1966. április 23-án születtem Szegeden. Itt jártam általános iskolába, majd gimnáziumba is. A gimnáziumban kezdtem angolul tanulni. 1986-ban Angliába, Oxfordba utaztam egy rövid nyelvtanfolyamra. 1987-ben Budapestre költöztem. Először a Duna utcai cipőgyárban dolgoztam a XIV. kerületben. Az igazgató mellett voltam titkárnő. Közben este nyelvtanfolyamon tanultam angolul. 1988-ban férjhez mentem. 1989-ben született a fiam, Márton, 1990-ben pedig a lányom, Anikó. A férjem újságíró és elég jól keres. Így én otthon maradtam a gyerekekkel. Folyékonyan beszélek angolul és tudok egy kicsit franciául is. Nagyon szeretnék ismét dolgozni.

kezd *start* (verb)	**a fiam** *my son*
nyelvtanfolyam (-ot) *language course*	**a lányom** *my daughter*
	folyékonyan *fluently*
gyár (-at) *factory*	**ismét** *again*
az igazgató mellett *for the manager* (Lit. *next to the manager*)	

*Note that a traditional Hungarian C.V. is much more personal and detailed than its equivalent in Britain.

(a) Először is néhány személyi adatot szeretnék tudni. Mikor és hol született?

(b) Értem. Itt járt iskolába is? [⌐]

(c) És mikor költözött a fővárosba?

(d) Hol dolgozott Pesten?

(e) Hol tanult angolul?

(f) Jelenleg miért nem dolgozik?

jelenleg *at present*	**főváros** (-t) *capital (city)*

2 Turn Klára Lehoczky's C.V. into a short biography. Write it all down in the 3rd person singular form, and then say it aloud. You will need the phrases: **a fia** (*her son*), **a lánya** (*her daughter*).

3 Write your own C.V. in Hungarian. Then read it aloud.

4 Over a glass of beer János is talking about his life to his new friend, Ervin. What is the correct past tense form of the verbs in brackets? Imagine that you are János and tell your story to Ervin.

Tudod, Ervin, nehéz az élet! A lányom a múlt szombaton (**megy**) _____ férjhez. Egyedül (**marad**) _____. A feleségem két évvel ezelőtt (**meghal**) _____. Nagyon (**szeret**) _____ szegényt. Még csak 47 éves volt. Akkor nagyon sokat (**iszik**) _____. Nem (**hisz**) _____, hogy még egyszer normális ember leszek. Csak otthon (**fekszik**) _____ vagy a kocsmába (**jár**) _____. Alig (**eszik**) _____. Szerencsére velem (**lakik**) _____ a lányom. Ő nagyon sokat (**segít**) _____: (**főz**) _____, (**mos**) _____, (**takarít**) _____ és (**küld**) _____ munkát keresni. Ugyanis tavaly munkanélküli (**lesz**) _____. Én nem (**akar**) _____ dolgozni. De a lányom (**talál**) _____ nekem egy jó állást. Fél évvel ezelőtt újra dolgozni (**kezd**) _____. De mi lesz most velem a lányom nélkül?

egyedül marad *be left on one's own*	**mos** *wash clothes*
	munkanélküli *unemployed*
még egyszer *once more, again*	**ugyanis** *for*
normális *normal*	

5 Which are the correct alternatives?

(a) A **mozinál/a mozihoz** találkozunk.
(b) A múlt pénteken **Andráshoz/Andrásnál** mentetek buliba? [⌣]
(c) Kati nem egy **amerikainál/amerikaihoz** ment férjhez? [⌣]
(d) Tavaly is a **Balatonnál/a Balatonhoz** mentél nyaralni? [⌣]
(e) **Nálad/Hozzád** a nyáron is jöttek gyerekek tanulni? [⌣]
(f) Dávid 1972-ben egy pécsi **nagyvállalatnál/nagyvál-lalathoz** dolgozott.

nyaral *be on summer holiday*

6 Sándor is looking back on his life. He has put the following dates and events in his diary. What dates are important in his life, and why? Write complete sentences using the information given below. Here is the first one:

(a) Ezerkilencszázötvenkilenc június hatodika azért fontos, mert akkor született Sándor.

Mikor?	**Mi történt?**
(a) 1959. jún. 6	születtem
(b) 1982. szept. 10.	dolgozni kezdtem
(c) 1987. dec. 19.	megnősültem
(d) 1990. szept. 20.	fiam született
(e) 1991. okt. 31.	lányom született
(f) 1992. aug. 1.	vezérigazgató lettem

vezérigazgató *managing director*	**...azért fontos, mert** *...is important because*

7 When were these famous Hungarians born? Write complete sentences.

(a) Balassi Bálint, költő (**1554. okt. 20.**)
(b) Arany János, költő (**1817. márc. 2.**)
(c) Petőfi Sándor, költő (**1823. jan. 1.**)
(d) Ady Endre, költő (**1877. nov. 22.**)
(e) Móricz Zsigmond, író (**1879. jún. 29.**)

---

költő *poet*   **író** *writer*

---

8   Play around with these two sentences. What can you negate, and where can you put **nem**? Write down all the possibilities.

(a) János bácsi friss húst vett ma a hentesnél.
(b) Peti három palacsintát evett tegnap ebédre.

9   Our lazy Jack still makes mistakes. Put **jó** after the sentences he got right, and **rossz** after the ones he got wrong and correct them.

(a) Még soha jártam Párizsban.
(b) Külföldön senki ismeri Balassi Bálintot.
(c) Jolán, miért mentél mással moziba?
(d) Muszáj volt a zöldségeshez menni, mert nem volt itthon paradicsom a pörkölthöz.
(e) János megnősült Eszterrel.

10 Answer these questions about yourself.

(a) Látott már fehér elefántot? [⌄◂]
(b) Jó iskolába járt? [⌄◂]
(c) Lehet még balett-táncos? [⌄◂]
(d) Evett már igazi gulyáslevest? [⌄◂]
(e) Mikor vett utoljára fürdőruhát vagy fürdőnadrágot?

---

utoljára *last time*   **fürdőnadrág** (-ot) *bathing trunks*

 ——————————— **Érti?** ———————————

This is a short biography of Count István Széchenyi (*pron.* szécsényi), who is known as '*the greatest Hungarian*'.

Gróf Széchenyi István: országépítő, politikus és író 1791. szeptember 21-én született Bécsben. A Széchenyi-család igen gazdag, híres magyar arisztokrata család volt. Széchenyi István édesapja, Széchényi Ferenc alapította a Nemzeti Múzeumot. 1809-ben a fiatal Széchenyi katonatiszt lett. Részt vett a lipcsei csatában Napóleon ellen, és 1814-ben ott volt a bécsi kongresszuson is. 1815-ben járt először Angliában. Később is sokat utazott. Járt Olaszországban, Törökországban, Görögországban, Franciaországban és Németországban is. De Anglia maradt a szerelme: igazi anglomán volt. Angliában sok mindent megfigyelt és tanult. Magyarország ekkor, a XIX. század elején igen elmaradott, feudális ország volt. Széchenyi modern, polgári társadalmat akart építeni; a semmiből próbált országot teremteni. „Sokan azt gondolják: Magyarország volt; én azt szeretem hinni: lesz!" – írta.

Széchenyi István nemcsak álmodott, tenni is tudott. Az országgyűlésen ő beszélt a latin helyett először magyarul. 1825-ben tudományos akadémiát alapított. Később lóversenyt szervezett, az angol klubok mintájára kaszinót alapított és egy angol mérnökkel, William Tierney Clarkkal hidat épített. A Lánchíd volt az első állandó híd Pest és Buda között. (Tierney Clark építette a londoni Hammersmith-hidat is!) Széchenyi szabályoz-

ta a Dunát és a Tiszát, a Balatonon ő indította el a gőzhajózást, vasutat épített, és közben néhány könyvet írt az ország átalakításáról. 1848-ban miniszter lett az első magyar kormányban.

A „legnagyobb magyar" igen gazdag életet élt. Rendkívül bonyolult és érdekes ember volt. 1860. április 7-én halt meg Döblingben.*

országépítő** (Lit.) *country builder*	**teremt** (vmit) *create* (sg)
igen *very*	**próbál** *try*
gazdag *rich*	**álmodik** *dream* (verb)
alapít *found* (e.g. *found a society*)	**tesz** *do, act* (verb)
katonatiszt (-et) *army officer*	**országgyűlés** (-t) *national assembly*
részt vesz (vmiben) *take part in* (sg)	**tudományos akadémia** *academy of sciences*
a lipcsei csata *the battle of Leipzig*	**lóverseny** (-t) *horse race*
Törökország (-ot) *Turkey*	**szervez** (vmit) *organise* (sg)
Görögország (-ot) *Greece*	**az angol klubok mintájára** *on the model of English clubs*
a szerelme *his love*	**állandó** *permanent*
angloman *Anglophile*	**szabályoz** (vmit) *regulate* (sg)
sok minden (-t) *a lot of things*	**Ő indította el a gőzhajózást.** *He started steamboat services.*
megfigyel *observe*	**vasút** (vasutat) *railway*
a XIX. század elején *at the beginning of the 19th century*	**az ország átalakítása** *the transformation of the country*
elmaradott *backward*	**kormány** (-t) *government*
polgári társadalom (társadalmat) *bourgeois society*	**rendkívül** *extremely*
épít (vmit) *build* (sg)	**bonyolult** *complicated*

*Döbling is a suburb of Vienna today.
**Note that this is not a word that you would find in a dictionary. Hungarian writers sometimes make up their own words, for example in newspaper articles and essays.

Igaz vagy nem igaz? Correct and re-write the false statements.

(a) Széchenyi István alapította a Nemzeti Múzeumot.
(b) Széchenyi sok országban járt, de Anglia maradt a szerelme.
(c) Magyarország a XIX. század elején elég fejlett ország volt.
(d) A legnagyobb magyar nemcsak álmodni, hanem tenni is tudott.
(e) Széchenyi 1860. szeptember 21-én halt meg Bécs mellett.

fejlett *developed*

15

KEDVES RITA!
Dear Rita,

In this unit you will learn how to

- write cards, formal and informal letters
- express congratulations and condolences

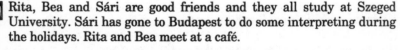

Párbeszéd

Rita, Bea and Sári are good friends and they all study at Szeged University. Sári has gone to Budapest to do some interpreting during the holidays. Rita and Bea meet at a café.

Bea   Régen írt már Sári. Mi lehet vele? Tudod, milyen. Vele mindig történik valami.

Rita   Éppen ma reggel kaptam tőle levelet. Várj csak, itt van!
(She pulls it out of her handbag and reads it out to Bea.)
„Kedves Rita!
„Ne haragudj, hogy olyan sokáig nem írtam. Nem felejtettelek el benneteket, de rengeteg minden történt velem. Képzeld, megismerkedtem egy érdekes angol fiúval."

Bea   Ez jól kezdődik! Kíváncsi vagyok, kivel találkozott megint... Emlékszel, amikor azt a skót szoknyás fiút bemutatta?

Rita És emlékszel az amerikai baseball-játékosra?
(*Both of them laugh.*)

Bea Folytasd! Mit ír?

Rita „Pár nappal ezelőtt egy kisvendéglőbe mentem ebédelni a József körúton. Elég késő volt, délután fél négy fele lehetett. Nem volt nagy választék: már csak csirke és pörkölt maradt. Egy másik asztalnál egy 22 év körüli fiú ült az ablak mellett. Gondoltam, hogy turista lehet, mert egy hátizsák feküdt mellette a földön. A fiú odahívta a pincért, és a csirkét kérte. A pincér nem értette. A fiú lassan, hangosan megismételte: csírr-ke. A pincér még mindig nem értette, mit akar. A fiú ekkor felugrott és elkezdett hadonászni a karjával, mint egy tyúk, amikor a szárnyát csapkodja és most már kiabálta: csírr-ke!!! A pincér ijedt arccal hátrált. Mindenki nevetett. „Azt hiszem, csirkét kér."– mondtam a pincérnek. „Á, csirke."– ismételte a pincér. „Most már értem!" "De hát én is ezt mondtam!"– mondta a fiú. Elmagyaráztam neki, hogy a kiejtése nem volt tökéletes.

Együtt ebédeltünk. Sok mindenről beszélgettünk. Képzeld, este 8-ig ott ültünk az étteremben! Alig várom a vasárnapot. A hét húszas vonattal érkezem. A többit majd szóban elmondom. Beát is üdvözlöm.

Sok puszi:
Sári"

(*Rita puts down the letter.*)

Bea Tudtam, hogy Sári nem fog Pesten unatkozni!

Szavak és kifejezések

Mi lehet vele? *What's happened to her?* (Lit. *What can be with her?*)	*sorry that...*
Tudod, milyen. *You know what she's like.*	**hangosan** *loudly, aloud*
levél (levelet) *letter*	**megismétel** (vmit) *repeat* (sg)
Várj csak! *Wait!*	**felugrik** *spring to one's feet*
Ne haragudj (*pron.* haraguggy),	**elkezd** *start* (verb)
hogy... (Lit. *Don't be angry*) *I'm*	**hadonászik a karjával** *fling one's arms about*
	kar (-t) *arm*

sokáig *for a long time*
elfelejt (vmit) (vkit) *forget* (sg) (sy)
Nem felejtettelek el benneteket.
I haven't forgotten you.
rengeteg minden (-t) *a lot of things*
skót szoknyás *in a Scottish kilt*
bemutat (vkit) (vkinek) *introduce*
(sy) *to* (sy)
Folytasd! *Go on!*
választék (-ot) *choice, selection*
egy másik (-at) *another*
22 év körüli fiú *a young man of*
about 22
hátizsák (-ot) *rucksack*
mellette *next to him, near him*
lassan *slowly*
a szárnyát csapkodja *is flapping*
its wings
szárny (-at) *wing*

ijedt (*pron.* ijett) *scared*
arc (-ot) *face*
hátrál *back* (verb)
elmagyaráz (vkinek) (vmit) *explain*
(sg) *to* (sy)
a kiejtése *his pronunciation*
tökéletes *perfect*
együtt *together*
beszélget (vkivel) (vmiről) (vkiről)
talk to (sy) *about* (sg) (sy)
este 8-ig (*pron.* nyolcig)
until 8 o'clock in the evening
a többi *the rest*
szó *word*
unatkozik *be bored*

Kérdések

1 Igaz vagy nem igaz? Correct and re-write the false statements.

(a) Rita ma reggel kapott Sáritól levelet.
(b) Sári nemrég írt.
(c) A vendéglő kicsi volt és ezért a választék sem volt nagy.
(d) A pincér nem értette a fiút, mert külföldi turista volt, és akcentussal beszélt magyarul.
(e) Sári segített a fiúnak.

nemrég *not long ago*	**akcentus** (-t) *accent*

2 Feleljen a kérdésekre!

(a) Miért nem írt Sári sokáig?
(b) Honnan tudta Sári, hogy a fiú turista?
(c) Miért nem értette a pincér a fiút?
(d) Meddig ült Sári a fiúval az étteremben?
(e) Melyik vonattal érkezik Sári Budapestről Szegedre?

Honnan tudta ...? *How did she know...?*	**Meddig?** *How long?*

— Magyarország és a magyarok —

Writing letters

How you address people in a letter, and how you end it depends on whether the letter is formal or informal. Here are the most common examples:

Informal letters

Addressing people

Kedves Kati!	*Dear Kati,*
Drága Anyu!	*Dear/Darling Mum,* (This is for people who are very close)
Szia Gyuri!	*Hello, Gyuri,* (This is often preferred by young people)

Closing lines

Szeretettel:	*With love,*
Sok szeretettel:	*With much love,*
Üdvözlettel:	(Lit.) *with regards,* equivalent to *Regards,*
Üdv.:	*short for Üdvözlettel*
Minden jót!	*All the best!*
Szia!	*Bye!* (This is often used by young people)
Puszi:	(Lit.) *a kiss*
Sok puszi:	(Lit.) *lots of kisses*
Csókollak:	(Lit.) *I kiss you*

These last three expressions are usually used by women when writing to close friends or relatives. Men can also use them when writing to female friends or relatives, but never to other men!

Formal letters

Addressing people
Here the word **tisztelt** (Lit.) *respected* is used.

Tisztelt Igazgató Úr!	(Lit.) *Respected Mr Director,* (Use this form if you know the person's title)
Tisztelt Uram!	*Dear Sir,*
Tisztelt Asszonyom!	*Dear Madam,*

Tisztelt Nagy Úr!	*Dear Mr Nagy,*
Tisztelt Nagy József!	*Dear József Nagy,*
Tisztelt Kovács Júlia!	*Dear Júlia Kovács,*
Tisztelt Nagy Józsefné!	*Dear Mrs József Nagy,*

Closing lines:

Tisztelettel:	(Lit.) *with respect*, equivalent to *Yours sincerely* or *Yours faithfully*.

When signing, use your full name.

The format for letters in Hungarian is shown in Sári's letter in the **Dialogue**.

- When addressing people, all words begin with a capital letter, followed by an exclamation mark. Write it in the middle of the page.

- Write the closing line on the right hand side, followed by a colon and your signature underneath.

- The date can be written in the top right hand corner, or after the closing line on the left hand side. Usually it is preceded by the name of the place where the letter was written from, and is followed by a comma, e.g. **Budapest, 1992. december 7**. (Budapest is often shortened to Bp.)

- In letters, to show respect, some people like to spell the personal pronouns **te**, **ti**, **maga**, **ön**, **maguk** and **önök** with a capital letter.

- The address of the **feladó** (*sender*) is written on the envelope either in the top left hand corner or on the back, but not on the letter itself.

Writing cards

People send each other a **karácsonyi lap** (*Christmas card*) saying **Kellemes karácsonyi ünnepeket és boldog új évet kívánok!** (Lit.) *I wish pleasant Xmas holidays and a happy New Year.* **Boldog új évet kívánok!** is often shortened to **B.Ú.É.K.** (read out in one word: buék). It is customary to send a **húsvéti lap** (*Easter card*) as well saying **Kellemes húsvéti ünnepeket kívánok!** (Lit.) *I wish pleasant Easter holidays.*

It is not a tradition in Hungary to send people humorous birthday cards. On birthday and nameday cards people express what they wish for others, e.g. **Boldog születésnapot kívánok!** (Lit.) *I wish a happy birthday.* On occasions such as a wedding, the birth of a baby or when someone dies, people might send a **dísztávirat**. This is a card-like telegram with a picture on the front. The phrases used on these occasions might be:

Gratulálok!	*Congratulations!*
Sok boldogságot kívánok!	*I wish lots of happiness!*
Őszinte részvétem.	*My heartfelt condolences.*

Megismerkedik, találkozik (vkivel): both these mean *meet somebody*. **Megismerkedik** is used when meeting someone for the first time:

A vonaton **megismerkedtem** egy furcsa lánnyal.	*On the train I met a strange girl.*

Találkozik means meet or bump into somebody you already know:

A pályaudvar előtt **találkoztunk.**	*We met outside the railway station.*
Képzeld, tegnap **találkoztam** Ferivel!	*Just imagine, yesterday I met Feri.*

Fiú (*boy*): this word can be used in Hungarian for a young man in his twenties, e.g. Egy **22 év körüli fiú** ült az ablak mellett. *A young man of about 22 was sitting near the window.*

Vár: this word can mean:

(a) *wait for somebody or something*, e.g. Mit csinálsz itt? *What are you doing here?* **Marit várom.** *I'm waiting for Mari.*

(b) *expect somebody or something*, e.g. **Levelet vársz?** [⌐] *Are you expecting a letter?*

(c) *look forward to something*, e.g. Már nagyon **várom a nyarat.** *I'm very much looking forward to the summer.*

Nyelvtan

1 The past tense: definite conjugation

Back vowel verbs

	Group (a)	Group (b)	Group (c)
(én)	tanítottam	vártam	adtam
(te)	tanítottad	vártad	adtad
(maga/ön/ő)	tanította	várta	adta
(mi)	tanítottuk	vártuk	adtuk
(ti)	tanítottátok	vártátok	adtátok
(maguk/önök/ők)	tanították	várták	adták

Front vowel verbs

	Group (a)	Group (b)	Group (c)
(én)	kötöttem	kértem	néztem
(te)	kötötted	kérted	nézted
(maga/ön/ő)	kötötte	kérte	nézte
(mi)	kötöttük	kértük	néztük
(ti)	kötöttétek	kértétek	néztétek
(maguk/önök/ők)	kötötték	kérték	nézték

The first person singular definite and indefinite personal endings are identical in the past tense (see page 205 for indefinite personal endings in the past tense).

Note the **-alak/-elek** form:

Tegnap sokáig **vártalak**.   *Yesterday I was waiting for you for a long time.*

Nem **felejtettelek** el benneteket. *I didn't forget you.*

The following verbs are irregular:

Verb	Full definite conjugation in the past tense					
eszik	ettem	etted	ette	ettük	ettétek	ették
iszik	ittam	ittad	itta	ittuk	ittátok	itták
tesz	tettem	tetted	tette	tettük	tettétek	tették
vesz	vettem	vetted	vette	vettük	vettétek	vették
hisz	hittem	hitted	hitte	hittük	hittétek	hitték
visz	vittem	vitted	vitte	vittük	vittétek	vitték

- In Hungarian a sentence might start in the past tense and continue in the present or future:

Azt **hittem**, hogy **szereted** a csirkét. — *I thought you liked chicken.*

Tudtam, hogy nem **fogsz** unatkozni. — *I knew you wouldn't be bored.*

The past tense in the second half of the sentence is only necessary if the action or event expressed there happened before the one expressed in the first half of the sentence:

A pincér nem **értette**, hogy mit **akar** a fiú. — *The waiter didn't understand what the young man wanted.*

A pincér nem **értette**, hogy mit **akart** a fiú. — *The waiter didn't understand what the young man had wanted.*

2 The -tól and -től (from) ending

Words taking the ending **-nál/-nél** in answer to the question **Hol?**, and the ending **-hoz/-hez/-höz** in answer to the question **Hova?**, take the **-tól/-től** ending in answer to the question **Honnan?**

Hol? (Where?)	Hová? (Where to?)	Honnan? (Where from?)
folyó**nál**	folyó**hoz**	folyó**tól**
pék**nél**	pék**hez**	pék**től**
Ági**nál**	Ági**hoz**	Ági**tól**

Anna a **zöldségestől** a pékhez ment. — *Anna went to the baker's from the greengrocer's.*

Az utolsó **háztól** lehet látni a folyót. — *One can see the river from the last house.*

Mártától jössz? [⌐]   *Are you coming from Márta's?*

The -tól/-től forms of the personal pronouns

Ki?	Kitől?	Kik?	Kiktől?
én	tőlem	mi	tőlünk
te	tőled	ti	tőletek
maga	magától	maguk	maguktól
ön	öntől	önök	önöktől
ő	tőle	ők	tőlük

Tőlünk egyenesen a sörözőbe mentek? [⌐]   *Are you going from here straight to the pub?*

3   -ig (*to, as far as, up to, till, until*)

● This ending has only one form. It is used in expressions of place and time. In both cases it is often used together with the **-tól/-től** ending:

Meddig jöttök?   *How far are you coming?*
Egészen a **kapuig**.   *Right up to the gate.*
Londontól Budapestig két óra   *The flight from London to*
az út.   *Budapest takes two hours.*
Mettől meddig maradtatok   *How long did you stay at*
náluk?   *their place?*
Reggel héttől este hétig   *I worked from 7 in the morning*
dolgoztam.   *till 7 in the evening.*

Note the irregular form **estig**, e.g. Reggeltől **estig** szólt a magnó. *The tape recorder was on from morning till night.*

● The **-ig** ending can also express a duration of time. Here it means *for* in English, e.g. **Három évig** nem láttuk Tóni bácsit. *We didn't see Tóni bácsi for three years.*

4   The endings taken by ez and az

When a noun after **ez a/ez az, az a/az az** takes an ending, **ez** and **az** also have to take the same ending. Here is a list of the endings learnt so far, as combined with **ez** and **az**.

ending	ez + ending	az + ending
-t	**ezt** (*pron.* eszt)	**azt** (*pron.* aszt)
-ba/-be	ebbe	abba
-ban/-ben	ebben	abban
-ból/-ből	ebből	abból
-n	**ezen**	**azon**
-ra/-re	erre	arra
-ról/-ről	erről	arról
-nál/-nél	ennél	annál
-hoz/-hez/-höz	ehhez	ahhoz
-tól/-től	ettől	attól
-val/-vel	**ezzel***	**azzal***
-nak/-nek	ennek	annak
-ig	**eddig**	**addig**

*The forms **evvel** and **avval** can also be heard.

Note that with the four exceptions highlighted the **-z** in **ez** and **az** changes to the first consonant of the ending. Here are some examples:

Ezt a kabátot vettem tegnap.   *This is the coat I bought yesterday.*

Abba az iskolába jártál? [↝]   *Did you go to that school?*

Régen **ebben a házban** laktunk.   *A long time ago we lived in this house.*

Erre a székre nem lehet ülni.   *One can't sit on this chair.*

Arról a filmről sokat hallottam.   *I heard a lot about that film.*

Ebből a fiókból vetted ki a ceruzát? [↝]   *Did you take the pencil out of this drawer?*

Ehhez a pékhez jártunk.   *We used to go to this baker's.*

Note that **ez** and **az** can also take endings on their own.

Melyik szekrényben van a piros pulóverem?   *In which wardrobe is my red pullover?*

Ebben.   *In this one.*

Melyik blúzt kéri, asszonyom?   *Which blouse do you want, madam?*

Azt.   *That one.*

Note that '*one*' has no Hungarian equivalent in sentences of this type.

5 Time expressions

Unlike in English, time expressions in Hungarian go from the general to the particular:

Délután négy óra fele lehetett.   *It was about 4 o'clock in the afternoon.*

Vasárnap este 11-kor érkeztünk a Balatonhoz.   *We arrived at Lake Balaton at 11 o'clock on Sunday evening.*

6 Üdvözöl (vkit): *give (sy) one's regards*

This is an irregular verb. In the present tense the final vowel is sometimes dropped. Here is its conjugation in full:

	Indefinite conjugation	Definite conjugation
(én)	**üdvözlök**	**üdvözlöm**
(te)	üdvözölsz	**üdvözlöd**
(maga/ön/ő)	üdvözöl	**üdvözli**
(mi)	**üdvözlünk**	üdvözöljük
(ti)	üdvözöltök	**üdvözlitek**
(maguk/önök/ők)	üdvözölnek	**üdvözlik**

Üdvözlöm Pétert.   *Give my regards to Péter.*
Üdvözöllek.   *Regards.*

☑ ———— Gyakorlatok ————

1 The young man whom Sári met in Budapest has met a Hungarian friend of his and has told him of the incident. Write in the correct past tense form of the verbs listed below. Then imagine that you are the young man and tell his story aloud.

ért	lát	mond	néz
történik	ért	jár	talál
tetszik	kér	megismétel	lehet
segít		megismerkedik	

Képzeld, mi (*a*) _____ velem! (*b*) _____ egy csinos magyar lánnyal. A múlt csütörtökön délelőtt a budai Várban (*c*) _____.
(*d*) _____ a Nemzeti Galériát, a Mátyás-templomot, a

Halászbástyát. Minden nagyon (e) _____. Már 4 fele (f) _____, amikor a József körúton (g) _____ egy kis éttermet. Csirkét (h) _____. A pincér elég buta volt, nem (i) _____. Többször is (j) _____ neki: csirke. De csak (k) _____. Végül egy lány (l) _____. Őt (m) _____ a pincér, pedig ő is ugyanazt (n) _____, mint én. A magyarok nehezen értik a külföldieket!

buta	*stupid, dumb*	**nehezen**	*with difficulty*
többször (*pron.* töpször)	*several times*	**külföldiek**	*foreigners*

2 In 1991, István wrote this card to his friend John to let him know when he would be arriving in London.

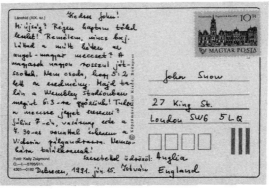

5:2 is spoken 'öt kettő'. In 1953, the famous Hungarian '*golden team*' was the first to beat England at Wembley. The score was 6–3.

játszik (*pron.* jáccik)	*play* (verb)	**stadion** (-t)	*stadium*
Nem csoda, hogy ...	*No wonder that ...*	**győz**	*win*
eredmény (-t)	*score* (noun)	**jegyet szerez** (vmire)	*get, obtain a ticket/tickets for* (sg)

The following year John visited István in Debrecen. Write his card to István using the information given below:

John wrote a letter to István a month ago, but he hasn't yet received an answer. He hopes that nothing is wrong. He tells István that he will be arriving in Debrecen on the 6.45 train on

Saturday, August 5. He is really looking forward to August. His card is dated 16 July 1992.

3 Károly Pozsonyi is lonely. He placed this advertisement in the paper.

> ## FELESÉGET KERES
>
> Idős, viszonylag egészséges
> nyugdíjas vagyok. Fiatalos,
> nyugdíjas partnert keresek,
> aki szeret főzni és aki belvárosi
> lakásomban szivesen velem
> ebédel. Biztosan nem bánja meg!

idős old, elderly	**partner** (-t) partner
viszonylag relatively	**lakásomban** in my flat
egészséges (pron. egésséges)	**Nem bánja meg**. You won't
healthy	regret it. (sing.form.)
fiatalos youthful	

Gizike Somlai saw his advertisement and wrote him a letter. Give the right forms of the verbs in brackets. Then say her letter aloud.

Kedves Uram!

Somlai Gizella vagyok, ebben az évben (**megy**) _____ nyugdíjba. Egy nagyvállalatnál voltam 25 évig titkárnő. Most egyedül (**él**) _____ a kutyámmal. Özvegy vagyok, a férjem három évvel ezelőtt (**meghal**) _____. Öntől nem messze (**lakik**) _____ a VI. kerületben. De régen én is a Belvárosban (**lakik**) _____ a Galamb utcában. Egész életemben sokat (**sportol**) _____ és (**teniszezik**) _____. Ezért ma is fiatalos, egészséges vagyok. Most pedig minden nap (**sétál**) _____ a kutyámmal a parkban. Mindig is (**szeret**) _____ főzni, a paprikás csirke a kedvencem.

És maga? Csak enni (**szeret**) _____? Én (**csodál**) _____ azt a férfit, aki főzni is tud!

(**Vár**) _____ válaszát!

Tisztelettel:
Somlai Gizella

Bp., 1992. nov. 9.

a kutyámmal *with my dog*	**mindig is** *always*
özvegy (-et) *widow*	**a kedvencem** *my favourite*
galamb (-ot) *pigeon*	**csodál** (vkit) *admire* (sy)
egész életemben *all my life*	**válaszát** *your answer* (sing.form.)

4 Which are the correct alternatives?

(a) (i)   **Tőletek/Nálatok** a borozóba mentünk.
(ii) **Kitől/Kihez** kaptad a levelet?
(iii) Ágit is **üdvözlöm/üdvözlök**.
(iv) A **mozitól/mozihoz** egészen hazáig gyalog mentünk.
(v)   János minden nap 5-**tól/-től** 6-ig a kertben dolgozott.

(b) (i)   Nem téged **kérdeztelek/kérdeztem**!
(ii) **Láttátok/Láttatok** azt a sárga kocsit?
(iii) Pistit minden reggel óvodába **vitték/vittek** a szülei.
(iv) Pár héttel ezelőtt még nem **tudtunk/tudtuk**, ki volt Széchenyi István.
(v)   Hogy **hívták/hívtak** az édesapád?

hazáig *to one's home*	**az édesapád** *your father*
óvoda *nursery school*	

5 You are in Budapest for a holiday and you have a free evening. Your Hungarian friend has given you a **Pesti Műsor*** and has encircled for you the four events overleaf. Study them and then answer the questions that follow.

vége *it finishes*	**f8** (is short for fél nyolc)
du. (is short for délután)	**művelődési központ** (-ot)
kb. (*pron.* kábé) (is short for	*cultural centre*
körülbelül) *approximately*	**együttes** (-t) *band*
Mária evangéliuma *the gospel*	**jegypénztárnyitás** (Lit. *the box*
according to Mary	*office opening*) *the box office*
rész (-t) *part*	*opens*
szín. (is short for színes) *colour*	
(adj.)	

***Pesti Műsor** (Lit. *Pest Programme*) is the weekly entertainment guide of Budapest.

(*a*) Hánytól hányig van nyitva az Éden discó (*pron.* diszkó) bár?
(*b*) Mettől meddig tart a Rock (*pron.* rok) Színházban az új magyar rockopera?
(*c*) Hánykor kezdődik a „Rosalie vásárolni megy" című színes német film a Toldi Stúdió moziban?
(*d*) Mettől meddig tart a görög táncház?

Mettől meddig tart...?	*How long is...?*	**... című film**	*a film called ...*

6 Supply the correct endings, making the necessary changes.

(a) A régi fekete-fehér tv-t (**ez az**) ———— asztalra tettük.

(b) Már megint (**az a**) ———— rossz gyerekkel játszol?

(c) (**Ez a**) ———— városban sok uszoda, fürdő és strand van.

(d) Nem akartam (**az a**) ———— trafikba menni, mert a trafikos mindig mérges.

(e) (**Ez a**) ———— héten még nem volt időm újságot olvasni.

(f) Én is (**az a**) ———— hónapban születtem.

(g) (**Ez a**) ———— férfiról beszéltél?

(h) (**Az a**) ———— zöldségesnél kaptam a múltkor rohadt almát.

Nem volt időm. *I didn't have time.*   **rohadt** (*pron.* rohatt)   *rotten*

---

7 Answer these questions about yourself.

(a) Kitől kapott utoljára levelet vagy képeslapot?

(b) Mit szeret jobban: levelet írni vagy kapni?

(c) Tökéletes a kiejtése vagy akcentussal beszél magyarul?

(d) Várja a karácsonyt? [◡]

(e) Mettől meddig dolgozik?

(f) Írt már húsvéti lapot valakinek? [◡] Ha igen, kinek és mikor?

(g) Volt már nyaralni ebben az évben? [◡] Ha igen, mikor?

16

NAGYON JÓL ÉREZTEM MAGAM

I had a very good time

In this unit you will learn how to

- talk about past and present habits and some holiday activities
- express regret

 ——————— **Párbeszéd** ———————

 Edit has just come back from Lake Balaton, where she was looking after children in a summer camp. She is talking to her brother András about it.

András De szép barna vagy! Úgy látszik, jó idő volt.

Edit Igen, végig nagyon jó idő volt, igazi kánikula. Sokat fürödtünk, napoztunk. Igaz, sokat kellett dolgozni: reggel 8-tól délután 4-ig voltam szolgálatban. Elég fárasztó 11–14 éves gyerekekre vigyázni, programokat szervezni nekik. De 4-től szabad voltam. Nagyon jól éreztem magam.

András	És milyenek voltak a többiek?
Edit	Elég szimpatikusak.
András	És mit tudtatok este csinálni? Hova jártatok szórakozni?
Edit	Eleinte a discóba, de azt hamar meguntuk. Fonyódon van egy kertmozi, ott többször is voltunk. Minden este más film ment. Viszonylag jó filmeket játszottak. A hétvégeken vagy a szabadnapokon sokféle program volt: koncertek, kiállítások. Egyszer hajókirándulásra mentünk a gyerekekkel. Kár, hogy nem voltál ott! Lehetett vitorlázni, csónakázni, szörfözni.
András	Tudod, hogy engem nem érdekelnek a gyerekek, főleg nem a Balatonnál!
Edit	Lusta vagy András, az a baj!
András	Én? Lusta? Ki szokta a kutyát minden nap kétszer levinni sétálni? Talán te? A Balaton már különben sem a régi: túl nagy a tömeg. És az árak! Azokról jobb nem is beszélni! Már a lángos is egy vagyonba kerül. Emlékszel, amikor gyerekek voltunk? Hogy imádtunk ott lenni! Egész nap a vízben játszottunk. Soha nem unatkoztunk. És a főtt kolbász, a sült hal, a sok finom palacsinta ...

Szavak és kifejezések

szép barna *nice and brown*	**kiállítás** (-t) *exhibition*
úgy látszik (*pron.* láccik) *it seems*	**kirándulás** (-t) *outing, trip*
végig (Lit.) *to the end*	**Kár, hogy...** *It's a pity that...*
sokat dolgozik *work hard*	**vitorlázik** *sail* (verb)
(Lit. *work a lot*)	**csónakázik** *go boating*
szolgálatban van *is on duty*	**főleg** *especially*
fárasztó *tiring*	**lusta** *lazy*
vigyáz (vkire) *look after* (sy)	**levisz** (vkit) (vmit) **sétálni** *take* (sy)
szervez (vmit) *organise* (sg)	(sg) *down for a walk*
a többiek (-et) *the others*	**Azokról jobb nem is beszélni.** *It's*
szimpatikus *likeable*	*better not even to talk about those.*
szórakozni jár *go out*	**lángos** (-t) *fried dough*
eleinte *at first*	**vagyon** (-t) *fortune*
megun (vmit) (vkit) *get bored*	**unatkozik** *be bored*
with (sg) (sy)	**A sok finom palacsinta...** *All*
kertmozi *open-air cinema*	*those delicious pancakes...*
(Lit. *garden cinema*)	(Lit. *the many delicious pancakes...*)

Kérdések

1 Igaz vagy nem igaz? Correct and re-write the false statements.

(a) Edit szerint fárasztó 8-tól 4-ig dolgozni.
(b) Edit minden este a discóba járt szórakozni.
(c) Edit többször is volt a fonyódi kertmoziban, mert jó filmeket játszottak.
(d) A Balatonnál lehet vitorlázni és csónakázni.
(e) Amikor gyerekek voltak, András és Edit imádtak a Balatonnál nyaralni.

2 Feleljen a kérdésekre!

(a) Mitől szép barna Edit?
(b) Milyen programok voltak a hétvégeken?
(c) Miért nem ment András Edittel a Balatonhoz?
(d) Mit csinál András minden nap kétszer?
(e) Milyen finom ételeket lehet a Balatonnál kapni?

—— **Magyarország és a magyarok** ——

Balaton

A magyar tenger (the *Hungarian Sea*), as Balaton is also called, is the biggest lake in Central Europe. Being only an hour's drive from Budapest, it is the country's main holiday resort. Its water has a special, soft quality and its colour is green-silver. Balaton is a shallow lake, and its water is very warm, therefore the holiday season around it starts in late spring and goes on until early autumn. There are more resorts on the sandy, shallower southern shore.

The towns around Lake Balaton have a lot to offer for those who are interested in museums and cultural events. The lake is famous for its sudden, unexpected storms. So watch out for the red rocket signals! When you see them, leave the water straight away. In the winter the lake is frozen over and it is used for winter sports, like skating and tobogganing. There is a variety of fish in Balaton. The most famous one is **fogas** (*pikeperch*), which is exclusive to the lake.

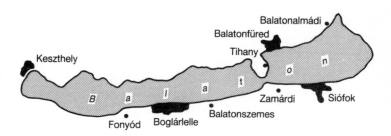

Kell has two meanings:

(a) It means *is needed, is necessary* when used with nouns:

Mi kell még? *What else is needed?*
Kell egy kiló **krumpli** is. *We also need a kilogram of potatoes.*

Note that the dative ending is used when stating who needs something, e.g. **Pistának** új cipő kell. *Pista needs new shoes.*

(b) When used with the infinitive it means *have to, must.* This is an impersonal form and usually means *one has to/must*, e.g. Hétfőn sokat **kellett dolgozni**. *One/we had to work hard on Monday.*

Főtt, sült: the word **főtt** (*boiled, cooked*) is used with food that has to be boiled, e.g. **főtt étel** (*cooked food*), **főtt kolbász** (*boiled sausage*). The verb to use here is **főz** (*cook*), e.g. Mit **főztél** ebédre? *What have you cooked for lunch?* The word **sült** (*fried, baked*) means baked in the oven or fried in oil or cooking fat, e.g. **sült kolbász** (*fried sausage*), **sült krumpli** (*fried potatoes*). The verb to use here is **süt** (*fry, bake*) e.g. A születésnapodra tortát **sütöttem**. *I baked a cake for your birthday.*

———————— **Nyelvtan** ————————

1 Szokott – *to express habitual actions*

This verb is conjugated only in the past tense, but it is mainly used to express present habits. It is followed by the infinitive. Here is its conjugation in full:

	Indefinite conjugation	Definite conjugation
(én)	szoktam	szoktam
(te)	szoktál	szoktad
(maga/ön/ő)	szokott	szokta
(mi)	szoktunk	szoktuk
(ti)	szoktatok	szoktátok
(maguk/önök/ők)	szoktak	szokták

Ebben a közértben **szoktunk vásárolni.**
We do our shopping in this supermarket.

A cukrot ide **szoktam tenni.**
I usually put the sugar here.

To express a past habit, use **szokott** with a time expression, e.g.

Régen itt **szoktam** vásárolni.   *I used to shop here.*

2 The plural of nouns

● The plural of nouns is formed with the **-k** ending.

Just add the **-k** to words ending in a vowel. (As usual, before it the **a** changes to **á**, and the **e** to **é**.)

Ki?	Kik?	Mi?	Mik?
nő	nők	autó	autók
anya	anyák	lecke	leckék

Nouns ending in a consonant take the same linking vowel before the plural ending as before the object ending.

Ki?/Mi?	Kit?/Mit?	Kik?/Mik?
étlap	étlapot	étlapok
ház	házat	házak
gyerek	gyereket	gyerekek
gyümölcs	gyümölcsöt	gyümölcsök

The same irregularities also occur before the plural, as before the object ending, e.g.

étterem	éttermet	éttermek	**tó**	tavat	tavak
híd	hidat	hidak	**levél**	levelet	levelek

Words which do not need a linking vowel before the object ending, need one before the plural ending. (When choosing the linking vowel, apply vowel harmony.)

Ki?/Mi?	Kit?/Mit?	Kik?/Mik?
asztal	asztalt	asztalok
ember	embert	emberek
sör	sört	sörök

Note that the plural for **férfi** is **férfiak** and for **szó** it is **szavak**, e.g. A **férfiak** otthon maradtak. *The men stayed at home.*

● In Hungarian, nouns are not always singular or plural when they are in English.

With numbers and words expressing quantity like **sok**, **kevés**, **pár**, etc. always use the singular:

Két körtefa van a kertben.   *There are two pear trees in the garden.*

Kevés ember olvas irodalmat.   *Few people read literature.*

Names of fruits are always singular in Hungarian, e.g. Szereted a **narancsot**? [⌣] *Do you like oranges?*

Use the singular when talking about something in connection with several people, e.g. **Kevesen** vesznek nyugati **autót** Magyarországon. *Few people buy western cars in Hungary.* If you used the plural here (**Kevesen** vesznek nyugati **autókat** Magyarországon.), that would imply that each person buys more than one car.

Similarly, Anyu karácsonyra **pulóvert** kötött nekünk. *Mum knitted pullovers for us for Christmas.* (i.e. one pullover each) and Anyu karácsonyra **pulóvereket** kötött nekünk (i.e. two or more pullovers each).

• Note that the definite article is required before indefinite plural nouns in Hungarian:

A gyerekek nem tudnak sokáig   *Children can't concentrate*
koncentrálni.   *for long.*
Jóska nem szereti **az állatokat**. *Jóska doesn't like animals.*

3 The plural of adjectives

• Just add the **-k** ending to most adjectives ending in a vowel. (As usual, the **a** changes to **á**, and the **e** to **é** before it.)

However, back vowel adjectives ending in **ú** or **i** take an **a**, and front vowel adjectives ending in **ű** or **i** take an **e** linking vowel before the plural ending.

Milyen?	Milyenek?
jó	jók
buta	buták
fekete	feketék

Milyen?	Milyenek?
lassú	lassúak
igazi	igaziak
gyönyörű	gyönyörűek
eredeti	eredetiek

Note that the plural of **kicsi** is **kicsik**.

Back vowel adjectives ending in a consonant take the linking vowel **a** before the plural ending.

Milyen?	Milyenek?
piros	pirosak

Note that a few back vowel adjectives take the **o** linking vowel. Here is a list of some:

boldog – boldog**ok**	fiatal – fiatal**ok**	gazdag – gazdag**ok**
nagy – nagy**ok**	olyan – olyan**ok**	

Names of nationalities are also in this group, e.g. **angol – angolok**.

Front vowel adjectives ending in a consonant, almost without exception, take the **e** linking vowel.

Milyen?	Milyenek?
kedves	kedves**ek**
zöld	zöld**ek**

Note that the plural of **nehéz** is **nehezek**, and that of **kevés** is **kevesek**.

● Adjectives only take the plural ending if they do not precede a noun i.e. they are used on their own:

Ezek **drága cipők.** — *These are expensive shoes.*
Ezek a cipők **drágák.** — *These shoes are expensive.*

● To say *the old, the young, the English*, etc. in Hungarian, use the plural form of the adjective: **az öregek, a fiatalok, az angolok**:

Az öregek gyakran türelmetlenek. — *The old are often impatient.*
A mai **fiatalok** túl sokat nézik a televíziót. — *The young today watch too much television.*

Note the difference in meaning between these two questions:

Milyen programok voltak? — *What programmes were on?*
Milyenek voltak a programok? — *What were the programmes like?*

4 Ezek (*these*), azok (*those*)

These forms are used with plural nouns:

Ezek a lányok elég csinosak. — *These girls are quite pretty.*
Ezek az ablakok piszkosak. — *These windows are dirty.*
Azok a férfiak nagyon jóképűek. — *Those men are very handsome.*
Azok az asztalok a másik szobában szoktak lenni. — *Those tables are normally in the other room.*

From now onwards you will find in brackets the plural form of words ending in a consonant whenever they occur, as well as in the **Hungarian–English vocabulary** at the end of the book.

5 Plural forms followed by other endings

The plural forms of words can be followed by almost all the endings learnt so far. Here is an example for each:

Ending	Front vowel words	Back vowel words
-t	kerteket	házakat
-ba/-be	kertekbe	házakba
-ban/-ben	kertekben	házakban
-ból/-ből	kertekből	házakból
-ra/-re	székekre	asztalokra
-n	székeken	asztalokon
-ról/-ről	székekről	asztalokról
-hoz/-hez/-höz	gyerekekhez	lányokhoz
-nál/-nél	gyerekeknél	lányoknál
-tól/-től	gyerekektől	lányoktól
-val/-vel	gyerekekkel	lányokkal
-nak/-nek	gyerekeknek	lányoknak
-ig	kertekig	házakig

Miért nem szeretsz **gyerekekre** vigyázni?	*Why don't you like looking after children?*
Ezekről a filmekről nem érdemes beszélni.	*It's not worth talking about these films.*
Sajnos **nevekre** sohasem emlékszem.	*Unfortunately I never remember names.*

Note that after plural back vowel words, the linking vowel is always **a**, and after plural front vowel words it is always **e** before the object ending, e.g. asztalokat, gyümölcsöket, etc.

6 The -szor, -szer and -ször (times) ending

This ending is added straight to the word stem. (Apply vowel harmony, when choosing the right form.) It is used with three groups of words:

(a) after cardinal numbers;

Hányszor? *How many times?*

egyszer, kétszer, háromszor, négyszer, ötször, etc.

In pronunciation the **t** and **sz** change to **cc**, e.g. **két**sz**er** (*pron.* **kéccer**) and the **gy** to **ty** before the **sz**, e.g. **egy**sz**er** (*pron.* **etyszer**).

Note the expressions **egyszer egy héten**, or **egy héten egyszer** (*once a week*), **kétszer egy hónapban**, or **egy hónapban kétszer** (*twice a month*), etc. E.g. **Egyszer egy héten** szoktam járni úszni. *I go swimming once a week.*

(*b*) after ordinal numbers without **-ik**;

Hányadszor? *How many times?*

először, másodszor, harmadszor, negyedszer, ötödször etc.

In pronunciation the **d** and **sz** change to **cc**, e.g. **máso**dsz**or** (*pron.* **másoccor**).

Note the only exception: **először** for the first time.

Most vagyok **először** Magyarországon. *This is the first time I've been to Hungary.*

(*c*) after certain words:

Here are some very common examples;

---

néhányszor *a few times*
párszor *a couple of times*
sokszor *a lot of times*

számtalanszor *countless times*
többször *several times*

Ezt már **sokszor** hallottam. *I've heard this many times before.*

7 The -féle and -fajta (*sorts of, kinds of*) endings

These can be used interchangeably after numbers and certain words, e.g. **kétféle** (*two kinds of*), **többféle** (*several kinds of*), **mindenfajta** (*all sorts of*), **különféle** (*various kinds of*), **sokfajta** (*many kinds of*).

Régen csak **kétféle** kenyeret
   lehetett kapni.
Mindenfajta emberrel
   találkoztam már.

*In the old days one could only
   get two kinds of bread.*
I've met all sorts of people.

8 Magam (*myself*)

Here are the other forms of this word:

magam	*myself*	**magunk**	*ourselves*
magad	*yourself* (fam.)	**magatok**	*yourselves* (fam.)
maga	*yourself* (form.)	**maguk**	*yourselves* (form.)
maga	*himself/herself*	**maguk**	*themselves*

These words are used in the same way as in English.

They can take endings if required by a verb:

Vettem magamnak egy szép blúzt.
I bought myself a beautiful blouse.

Györgyi mindig csak **magáról** beszél!
Györgyi always talks only about herself!

Szegény Tóni bácsi **magában** beszél.
Poor Tóni bácsi talks to himself.

The expressions **jól érzem magam** and **rosszul érzem magam** can mean *I have a good / bad time* or *I feel well / unwell*. **Érez** (Lit. *feel*) is an irregular verb in the present tense. Here is its conjugation in full:

(én) **jól érzem magam** (at)	(mi) **jól érezzük magunkat**
(te) **jól érzed magad** (at)	(ti) **jól érzitek magatokat**
(maga/ön/ő) **jól érzi magát**	(maguk/önök/ők) **jól érzik magukat**

Note that (*a*) **maga** requires the definite conjugation (*b*) in the 1st and 2nd person singular, the object ending can be left out.

Hogy **érzitek magatokat**?
How are you?

A Balatonnál nagyon jól **éreztük magunkat**.
We had a very good time at Lake Balaton.

Rosszul **érzem magam**.
I'm feeling unwell.

Note that **maga** is sometimes used where English uses a personal pronoun, e.g. Engem is **magaddal viszel**? [⌐ᴧ] *Are you taking me with you as well?*

9 Érdekel (*be interested in*)

(Vkit) **érdekel** (vmi) (vki) means (sg) or (sy) *interests* (sy). In some persons it takes the definite, and in others the indefinite conjugation.

(engem)	érdekel	érdekelnek
(téged)	érdekel	érdekelnek
(magát/önt/őt)	érdekli	érdeklik
(minket)	érdekel	érdekelnek
(titeket/benneteket)	érdekel	érdekelnek
(magukat/önöket/őket)	érdekli	érdeklik

**Engem érdekel a magyar
népzene.**
Pistát még nem **érdeklik**
a lányok.

*Hungarian folk music
interests me.*
Girls don't interest Pista yet.

10 Fürdik (*have a bath, bathe*)

The conjugation of this verb is irregular in the past tense.

(én) **fürödtem**	(mi) **fürödtünk**
(te) **fürödtél**	(ti) **fürödtetek**
(maga/ön/ő) **fürdött**	(maguk/önök/ők) **fürödtek**

 ———————— **Gyakorlatok** ————————

1   Cili is talking about what her family usually does at the
    weekend. Write in the correct forms of **szokott**. Imagine that you
    are Cili and tell her story aloud. (**Mi** in brackets indicates which
    person to use.)

Szombaton általában takarítani (*a*) (**mi**) _____. Anyu (*b*)
_____ bevásárolni. Néha én is (*c*) _____ neki segíteni. Apu
utálja a házimunkát, ezért mindig ő (*d*) _____ levinni a kutyát
sétálni. Vasárnap délelőtt anyu az ebédet (*e*) _____ főzni, apu
pedig az újságot (*f*) _____ olvasni. Én leckét (*g*) _____ írni.
Ebéd után a szüleim pihenni (*h*) _____. Délután sétálni (i) (**mi**)
_____, este pedig tévét (*j*) (**mi**) _____ nézni. Szórakozni csak
ritkán (*k*) (**mi**) _____ járni, mert apu szerint manapság min-
den egy vagyonba kerül.

| **ritkán** | *rarely* |

2 Ági is notorious for sweeping generalisations. Here are a few of her gems. Write in the plural forms of the words in brackets. (You might need other endings as well!)

(a) A (**férfi**) _____ csak a csinos (**nő**) _____ érdeklik.
(b) A (**rendőr**)* _____ mindig (**buta**) _____.
(c) A mai (**fiatal**) _____ dolgozni nem, csak szórakozni akarnak.
(d) A (**politikus**) _____ mindig hazudnak.
(e) A (**kínai**) _____ nagyon (**kicsi**) _____.
(f) Az idős (**asszony**) _____ nagyon (**kíváncsi**) _____.

*In Hungarian jokes, policemen are always thick.

szórakozik *have fun*	**kínai** *Chinese*	
hazudik *tell a lie*		

3 Do you know your clichés? Pair the nationalities below with their supposed characteristics, and then make up complete sentences like this one:

(a) Az írek nem nagyon okosak.

nemzetiség (*nationality*)	**tulajdonság** (*characteristic*)
(a) ír	szenvedélyes
(b) francia	mindig pontos
(c) angol	kulturált
(d) olasz	hidegvérű
(e) német	nem nagyon okos
(f) skót	fukar

szenvedélyes *passionate*	**okos** *clever*	
kulturált *civilised, cultured*	**fukar** *mean*	
hidegvérű *cold blooded*		

4 What follows what? Pair the sentences below.

(a) Mihály szereti a régi könyveket,

(b) Jóska bácsi nem szereti az állatokat,

(c) Szilvia imádja a francia borokat,

(i) tehát nem szokott a kutyákról és a macskákról olvasni.

(ii) tehát csak francia éttermekbe szokott járni.

(iii) tehát nem ír cikkeket a tavaszi virágokról.

(d) Nóra utálja a modern festményeket,
(e) Gábort nem érdeklik a virágok,

(iv) tehát gyakran jár antikváriumokba.
(v) tehát ritkán jár kiállításokra.

---

tehát   *so, therefore*
cikk (-et, -ek)   *article*
festmény (-t, -ek)   *painting*

antikvárium (-ot, -ok)
second-hand bookshop

---

5 Erzsi is very house-proud. Her house is always clean and tidy. How often does she do what? Study the information below and then make up complete sentences about her. Here is the first one for you:

(a) Erzsi egy héten háromszor szokott mosni.

Milyen gyakran?	Hányszor?	Mit szokott csinálni?
(a) egy héten	3	mos
(b) egy nap	sok	mosogat
(c) egy nap	1	vasal
(d) egy héten	2	porszívózik
(e) egy hónapban	1	ablakot tisztít

---

mosogat   *wash up*
vasal   *iron* (verb)

porszívózik   *vacuum clean* (verb)
ablakot tisztít   *clean the windows*

---

6 Our lazy Jack is incorrigible. Put **jó** after the sentences that he got right, and **rossz** after the ones that he got wrong. Correct the latter.

(a) Engem már csak az okos nők érdekel.
(b) Juliska rosszul érezte magát, mert túl sok epret evett.
(c) Úgy látszik, néha szoktad hazudni.
(d) Kár, hogy nem szereted a lovakat.
(e) Most voltál egyszer külföldön?
(f) Az ablakból csak a házak lehet látni.

7 Csilla and Tünde work in the same office. Tünde has just come back from a holiday with her husband and friends at Ráckeve on the Danube. Re-arrange Tünde's answers to Csilla's questions in order to make sense of their conversation. Then act it all out from memory.

Csilla	De szép barna vagy! Hol nyaraltatok?
(a) Tünde	Általában két-három hétig. Attól függ, hogy milyen az idő. Most nagy melegek voltak. Sokat napoztunk és fürödtünk a Dunában. Imádunk kinn lenni a friss levegőn. Itt Pesten az ember egész nap csak az irodában ül, aztán meg rohan bevásárolni, főzni ... Jól jött egy kis kikapcsolódás.
Csilla	De szerencsések vagytok! És mennyi ideig szoktatok ott lenni?
(b) Tünde	Ők is jól érezték magukat. Mind a ketten szenvedélyes horgászok. Őket napközben csak a halak érdeklik. Képesek kora reggeltől késő estig csak a halakat figyelni. Sokféle halat fogtak már – legtöbbször persze pontyot.
Csilla	És a férfiak mit csináltak egész nap?
(c) Tünde	Ráckevén. Egy évben legalább egyszer le szoktunk menni, mert ott van a barátnőm nyaralója.
Csilla	És mit csináltok azzal a rengeteg hallal?
(d) Tünde	Minden este halászlét szoktunk főzni vagy halat sütünk. Szerencsére mindannyian szeretjük a halat. De egy idő után megunjuk, és egyszer – kétszer egy kis közeli vendéglőbe szoktunk menni vacsorázni.

Attól függ, hogy... *It depends on...*	**kora reggeltől késő estig** *from early morning till late at night*
Nagy melegek voltak. *It was very hot.*	**legtöbbször** *most often*
az ember (-t) *one, you*	**ponty** (-ot, -ok) *carp*
kikapcsolódás (-t) *rest* (noun) (Lit. *switching off*)	**le szoktunk menni** *we go down*
mind a ketten *both of them/us/you*	**nyaraló** *weekend/summer cottage*
horgász (-t, -ok) *angler*	**a barátnőm nyaralója** *my girlfriend's summer cottage*
napközben *during the day*	**mindannyian** *all of us/you/them*
képes (vmit) **csinálni** *capable of doing* (sg)	**egy idő után** *after a while*

---

8 Answer these questions about yourself.

(a) Hová szokott szórakozni járni?

(b) Mi érdekli jobban: a sport vagy az irodalom?

(c) Az angol söröket vagy borokat szereti jobban?

(d) Egy nap hányszor szokott mosogatni?

(e) Hogy érezte magát, amikor utoljára nyaralni volt?
(f) Hányfajta magyar levest ismer?
(g) Lusta ember? [⌣]

---

irodalom (irodalmat)   *literature*

Érti?

Jeremy and his wife are on holiday at Lake Balaton. Their room has been broken into. The police have come to investigate.

Rendőr Tehát önök éppen a discóban voltak, amikor betörtek a szobába. Mennyi ideig tartózkodtak a discóban?

Jeremy Éjfélig tartott a discó, utána jöttünk haza. Minden este 8 óra körül szoktunk vacsorázni, aztán általában valahova szórakozni megyünk. Tegnap éjjel 1 fele értünk vissza.

Rendőr És hogyan találták a szobát, amikor hazaértek?

Jeremy A tolvajok betörték az ablakot, és azon keresztül másztak be. A bőröndöket kinyitották, a ruhákat a földre dobálták. A fiókokból és a szekrényekből is kiszórtak mindent.

Rendőr És mit vittek el?

Jeremy Egy arany nyakláncot, egy pár fülbevalót, egy Olympos fényképezőgépet és ruhákat.

Rendőr Hol szokták tartani a fényképezőgépet és az ékszereket?

Jeremy Sajnos a fényképezőgépet tegnap este elfelejtettük magunkkal vinni. Pedig akárhová megyünk, a fényképezőgép mindig velünk van. Az ékszereket általában itt szoktuk hagyni a fiókban.

Rendőr Hm. Kár, hogy nem adták át a recepción megőrzésre. Nem kerül egy vagyonba, érdemes ...

Jeremy Igaza van, egy kicsit felelőtlenek voltunk, de most már késő.

Rendőr És pénzt nem vittek el?

Jeremy De igen. De csak kb. 20 fontot. Szerencsére nem szoktunk magunknál készpénzt tartani. Ahol csak lehet, csekkel vagy hitelkártyával fizetünk.

Önök éppen a discóban voltak.	**kiszór** (vmit) *throw* (sg) *out*
You happened to be at the disco.	**arany** (-at) *gold*
betör *break in*	**nyaklánc** (-ot, -ok) *necklace*
éjfél *midnight*	**fülbevaló** *earrings*
visszaér *get back*	**ékszer** (-t, -ek) *jewel*
tolvaj (-t, -ok) *thief*	**ahol csak lehet** *wherever possible*
(vmin) **keresztül** *through* (sg)	**átad** (vmit) **megőrzésre** *hand over*
bemászik *climb in*	(sg) *for safe-keeping*
bőrönd (-öt, -ök) *suitcase*	**felelőtlen** *irresponsible*
dobál (vmit) *throw* (sg) *about*	**tartózkodik** (vhol) *be, stay*
fiók (-ot, -ok) *drawer*	(somewhere)

Feleljen a kérdésekre!

(a) Hogy szokta Jeremy az estét tölteni a feleségével (*with his wife*)?
(b) Hogyan sikerült a tolvajoknak bejutni a szobába?
(c) Mit vittek el?
(d) Miért maradt a fényképezőgép tegnap este a szobában?
(e) Miért csak 20 fontot vittek el a betörők?

bejut *get in, into*	**betörő** *burglar*

17

MI A PANASZA?
What's wrong with you?

In this unit you will learn

- what to say when visiting a doctor
- how to write a get-well card
- how to promise something
- how to express indifference

Párbeszéd

Tivadar Márkus is visiting his doctor.

Orvos	Tessék, Márkus úr. Mi a panasza?
Márkus úr	Nagyon beteg vagyok, doktor úr. Mindenem fáj: a torkom, a hasam. Erősen köhögök, és náthás is vagyok.
Orvos	Lázas?
Márkus úr	Lehet, de nem tudtam megmérni a lázam, mert nincs otthon lázmérőm.
Orvos	Tessék, itt van egy. (*After taking Mr Márkus's temperature.*) Lássuk csak! Hm. Elég magas, 39 fokos láza van. És tud rendesen enni? Van étvágya?
Márkus úr	Nem nagyon. Tegnap egész nap alig ettem valamit. Elfelejtettem mondani, hogy szédülök is.
Orvos	Nyissa ki a száját! Megnézem a torkát. Egy kicsit

piros. De meg fog gyógyulni, Márkus úr. Nem kell félni. Csak influenzája van. Felírok magának egy gyógyszert. Naponta háromszor kell beszedni étkezés után. Tessék ágyban maradni egy hétig. A jövő héten délután rendelek. Csütörtökön majd újra megvizsgálom. Tessék, itt a recept.

Márkus úr Köszönöm. Ha már itt vagyok, doktor úr, van még valami. Szörnyen fáj a derekam meg a vállam. Tudja, a reumám ... Nem tud valamit ajánlani?

Orvos Már a múltkor is akartam magát gyógyfürdőbe küldeni, de nem nagyon lelkesedett ... Pedig tudja jól, hogy jót tesz magának. Itt vagyunk a gyógyfürdők hazájában, és maga nem akarja kihasználni ezt a páratlan lehetőséget.

Márkus úr Ígérem, doktor úr, most megfogadom a tanácsát.

Orvos Hova szeretne menni? Hévízre vagy Gyulára?

Márkus úr Nekem teljesen mindegy. Hévíz is, Gyula is rettenetesen drága lett. De egy hetet kibírok. Hátha segít ...

 ——— **Szavak és kifejezések** ———

Mi a panasza? (Lit.) *What's your complaint?*	**gyógyszert beszed** *take medicine*
köhög *cough* (verb)	**étkezés után** *after meals*
náthás *have a cold* (adj.)	**rendel** *receive patients*
lázas *have a temperature* (adj.)	**megvizsgál** (vkit) *examine* (sy)
láz (-at) *high temperature, fever*	**recept** (-et, -ek) *prescription*
megméri a lázát *take one's temperature*	**Ha már itt vagyok...** *Since I'm here...*
Lássuk csak! *Let's see.*	**Szörnyen fáj.** *It hurts a lot* (Lit. *It terribly hurts*).
rendesen eszik *eat properly*	**lelkesedik** *be enthusiastic*
szédül *feel giddy*	**a gyógyfürdők hazája** *the home of medicinal baths*
Nyissa ki a száját! *Open your mouth* (sing.form.)	**kihasznál** (vmit) *take advantage of* (sg)
megnéz (vmit) *examine* (sg)	**páratlan** *unique*
Meg fog gyógyulni. *You will recover* (sing.form.).	**lehetőség** (-et, -ek) *opportunity*
fél *be afraid*	**megfogad tanácsot** *take advice*
felír gyógyszert *prescribe a medicine*	**rettenetes** *terrible*
derék *the lower part of one's back*	**kibír** (vmit) *stand, afford* (sg)
a derekam *the lower part of my back*	**torok (torka)** *throat* (*your/his/her throat*)

Kérdések

1 Igaz vagy nem igaz? Correct and re-write the false statements.

(a) Márkus Tivadar nagyon rosszul érzi magát.
(b) Márkus Tivadar nem tudta otthon megmérni a lázát, mert nincs hőmérője.
(c) Márkus úrnak nincs jó étvágya.
(d) Márkus úr halálos beteg.

hőmérő *thermometer*		**halálos beteg** *terminally ill*	

2 Feleljen a kérdésekre!

(a) Miért ment Márkus úr orvoshoz?
(b) Milyen magas Márkus úr láza?
(c) Milyen gyakran kell a gyógyszert beszedni?
(d) Mi tesz jót az orvos szerint Márkus úrnak?
(e) Miért mindegy Márkus úrnak, hogy melyik gyógyfürdőbe megy?

—— Magyarország és a magyarok ——

Gyógyfürdők (*medicinal baths*)

Hungary is very rich in natural hot spring water. These world famous thermal waters contain a lot of minerals which cure a number of diseases.

Beteg means both *ill* and *patient*:

Beteg vagyok.	*I am ill.*
Az orvos megvizsgálta a **betegeket**.	*The doctor examined the patients.*

Naponta háromszor means *three times a day*. Note other similar expressions, like **hetente, havonta, évente**:

Hetente kétszer járok edzésre.	*I go to training twice a week.*
Évente kétszer megnézek egy focimeccset.	*I watch a football match twice a year.*

Lázmérő (*thermometer*) is used for taking someone's temperature. If you want to know the temperature outside, you will need a **hőmérő** (also *thermometer* in English).

Nekem teljesen mindegy (*it's all the same to me*) or **nekem mindegy** or just **mindegy** express indifference, e.g. Hová akarsz menni ma este? **Nekem mindegy.** *Where do you want to go tonight? I don't mind.*

Parts of the body

In Unit 9 you learnt some parts of the body. Here is an additional list with the singular possessive endings they take:

váll (*shoulder*)
a vállam *my shoulder*
a vállad *your shoulder* (fam.)
a válla *your* (form.) / *his* / *her shoulder*

has (*stomach*)
a hasam *my stomach*
a hasad *your stomach* (fam.)
a hasa *your* (form.) / *his* / *her stomach*

gyomor (*stomach*)
a gyomrom *my stomach*
a gyomrod *your stomach* (fam.)
a gyomra *your* (form.) / *his* / *her stomach*

kéz (*hand*)
a kezem *my hand*
a kezed *your hand* (fam.)
a keze *your* (form.) / *his* / *her hand*

kar (*arm*)
a karom *my arm*
a karod *your arm* (fam.)
a karja *your* (form.) / *his* / *her arm*

szem (*eye*)
a szemem *my eyes*
a szemed *your eyes* (fam.)
a szeme *your* (form.) / *his* / *her eyes*

száj (*mouth*)
a szám *my mouth*
a szád *your mouth* (fam.)
a szája *your* (form.) / *his* / *her mouth*

arc (*face*)
az arcom *my face*
az arcod *your face* (fam.)
az arca *your* (form.) / *his* / *her face*

Note that parts of the body of which there are two are mostly expressed in the singular in Hungarian, e.g. Györgyinek kék **szeme** van. *Györgyi has blue eyes.*

Hungarian uses the singular when talking about more than one person's face, mouth, etc. E.g. Szerintem a **szájuk** túl nagy. *I think their mouths are too big.*

 ——————— **Nyelvtan** ———————

1 Possessive endings

The English words *my*, *your*, *his*, *her*, etc. in Hungarian are expressed by possessive endings.

- Just add the ending to words ending in a vowel. (As usual, before them, the final **a** and **e** change to **á** and **é**.)

Back vowel words ending in a vowel

singular		plural	
autóm	*my car*	autónk	*our car*
autód	*your car* (fam.)	autótok	*your car* (fam.)
autója	*your car* (form.)	autójuk	*your car* (form.)
autója	*his/her car*	autójuk	*their car*

singular		plural	
kutyám	*my dog*	kutyánk	*our dog*
kutyád	*your dog* (fam.)	kutyátok	*your dog* (fam.)
kutyája	*your dog* (form.)	kutyájuk	*your dog* (form.)
kutyája	*his/her dog*	kutyájuk	*their dog*

Front vowel words ending in a vowel

singular		plural	
cipőm	*my shoes*	cipőnk	*our shoes*
cipőd	*your shoes* (fam.)	cipőtök	*your shoes* (fam.)
cipője	*your shoes* (form.)	cipőjük	*your shoes* (form.)
cipője	*his/her shoes*	cipőjük	*their shoes*

singular		plural	
zsemlém	*my roll*	zsemlénk	*our roll*
zsemléd	*your roll* (fam.)	zsemlétek	*your roll* (fam.)
zsemléje	*your roll* (form.)	zsemléjük	*your roll* (form.)
zsemléje	*his/her roll*	zsemléjük	*their roll*

Note that in the second person plural **-tök** is needed instead of **-tek** after words whose final vowel is **ö, ő, ü** or **ű**.

Words ending in a consonant take the same linking vowel before possessive endings starting with a consonant, as before the plural ending.

Back vowel words ending in a consonant

singular		plural	
barátom	*my friend*	barátunk	*our friend*
barátod	*your friend* (fam.)	barátotok	*your friend* (fam.)
barátja	*your friend* (form.)	barátjuk	*your friend* (form.)
barátja	*his/her friend*	barátjuk	*their friend*

singular		plural	
házam	*my house*	házunk	*our house*
házad	*your house* (fam.)	házatok	*your house* (fam.)
háza	*your house* (form.)	házuk	*your house* (form.)
háza	*his/her house*	házuk	*their house*

Front vowel words ending in a consonant

singular		plural	
kertem	*my garden*	kertünk	*our garden*
kerted	*your garden* (fam.)	kertetek	*your garden* (fam.)
kertje	*your garden* (form.)	kertjük	*your garden* (form.)
kertje	*his/her garden*	kertjük	*their garden*

singular		plural	
söröm	*my beer*	sörünk	*our beer*
söröd	*your beer* (fam.)	sörötök	*your beer* (fam.)
söre	*your beer* (form.)	sörük	*your beer* (form.)
söre	*his/her beer*	sörük	*their beer*

Note that **t** + **j** is pronounced as **tty** between two vowels, and **ty** after a consonant, e.g. barátja (*pron.* baráttya), kertje (*pron.* kertye).

● In the third person singular and plural, the possessive ending after a consonant can be either **-ja/-a**, **-juk/-uk** or **-je/-e**, **-jük/-ük**. Unfortunately there is no rule as to when to use the ending with or without the **j**. So you must simply learn which endings to use with each word. There is one consolation: if a word takes **-ja** or **-je** in the 3rd person singular, it will take **-juk** or **-jük** in the 3rd person plural, e.g. barátja – barátjuk, kertje – kertjük. The same goes for **-a/-uk** and **-e/-ük**, e.g. háza – házuk, söre – sörük.

✳ From now onwards you will find in brackets the 3rd person singular possessive ending for words that end in a consonant both as you come across them, and in the **Hungarian – English vocabulary**.

● The same irregularities occur before the possessive endings as before the plural and object endings, e.g. **név – nevet – nevek – nevem, neved, neve, nevünk, nevetek** and **nevük**.

● You usually need the definite article before a possessive form, e.g. A **barátom** még nem evett kivit. *My friend hasn't eaten a kiwi fruit yet.*

✳ When learning the possessive forms of words, say them aloud with the definite article (e.g. **a** cipőm, **a** cipőd, etc). This will help you to remember to use the definite article when talking.

However, the indefinite article can also be used, e.g. **Egy barátom** mondta, hogy itt laksz. *A friend of mine told me that you lived here.* Similarly the expression **az egyik** (*one of*) can be used, e.g. **Az egyik barátom** mondta, hogy itt laksz. *One of my friends told me that you lived here.*

● Words with possessive endings always require the use of the definite conjugation, e.g. **A feleségemet várom.** *I'm waiting for my wife.* Note that the words **ajtó** (*door*) and **idő** (*time, weather*) have an irregular 3rd person singular and plural form:

ajtóm, ajtód, **ajtaja**, ajtónk, ajtótok, **ajtajuk**
időm, időd, **ideje**, időnk, időtök, **idejük**

2 Possessive forms followed by other endings

The possessive forms can be followed by all the endings learnt so far (except for **-kor**):

Hová tetted a könyv**emet**?	*Where have you put my book?*
Mariska néni gyakran ül a kert**jében**.	*Mariska néni often sits in her garden.*
A barátnő**ddel** voltál moziban? [↵]	*Did you go to the cinema with your girlfriend?*

The final **a** and **e** of the possessive endings in the 3rd person singular form change to **á** and **é** respectively before the other endings, e.g. ágy**ában** *in your / his / her bed*, kert**jében** *in your / his / her garden.*

Note what a difference an accent makes in expressions like:

Látom a ház**at**.	*I can see the house.*
Látom a ház**át**.	*I can see your / his / her house.*

Before the object ending, the linking vowel is always **a** for back vowel words and **e** for front vowel words, e.g. barátom**at**, barátnőd**et**.

The object ending is often left out after the 1st and 2nd person singular possessive forms:

Nem találom **a fésűmet**. *or* Nem találom **a fésűm**.	*I can't find my comb.*
Hozod **a kabátodat**? *or* Hozod **a kabátod**? [↵]	*Are you bringing your coat?*

3 How to say 'Péter's father' or 'the door of the car'

In Hungarian the possessor is always followed by the thing possessed. To mark the possession, the thing possessed takes the third person singular possessive ending: Péter édesap**ja** *Péter's father*; a kocsi ajta**ja** *the door of the car.*

Péter édesapja most jött haza Londonból.	*Peter's father has just got back from London.*
A kocsi ajtaja nyitva van.	*The door of the car is open.*

The possessor can also take possessive endings in expressions like: az édesapá**m** neve (*my father's name*); a barátnő**d** lakása (*your friend's flat*).

Az édesapám neve nem tipikus magyar férfinév.	*My father's name is not a typical Hungarian male name.*
Hol **a barátnőd lakása**?	*Where is your girlfriend's flat?*

4   I have got

This phrase is expressed by the word **van** (in positive questions and statements) or **nincs** (in negative questions and statements), followed by the thing possessed. The thing possessed takes the possessive ending of the possessor.

van/nincs kalapom	I have/haven't a hat
van/nincs kalapod	you have/haven't a hat (sing.fam.)
van/nincs kalapja	you have/haven't a hat (sing.form.)
van/nincs kalapja	he/she has/hasn't a hat
van/nincs kalapunk	we have/haven't a hat
van/nincs kalapotok	you have/haven't a hat (pl.fam.)
van/nincs kalapjuk	you have/haven't a hat (pl.form.)
van/nincs kalapjuk	they have/haven't a hat

Új **esernyőm van**.   *I have a new umbrella.*
Nincs kutyánk.   *We haven't a dog.*
Nagy **házatok van**? [⌐]   *Have you got a big house?*

Note how to give short answers:

Van egy tollad? [⌐] **Van**.   *Have you got a pen? Yes, I have.*
Van autótok? [⌐] **Nincs**.   *Have you got a car?*
                                   No, we haven't.

Nincs kabátotok? [⌐] **De van**.   *Haven't you got a coat?*
                                   Yes, we have.

Nincs egy százasod? [⌐] **Nincs**. *Have you got 100 forints?*
                                   No, I haven't.

When naming the possessor, use the dative ending:

Péternek nincs új barátnője.   *Péter hasn't got a new girlfriend.*
A háznak fehér ajtaja van.   *The house has a white door.*
A gyerekeknek új angol   *The children have a new*
tanáruk van.   *teacher of English.*
Jóska feleségének jó állása van. *Jóska's wife has a good job.*
A szomszédunk fiának megint   *Our neighbour's son has*
új kocsija van.   *a new car again.*

Note the use of the dative ending in questions like: **Kinek van** egy cigarettája? *Who has got a cigarette?*

In the past, use **volt/nem volt**, and in the future **lesz/nem lesz**:

Sajnos **nem volt kertünk**.

Unfortunately, we didn't have a garden.

Nemsokára nekünk is **lesz videónk**.

Soon we'll also have a video.

5 Adverbs of manner

Adverbs of manner answer the question **Hogy?** or **Hogyan?** (*How?*). They are formed from adjectives by adding the **-n** ending.

Just add the **-n** ending to most adjectives ending in a vowel (the **a** changes to **á**, and the **e** to **é** before it). However, just as before the plural ending, back vowel adjectives ending in **ú** or **i**, take the linking vowel **a**, and front vowel adjectives ending in **ű** or **i**, take the linking vowel **e** before it.

Milyen?		Hogyan?	
olcsó	*cheap*	olcsón	*cheaply*
drága	*expensive*	drág**á**n	*expensively*
gyenge	*weak*	gyeng**é**n	*weakly*
szomorú	*sad*	szomorú**an**	*sadly*
kíváncsi	*curious*	kíváncsi**an**	*curiously*
gyönyörű	*gorgeous*	gyönyörű**en**	*gorgeously*
eredeti	*original*	eredeti**en**	*in an original way*

However, there are a few exceptions to this rule. Here are some:

lassú *slow* – **lassan** *slowly*
könnyű *easy* – **könnyen** *easily*
szörnyű *horrible* – **szörnyen** *horribly*
rossz *bad* – **rosszul** *badly*
jó *good* – **jól** *well*
kiváló *outstanding* – **kiválóan** *outstandingly*
kitűnő *excellent* – **kitűnően** *excellently*
felelőtlen *irresponsible* – **felelőtlenül** *irresponsibly*
hosszú *long* – **hosszan** *for a long time, at length*

Back vowel adjectives ending in a consonant take the **a** linking vowel, and front vowel adjectives ending in a consonant take the **e** linking vowel before the **-n** ending.

Milyen?		Hogyan?	
komoly	*serious*	komoly**an**	*seriously*
kedves	*kind*	kedves**en**	*kindly*

But again, there are a few exceptions. Here are some:

nagy *big* – **nagyon** *very*
szabad *free* – **szabadon** *freely*
gazdag *rich* – **gazdagon** *richly*
vastag *thick* – **vastagon** *thickly*
fiatal *young* – **fiatalon** *young*
bátor *brave* – **bátran** *bravely*
nehéz *difficult* – **nehezen** *with difficulty*

A vállalat igazgatója **hosszan** *The manager of the company*
beszélt a tervekről. *talked about the plans for*
a long time.

A titkárnő **kedvesen** mosolygott. *The secretary smiled kindly.*
Petőfi Sándor **nagyon fiatalon** *Sándor Petőfi died very young.*
halt meg.

6 ... is ... is, sem... sem..., vagy ... vagy ...

(a) **...is és ...is** *or* **...is, ...is** means *both ... and ...*. Unlike in English, both words come after, not before the words they refer to, e.g. Mari **szép is és okos is.** *or* Mari **szép is, okos is.** *Mari is both beautiful and clever.*

(b) **Nem is ... és nem is ...** *or* **nem is..., nem is...** *or* **se nem ..., se nem...** means *neither ... nor ...* in English:

Edit **nem is szép és nem is okos.** *Edit is neither beautiful*
or Edit **nem is szép, nem is okos.** *nor clever.*
or Edit **se nem szép, se nem okos.**

Note that instead of **se**, **sem** can be used, e.g. **Sem a zöld, sem a kék** kalap nem tetszett. *I didn't like either the green or the blue hat.*

(c) **Vagy ..., vagy ...** means *either ... or ...*, e.g. **Vagy színházba, vagy moziba** megyünk. *We'll either go to the theatre or to the cinema.*

◢——————— Gyakorlatok ———————

1 There are five people waiting in the **orvosi rendelő** (*surgery*) for their turn. What do they answer when the doctor asks them: **Mi a panasza?** Look at the list below, and make up complete sen-

tences like the one provided for you: (a) Fáj a fülem.

(a) fül (ear)
(b) torok
(c) has

(d) kar
(e) derék
(f) kéz

2 Zsolt has come to see the dentist. Re-arrange the dentist's lines
so that their conversation makes sense. Then act it out.

Zsolt   Doktor úr, nagyon fáj a fogam! Már se aludni, se
                   enni nem tudok.
(a) **Fogorvos**   Hát persze, hogy érdemes. Először adok magá-
                   nak egy injekciót. (after giving him the injection)
                   Tessék kinn egy kicsit leülni.
Zsolt   (pointing at it) Ez.
(b) **Fogorvos**   Hm. Lyukas a foga. Bizony elég csúnya. De nem
                   akarom kihúzni. Megpróbálom betömni.
Zsolt   Gondolja, hogy érdemes?
(c) **Fogorvos**   Kérem nyissa ki a száját! Melyik foga fáj?

---

fogorvos (-t, -ok, -a)   *dentist*   **kihúz** (vmit)   *pull* (sg) *out*
injekció (*pron.* inyekció)   *injection*   **megpróbál** (vmit)   *try* (sg)
lyukas fog (-at, -ak, -a)   *tooth*   **betöm** (fogat)   *fill* (tooth)
  cavity

---

3 You are on holiday at Lake Velencei and you are feeling unwell.
You go to see a doctor. Supply your own lines. Then act it out
from memory.

Orvos   Tessék befáradni! Mi a panasza?
(a)   *Tell him that you have a sore throat.*
Orvos   Nyissa ki a száját! Megnézem a torkát. Hm. Nagyon
            piros. A feje is fáj?
(b)   *Tell him that you had a bad headache yesterday, but
            today you haven't.*
Orvos   Megmérte a lázát?
(c)   *Tell him that you have, and it's quite high: 38°C.*
Orvos   Étvágya van?
(d)   *Tell him that you haven't got an appetite and that you
            hardly ate anything yesterday.*
Orvos   Nincs komoly baja. Torokgyulladása van. Felírok magá-
            nak egy tablettát. Naponta háromszor kell beszedni
            étkezés előtt. Pénteken délelőtt rendelek. Akkor majd
            újra megvizsgálom.

> **Nincs komoly baja.** *It's nothing serious.* (sing.form.) **torokgyulladás** (-t, -a) *laryngitis* **tabletta** *pill*

4 This is a get-well card from Tamás to his friend István, who has had an accident. Study it and then write a similar one using the information given below.

Kedves Barátom!
Nagyon megijedtem, amikor megtudtam, hogy autóbaleseted volt. Szerencsére nincs komoly baj, csak a karod törted el. Mikor tudlak a kórházban meglátogatni? Remélem, hamarosan hazaengednek.
Mielőbbi gyógyulást kívánok
Szeretettel: Tamás

> **megtud** (vmit) *get to know* (sg), *learn* (sg)
> **autóbaleset** (-et, -ek, -e) *car accident*
> **Csak a karod törted el.** *You have only broken your arm.*
>
> **megijed** *get frightened*
> **meglátogat** (vkit) *visit* (sy)
> **hazaenged** (vkit) *discharge* (sy)
> **Mielőbbi gyógyulást kívánok.** *I wish you a speedy recovery.*

Your friend has had an accident. He has broken his leg. Ask him if he was driving too fast, and how the accident happened. Tell him that you'll visit him in the hospital on Friday afternoon. Wish him a speedy recovery. You will need the word **vezet** (*drive*) (verb).

5 This is an extract from a letter sent by Szilvia to her friend Mónika. First study it, and then supply Szilvia's answers to the doctor's questions.

„Sajnos már az első nap elrontottam a gyomrom. Nem tudom, mit ettem. Talán a hal nem volt friss. Két napig hánytam is és hasmenésem is volt. Az idegenvezetőnk felesége is rosszul volt, de ő hamar meggyógyult. Én sajnos allergiás vagyok a gyógyszerre, amit az orvos felírt. Ráadásul, mint tudod, cukorbeteg is vagyok, így muszáj volt valamit enni. De most már sokkal jobban vagyok és már nincs lázam."

elrontja a gyomrát *upset one's stomach*	**mint tudod** *as you know*
hány *be sick, vomit*	**cukorbeteg** (-et, -ek) *diabetic*
hasmenés (-t, -e) *diarrhoea*	**Sokkal jobban vagyok.** *I'm much better.*
allergiás (vmire) *allergic to* (sg)	

(a) Mi a panasza?
(b) Mit evett?
(c) Hányt?
(d) Hány napig volt hasmenése?
(e) Más is elrontotta a gyomrát?

6 Who is whose favourite? Study the table below, and then make up complete sentences like this one: (a) Bálint kedvenc írója Mikszáth Kálmán.

Kinek a kedvence? Ki?		**foglalkozása**
(a) Bálint	Mikszáth Kálmán	író
(b) Andrea	Radnóti Miklós	költő
(c) Anita	Huszárik Zoltán	filmrendező
(d) Attila	Csontváry Kosztka Tivadar	festő
(e) Árpád	Bartók Béla	zeneszerző
(f) Mariann	Latinovits Zoltán	színész

kedvenc *favourite*	**festő** *painter*
filmrendező *film director*	

7 Match the Hungarian sentences below with their English equivalents.

(a) A barátnőm férje cukorbeteg.
(b) A férjem barátnője cukorbeteg.
(c) János sokáig nézte a lovat.

(i) *János watched the horse for a long time.*
(ii) *From our window the Parliament building can easily be seen.*

(d) János sokáig nézte a lovát.
(e) Az ablakunkból jól lehet
látni az Országházat.
(f) Az ablakukból jól lehet
látni az Országházat.

(iii) *My friend's husband is a diabetic.*
(iv) *János watched his horse for a long time.*
(v) *From their window the Parliament building can easily be seen.*
(vi) *My husband's friend is a diabetic.*

8 Feri is talking about how he almost missed a great chance to travel to London. Turn the words in brackets into adverbs of manner. Then tell his story aloud.

(**Nagy**) _____ készültem erre az útra. Sikerült olcsó repülőjegyet szerezni a hétvégére. Ugyanis az egyik barátom édesanyja a Malévnál dolgozik. (**Kíváncsi**) _____ vártam, milyen lesz London. Anyu szerint (**bátor**) _____ viselkedtem, hiszen addig még se repülőgépen nem ültem, se külföldön nem jártam. De szerintem (**fiatal**) _____ mindent ki lehet próbálni. Az utazás előtti napok (**lassú**) _____ múltak. (**Izgatott**) _____ vártam a nagy napot. Sajnos két nappal az indulás előtt nagyon megfáztam, (**csúnya**) _____ köhögtem, és elég magas lázam volt. Az orvos hallani sem akart a londoni utamról. Én (**hosszú**) _____ magyaráztam neki, hogy páratlan lehetőségről van szó, amit nem szabad kihagyni. Végül (**nehéz**) _____, de beleegyezett.

készül (vmire) *look forward to* (sg)	**két nappal az indulás előtt** *two days before departure*
ugyanis *as, the thing is*	**indulás** (-t, -a) *departure*
viselkedik *behave*	**magyaráz** (vkinek) (vmit) *explain*
külföldön *abroad*	(sg) *to* (sy)
utazás (-t, -ok, -a) *journey, travelling*	**nem szabad** *one shouldn't*
múlik *pass* (time)	**kihagy lehetőséget** *miss opportunity*
izgatott *excited*	**beleegyezik** (vmibe) *agree to* (sg)
megfázik *catch cold*	

18

MILYEN EMBEREK VOLTAK A SZÜLEI?

What were your parents like?

In this unit you will learn how to

- talk about your family and marital status
- describe people's appearance and character
- talk about religion and politics

Párbeszéd

Katalin Almási, a famous actress is being interviewed on a chat show about her childhood and family.

Riporter Hogyan emlékszik a gyerekkorára?

Almási K. Nagyon boldog gyerekkorom volt. Öten voltunk testvérek. A szüleinkkel egy nagy, romos házban éltünk Szekszárdon. Sajnos soha nem volt elég pénzünk a házat teljesen rendbe hozni. De talán éppen ezért volt olyan romantikus! A házunk mögött volt egy óriási kert. Tavasztól őszig itt szoktunk játszani a testvéreimmel.

Riporter Milyen emberek voltak a szülei?

Almási K. Anyám magas, karcsú, világosbarna hajú, kék szemű lány volt. Imádott olvasni, színházba járni. Biztosan tőle örököltem a színház szeretetét. Mindig vidám, kedves, igen vallásos ember volt; katolikus. Apámmal jól kiegészítették egymást. Ő ugyanis csendes, komoly ember volt, bár szerencsére volt humorérzéke is. Apám jóképű, nagy bajuszos, fekete hajú férfi volt. Kálvinista volt, de anyám hite erősebb volt, mint apámé. Így kato-

---

likus templomban volt az esküvőjük, és minket is ebben a hitben neveltek. Minden vasárnap jártunk misére. A szüleim életük végéig nagyon szerették egymást. Ritkán veszekedtek, de akkor is hamar kibékültek.

Riporter   Mindez nagyon idillikusan hangzik. Milyenek voltak a rokonai?

Almási K.   Nagy család volt a miénk. Anyámék hatan voltak testvérek, apámék pedig hárman. Így sok nagynéni, nagybácsi, unokatestvér volt mindig nálunk. Vidám, zajos család voltunk. Különösen Jakab bácsira emlékszem, anyám nővérének a férjére. Ő volt az egyetlen liberális a mi konzervatív családunkban. Igazi különc volt, de imádtuk. Emlékszem mindig cukorral, csokoládéval érkezett. Nem csoda, hogy olyan rosszak a fogaim!

Riporter   Úgy tudom, egyedül a húga folytatta a családi hagyományt: neki öt gyereke van.

Almási K.   Igen, a másik három testvéremnek nincs családja, és sajnos nekem sincsenek gyerekeim. Igaz, az öcsém még elég fiatal, nőtlen. Ő is, a menyasszonya is imádják a gyerekeket. Talán nemsokára újra nagynéni leszek ...

Szavak és kifejezések

gyerekkor (-t, -a) *childhood*	**humorérzék** (-et, -e) *sense of*
romos *partly ruined*	*humour*
teljesen *entirely*	**hit** (-et, -e) *faith*
rendbe hoz (vmit) *restore* (sg)	**erősebb, mint** *stronger than*
éppen ezért *for this very reason*	**nevel** (vkit) *bring up* (sy)
magas *tall*	**mise** *mass*
karcsú *slim, slender*	**vég** (-et, -e) *end*
világosbarna hajú *with light brown*	**veszekedik** (vkivel) *quarrel with* (sy)
hair, light brown-haired	**kibékül** (vkivel) *make peace with* (sy)
kék szemű *with blue eyes,*	**rokon** (-t, -ok, -a) *relative*
blue-eyed	**idillikus** *idyllic*
örököl (vkitől) (vmit) *inherit* (sg)	**hangzik** *sound* (verb)
from (sy)	**idillikusan hangzik** *sounds idyllic*
vidám *cheerful*	**nagynéni** *aunt*
vallásos *religious*	**nagybácsi** (nagybátyja)
Apámmal jól kiegészítettük	(pron. *nagybáttya*) *uncle*
egymást. *She and my father*	**unokatestvér** (-t, -ek, -e) *cousin*
complemented each other well. (Lit.	**különösen** *especially, particularly*
With my father they complemented...)	**különc** (-öt, -ök) *eccentric*
kiegészít (vkit) *complement* (sy)	**hagyomány** (-t, -ok, -a) *tradition*

Kérdések

1 Igaz vagy nem igaz? Correct and re-write the false statements.

(a) Almási Katalin gyerekkorában egy nagy, romos, kertes házban élt a szüleivel és öt testvérével.

(b) Almási Katalin édesanyja is színésznő volt, és Katalin tőle örökölte a színház szeretetét.

(c) Almási Katalin szülei jól kiegészítették egymást.

(d) Almási Katalint kálvinistának nevelték.

(e) Jakab bácsi Almási Katalin különc nagybátyja volt.

2 Feleljen a kérdésekre!

(a) Hol szokott Almási Katalin a gyerekkorában játszani a testvéreivel?

(b) Milyen ember volt az édesanyja?

(c) Milyen férfi volt az édesapja?

(d) Ki volt Jakab bácsi?

(e) Vannak Almási Katalinnak gyerekei? [⌄⌄]

── Magyarország és a magyarok ──

Vallás (*religion*)

There are a number of **keresztény** (*Christian*) denominations in Hungary. Most religious people are **katolikus** (*Catholic*) or **protestáns** (*Protestant*) (mostly **kálvinista**, *Calvinist*, or **lutheránus**, *Lutheran*). The **zsidó** (*Jewish*) community is quite strong as well. A lot of people are **ateista** (*atheist*). Hungary is dedicated to the Virgin Mary, 'Our Lady of Hungary'. **Esztergom**, a small town on the Danube Bend, is the Catholic capital of the country. Its ecclesiastical collection is supposed to be second only to the Vatican's.

Esküvő (*wedding*)

This means the wedding ceremony itself. Afterwards people usually go to a restaurant to celebrate. Weddings can still be very traditional in villages. A **lakodalom** (*a country wedding*) may last for three days, with lots of eating, drinking, dancing and merry-making.

Traditionally, a gypsy band is hired. The most famous event is the **menyasszonytánc** (*the bride's dance*). Anybody wanting a dance with the bride, has to put money in a hat. The money will be used by the young couple later to build or furnish their home. After this dance, the young men try to steal the bride. If they succeed, the bridegroom has to buy them a round of drinks to get her back.

Szeretet: while the verb **szeret** can mean *love*, *like* or *be fond of* (sy), the noun **szeretet** only refers to love without any sexual attraction. **Szerelem** is the word used for love between a man and a woman.

Marital status: **nőtlen** means *single man*. If a man marries, he becomes **nős** (*married*). If a woman is single, use the expression **nincs férjnél**, and if she is married **férjnél van**. **Elvált** is *divorced*, **özvegy** is *widower* and **özvegyasszony** is *widow*.

Testvér means *sibling*, i.e. either a brother or a sister. Here is a list of words for relatives, together with their 1st and 3rd person singular possessive endings and other irregular forms:

öcs	*younger brother*	öcsém, öcséd, öccse, öcsénk, öcsétek, öccsük
báty	*elder brother*	bátyám, bátyád, bátyja (*pron.* báttya), bátyánk, bátyátok, bátyjuk (*pron.* báttyuk)
húg	*younger sister*	húgom (*pron.* hugom), húga (*pron.* huga)
nővér	*elder sister*	nővérem, nővére
szülők	*parents*	szüleim, szüleid, szülei, szüleink, szüleitek, szüleik
fiú	*son*	fiam, fiad, fia, fiunk, fiatok, fiuk
lány	*daughter*	lányom, lánya
anya	*mother*	anyám, anyja (*pron.* annya)
apa	*father*	apám, apja
feleség	*wife*	feleségem, felesége
férj	*husband*	férjem, férje

Here is an additional list of words describing people's appearance or character:

agresszív	*aggressive*	**középkorú**	*middle aged*
alacsony	*short*	**ősz**	*grey*
becstelen	*dishonest*	**sovány**	*thin*
becsületes	*honest*	**szőke**	*blonde*
durva	*rude*	**szomorú**	*sad*
intelligens	*intelligent*	**udvarias**	*polite*
kopasz	*bald*	**udvariatlan**	*impolite*

Bajusz (*moustache*): traditionally, big droopy moustaches are very popular with Hungarian men. You can either say **Pistának bajusza van** or **Pista bajuszos**. *Pista has a moustache.*

Politika (*politics*): here are a few words to describe political inclinations:

demokrata   *democratic*
kereszténydemokrata   *Christian democrat*
kommunista   *communist*
konzervatív   *conservative*
liberális   *liberal*
szociáldemokrata   *social democrat*
szocialista   *socialist.*

 ——————— **Nyelvtan** ———————

1 Double possession

This means that there are two possessions expressed by one phrase, e.g. **Péter feleségének a barátnője.** *Péter's wife's friend.*

In this phrase the two possessions are: **Péter felesége** *Péter's wife* and a **feleség barátnője** *the wife's friend*. The two possessions are joined by the dative ending (**-nak/-nek**). It comes after the second noun. The third noun is usually preceded by the definite article, and it can take a number of endings:

Különösen **anyám nővérének a** *I remember my mother's sister's*
   férjére emlékszem jól.   *husband particularly well.*
A barátom édesanyjának a   *We came home in my friend's*
   kocsijával jöttünk haza.   *mother's car.*
Mi **Erzsi főnökének a neve**?   *What is Erzsi's boss's name?*

2 Plural possessive

This is used when there is more than one thing possessed, e.g. **autóim** (*my cars*). The plural possessive is formed with the **-i** ending. With the exception of the 3rd person singular and plural, this form is then followed by the possessive endings learnt in Unit 17.

(*a*) With words ending in a vowel, simply add the **-i** ending. (Note the usual changes: **a** to **á** and **e** to **é** before it.)

Back vowel words ending in a vowel

singular		plural	
autó**im**	*my cars*	autó**ink**	*our cars*
autó**id**	*your cars* (fam.)	autó**itok**	*your cars* (fam.)
autó**i**	*your cars* (form.)	autó**ik**	*your cars* (form.)
autó**i**	*his/her cars*	autó**ik**	*their cars*

singular		plural	
kuty**áim**	*my dogs*	kuty**áink**	*our dogs*
kuty**áid**	*your dogs* (fam.)	kuty**áitok**	*your dogs* (fam.)
kuty**ái**	*your dogs* (form.)	kuty**áik**	*your dogs* (form.)
kuty**ái**	*his/her dogs*	kuty**áik**	*their dogs*

Front vowel words ending in a vowel

singular		plural	
cipő**im**	*my shoes*	cipő**ink**	*our shoes*
cipő**id**	*your shoes* (fam.)	cipő**itek**	*your shoes* (fam.)
cipő**i**	*your shoes* (form.)	cipő**ik**	*your shoes* (form.)
cipő**i**	*his/her shoes*	cipő**ik**	*their shoes*

Note that **cipőm** means my pair of shoes, while **cipőim** means my pairs of shoes.

singular		plural	
zsemlé**im**	*my rolls*	zseml**éink**	*our rolls*
zseml**éid**	*your rolls* (fam.)	zseml**éitek**	*your rolls* (fam.)
zseml**éi**	*your rolls* (form.)	zseml**éik**	*your rolls* (form.)
zseml**éi**	*his/her rolls*	zseml**éik**	*their rolls*

(*b*) With words ending in a consonant, the **-i** ending comes after the 3rd person singular possessive form, e.g. **háza, kalapja, füle, kertje.**

Back vowel words ending in a consonant

singular		plural	
házaim	*my houses*	házaink	*our houses*
házaid	*your houses* (fam.)	házaitok	*your houses* (fam.)
házai	*your houses* (form.)	házaik	*your houses* (form.)
házai	*his/her houses*	házaik	*their houses*

singular		plural	
kalapjaim	*my hats*	kalapjaink	*our hats*
kalapjaid	*your hats* (fam.)	kalapjaitok	*your hats* (fam.)
kalapjai	*your hats* (form.)	kalapjaik	*your hats* (form.)
kalapjai	*his/her hats*	kalapjaik	*their hats*

Front vowel words ending in a consonant

singular		plural	
füleim	*my ears*	füleink	*our ears*
füleid	*your ears* (fam.)	füleitek	*your ears* (fam.)
fülei	*your ears* (form.)	füleik	*your ears* (form.)
fülei	*his/her ears*	füleik	*their ears*

singular		plural	
kertjeim	*my gardens*	kertjeink	*our gardens*
kertjeid	*your gardens* (fam.)	kertjeitek	*your gardens* (fam.)
kertjei	*your gardens* (form.)	kertjeik	*your gardens* (form.)
kertjei	*his/her gardens*	kertjeik	*their gardens*

✳ Make sure you pronounce the **i** distinctly. Don't run it together with the previous vowel.

Note that two common words have irregular forms: barát – **barátaim**, etc., szomszéd – **szomszédaim**, etc.

(*c*) The same irregularities occur here as before the object, the plural and the other possessive endings, e.g. **név – nevet – nevek – nevem – neveim**.

(*d*) A plural possessive form can also be followed by other endings, e.g. Már nem a **szüleimmel** járok nyaralni. *I don't go on holiday with my parents any more.*

3 The -é ending

This ending is used when the thing possessed has already been mentioned, and there is no need to repeat it, e.g. **Kié** ez a toll? (*Whose is this pen?*) Karcsi**é**. (*It's Karcsi's.*) It can also come after plural forms and nouns with possessive endings. (Note the usual changes: **a** to **á** and **e** to **é**.)

Ki?	Kié?	(*Whose?*)	Kik?	Kiké?	(*Whose?*)
Anikó	Anikó**é**	*Anikó's*	gyerekek	gyereke**ké**	*children's*
Anna	Ann**áé**	*Anna's*	szüleink	szüleink**é**	*our parent's*
Imre	Imr**éé**	*Imre's*			
Péter	Péter**é**	*Péter's*			
apám	apám**é**	*my father's*			

Anyám családja vidéken él, **apámé** pedig a fővárosban.	*My mother's family lives in the country, and my father's in the capital.*
Anna fia ötéves, **Katié** három.	*Anna's son is five years old, Kati's is three.*

(*a*) The **-é** ending can also be followed by the **-i** ending to denote a plural possessive, e.g. Péter gyerekei még nagyon kicsik, **Imrééi** már felnőttek. *Péter's children are still very young, Imre's are already grown-up.*

✳ Make sure you pronounce the two or three vowels at the end of words distinctly, e.g. Kati**é**, Imr**ééi**, etc.

(*b*) Instead of nouns with the **-é** ending, possessive pronouns can be used. (When two forms are given either is correct.)

Single possession		Plural possession	
enyém	*mine*	**enyéim**	*mine*
tied/tiéd	*yours* (sing.fam.)	**tieid/tiéid**	*yours* (sing.fam.)
magáé, öné	*yours* (sing.form.)	**magáéi, önéi**	*yours* (sing.form.)
övé	*his/hers*	**övéi**	*his/hers*
mienk/miénk	*ours*	**mieink/miéink**	*ours*
tietek/tiétek	*yours* (pl.fam.)	**tieitek/tiéitek**	*yours* (pl.fam.)
maguké, önöké	*yours* (pl.form.)	**magukéi, önökéi**	*yours* (pl.form.)
övék	*theirs*	**övéik**	*theirs*

(*c*) The possessive pronouns are usually preceded by the definite article:

Kié ez az esernyő? **Az enyém.**   *Whose is this umbrella? It's mine.*
A tiéd ez a könyv? [⌣]   *Is this book yours?*

✳ Again, when learning the possessive pronouns, say them aloud with the definite article, e.g. **az enyém, a tied**, etc.

(*d*) All these forms can be followed by other endings:

Zsiga új házát már láttuk,   *We've seen Zsiga's new house,*
  de **Tamásét** még nem.   *but we haven't seen*
                                        Tamás's yet.

A mi kocsink nem akart   *Our car wouldn't start, so we*
  elindulni, így **a szüleinkével**   *went down to Lake Balaton*
  mentünk le a Balatonhoz.   *in our parents' car.*
A ti utcátokban van közért? [⌣]   *Is there a small supermarket in*
  A miénkben kettő is van.   *your street? There are two in ours.*

Note also that you can either ask: **Kinek a kutyája ez?** *or* **Kié ez a kutya?** (*Whose is this dog?*).

4 The -ék ending

It is used to denote a group of people, e.g. **Péterék** means *Péter and his family or friends*, and **Szabóék** means *the Szabós*. The **-ék** ending is added to the word stem. (Note the usual changes: **a** to **á** and **e** to **é** before it.) It can be followed by other endings:

Annáékkal voltunk moziban.   *We were at the cinema with*
                                        Anna and her friends/family.

Feketééknek még nincs színes   *The Feketes haven't got a*
  tévéjük.   *colour television yet.*
A barátodék is Erdélybe   *Are your friend and his*
  mennek nyaralni? [⌣]   *family/friends also going on*
                                        holiday to Transylvania?

5 Sincs, sincsenek

Use these words to express 'nincs is' and 'nincsenek is', which do not exist.

Bálint még nincs itt és   *Bálint is not here yet, and*
  Eszter **sincs.**   *neither is Eszter.*
Nekem nincsenek angol   *I haven't any English*
  ismerőseim. Neked **sincsenek?**   *acquaintances, haven't you*
  [⌣]   *any either?*

6 Egymás (*each other, one another*)

When used with a transitive verb, this word always requires the definite conjugation, e.g. A szüleim nagyon **szerették egymást**. *My parents loved each other very much.*

7 Personal pronouns used for emphasis

Personal pronouns are often used for emphasis or when drawing a contrast:

Énvelem senki sem akar ma
beszélni? [⤴]
A mi szüleink nem szeretik,
ha későn járunk haza.
És a tieitek?

*Does nobody want to talk to
me today?*
*Our parents don't like us
coming home late. And what
about yours?*

 ——————— **Gyakorlatok** ———————

1 **Ki kicsoda?** (*Who is who?*) Can you work it out? You will need to know these new words:

a nagyapám (*my grandfather*), a nagynéném (*my aunt*), a vejem (*my son-in-law*).

(a) Milyen rokonom az édesanyám lányának az öccse?
(b) Milyen rokonom az édesapám édesanyjának a férje?
(c) Milyen rokonom a nagynéném férjének a felesége?
(d) Milyen rokonom az édesapám nővérének a fia?
(e) Milyen rokonom a lányom anyósának a fia?

2 Read this passage on Dénes Újhelyi. Then write a similar one on Zoltán Kerekes using the information given below. Finally, say them both aloud.

Újhelyi Dénes alacsony, középkorú, kissé pocakos férfi. A haja és a szeme barna, a fülei kissé elállóak. Egy kicsit kopaszodik. Nagy bajusza van, de szakálla nincsen. Olvasáshoz általában szemüveget visel. Újhelyi Dénes elég intelligens ember, egy nagyvállalat igazgatója. Az ügyfeleivel mindig udvariasan viselkedik, de ha rossz napja van, a titkárnőjével egy kicsit ingerült. Tavaly elvált a feleségétől. Két fiukat a felesége neveli.

pocakos *pot-bellied*	**visel** (vmit) *wear* (sg)
haj (-at, -a) *hair*	**ügyfél** (ügyfelet, ügyfelek, ügyfele)
kissé elálló *slightly protuberant*	*client*
kopaszodik *go bald*	**ingerült** *irritable*
szakáll (-at, -a) *beard*	**elválik** (vkitől) *divorce* (sy)
olvasáshoz *for reading*	

Zoltán Kerekes: quite tall, young, thin, no moustache, blue eyes, black hair, small ears, wears glasses, taxi driver, not married, polite to everybody, intelligent, very religious, goes to church every Sunday.

You will need to know the word **taxisofőr** (-t, -ök) *taxi driver*.

3 Now write a similar passage about yourself using the 1st person singular form. Then say it aloud from memory.

4 Make up the second half of the sentences below, using the information given in brackets. Here is the first one: (*a*) Az öcsém neve Gyula, a bátyámé Ferenc.

(*a*) Az öcsém neve Gyula, (**bátyám**, **Ferenc**).
(*b*) A szüleim háza kétszintes, (**nagyszüleim**, **csak egyszintes**).
(*c*) Imre kutyájának Bodri a neve, (**Anna**, **Ügyes**).
(*d*) A nagybátyám menyasszonyát már ismered, (**unokaöcsém**, **még nem**).
(*e*) Vargáék fiai már felnőttek, (**Keresztesék**, **még gyerekek**).
(*f*) Ildikóék esküvőjén cigányzenekar játszott (**miénk**, **jazz-zenekar**).

zenekar (-t, -ok, -a) *band*	**cigány** (-t, ok) *gypsy*
unokaöcs *cousin* (younger male)	**nagyszülők** (**nagyszüleim**, etc.)
	grandparents

5 Beáta is remembering the long summer holidays she spent in her childhood with her grandparents in a little village. Write in the correct forms of the words in brackets. Then tell her story.

A mi (**nagyszülők**) _____ egy kis faluban laktak Veszprém megyében. A (**nagyapám**) _____ sok (**állat**) _____ volt:

tehenek, lovak, csirkék, disznók. A (**nagypapa**) _____ különösen a (**lovak**) _____ szerette. Kora reggel indult a (**lovak**) _____ a földekre dolgozni. A (**nagymama**) _____ közben otthon volt; főzött, mosott, takarított. A ház körül mindig sok (**munka**) _____ volt. Mi, gyerekek egész nap kinn játszottunk a (**szomszédok**) _____ (**gyerekek**) _____. Csak akkor mentünk haza, ha éhesek lettünk. Este a hosszú, fárasztó nap után a felnőttek a (**házak**) _____ előtt ültek és beszélgettek, mi pedig tovább játszottunk.

---

nagyapa *grandfather*	**disznó** *pig*
nagymama *grandmother*	**kora reggel** *early in the morning*
falu *village*	**föld** (-et, -ek, -je) *land*
megye *county*	**tovább játszik** *carry on playing*
tehén (tehenet, tehenek, tehene) *cow*	

---

6 Give the correct form of the words in brackets.

(*a*) A mi családunkban senki sem dohányzik. És a (**ti**) _____?

(*b*) Az én anyósommal nem szabad politikáról beszélni. És a (**te**) _____?

(*c*) A mi kocsinkkal nem lehet hosszú útra menni. És az (**ő**) _____?

(*d*) Veszélyes a kutyád? Az (**én**) _____ nagyon félnek a betörők.

(*e*) A ti kertetekben egyetlen virág sincs? A (**mi**) _____ rengeteg van.

---

veszélyes *dangerous*

---

7 This is Csilla Szeles's account of her life at home, recorded by a social worker. Study it, and then write the social worker's report on her. Use the 3rd person singular. Finally, say the report aloud.

Sajnos a szüleim sokat veszekednek egymással. Apám minden este részegen jár haza. Anyám állandóan fáradt és ingerült. Néha verekednek és kiabálnak. A testvéreimmel a szomszédokhoz vagy a térre menekülünk.

---

részeg   *drunk* (adj. or noun)   **menekül**   *escape*
tér (teret, terek, tere)   *playground*

---

8   Answer these questions about yourself.

(a)   A szüleinek sok testvére van? [~◁]
(b)   Milyen emberek a szülei?
(c)   Az édesapja és az édesanyja jól kiegészítik egymást? [~◁]
(d)   Milyen gyerekkora volt?
(e)   Vallásos? [~◁] Ha igen, milyen vallású?
(f)   Rosszak a fogai? [~◁]

Milyen vallású?   *What is your religion?* (sing.form.)

 ———————— **Érti?** ————————

An eye-witness is being interviewed on the radio about the murder of
a young taxi-driver in Szolnok.

 Riporter   Kedves hallgatóink! Mint ismeretes, április ötödikén
este 7 óra fele ismeretlen tettesek megölték Kozma
Sándor 25 éves szolnoki taxisofőrt. Az esetnek több
szemtanúja is volt. Ön hol tartózkodott a gyilkosság
elkövetésének idején?
Szemtanú   Én a tizenkettes busz megállójában vártam a buszra a
Béke Szállóval szemben.
Riporter   Kérem, mondja el, mit látott.
Szemtanú   Fél hét felé egy üres taxi közeledett a megállóhoz. A
taxit két 20 év körüli fiatalember megállította, és
beszálltak.
Riporter   Tudna személyleírást adni a két fiatalemberről?
Szemtanú   Hogyne. Egyikük kissé kövér, bajuszos férfi volt.
Magassága 165–170 cm* lehetett. Göndör, fekete haja a
válláig ért. Farmeröltönyt és edzőcipőt viselt. A másik
szemüveges, vékony fiatalember volt. Magassága körül-
belül 175–180 cm volt. Világosbarna, rövid, egyenes
haja és kissé elálló fülei voltak. Ő világosszürke kabá-
tot, sötét nadrágot és cipőt viselt. Durva, agresszív arca
volt.

Riporter Úgy tudom, egyiküknél nagy, fekete bőrtáskát láttak.
Szemtanú Igen, úgy emlékszem a táska a farmeröltönyös fiatalemberé volt. Mindenesetre nála láttam. Azt hiszem, üres lehetett.
Riporter Talán később ebbe rakták a taxisofőr rádióját és rádiósmagnóját. Amikor beszálltak a kocsiba, ön hallott is valamit.
Szemtanú Igen. A farmeröltönyös azt mondta a másiknak: „Kalmáréknál ma jó buli lesz. Jössz?"
Riporter Ha hallgatóink közül a személyleírás alapján bárki felismeri a két fiatalembert, vagy esetleg tudja, kik lehetnek Kalmárék, jelentkezzen a Szolnok Megyei Rendőrfőkapitányság 62–745-ös telefonszámán. Segítségüket előre is köszönjük.

mint ismeretes *as is known*	*a description of* (sy)
ismeretlen *unknown*	**egyikük** *one of them*
tettes (-t, -ek) *offender*	**magasság** (-ot, -a) *height*
megöl (vkit) *kill* (sy)	**göndör** *curly*
eset (-et, -ek, -e) *case, incident*	**farmeröltöny** (-t, -ök, -e) *denim suit*
szemtanú *eye-witness*	**farmeröltönyös fiatalember**
gyilkosság (-ot, -ok, -a) *murder*	*a young man in a denim suit*
(noun)	**mindenesetre** *in any case, anyway*
elkövetés *commission*	**rak** (vmit) *put* (sg)
Mondja (*pron.* monggya) **el, mit**	**hallgatóink közül** *from among our*
látott. *Tell us what you saw.*	*listeners*
közeledik *approach* (verb)	**alap** (-ot, -ok, -ja) *basis*
megállít (vkit) *stop* (sy)	**bárki** *anybody*
beszáll (vmibe) *get into* (sg)	**felismer** (vkit) *recognise* (sy)
személyleírás (-t, -ok, -a) **ad**	**jelentkezzen** *contact* (sing.form.)
(vkiről) *give*	**jelentkezik** *come forward, contact*

*Cm is short for **centiméter** (*centimetre*). It is read out in full.

Feleljen a kérdésekre!

(a) Mi történt április 5-én este?
(b) Milyen haja volt az első fiatalembernek?
(c) Milyen fülei voltak a második férfinak?
(d) Kié volt a fekete bőrtáska?
(e) Hol volt este a buli?
(f) Mit kell tenni, ha valaki felismeri a tetteseket?

19

SOKKAL JOBBAN
TETSZIK

I much prefer it

In this unit you will learn how to

- make comparisons
- talk about your job
- wish someone well

 ———————— **Párbeszéd** ————————

 Antal and Tibor are friends. They meet unexpectedly at a bus stop.

Antal Szevasz, Tibor! Ezer éve nem láttalak! Mi van veled, öregem?

Tibor Már két hónapja új vállalatnál dolgozom.

Antal Emlékszem, hogy a régi munkahelyeden nem érezted jól magad.

Tibor Igen, szükségem volt a változásra.

Antal És itt milyen?

Tibor Sokkal jobban tetszik. Nemcsak érdekesebb a munkám, hanem többet is keresek. Az idő is gyorsabban telik, ha az ember nem unatkozik. Saját irodám, titkárnőm van. Igaz, kicsit korábban kell kelnem, mert most valamivel messzebb dolgozom. De megéri, mert hamarabb is végzek. Az óvodába

is odaérek minden nap ötre. Ritkán kell túlóráznom, de azt
is jól megfizetik.

Antal Jól hangzik!

Tibor Ráadásul gyakran járok külföldre is. Legutóbb Londonba
küldtek pár napra tárgyalni és egy szerződést aláírni. Jól
esett, hogy ilyen hamar megbíztak bennem. Azt mondják, én
folyékonyabban beszélek angolul, mint a tolmács. Azt
hiszem, hamarosan vegyes vállalat leszünk. Az egyik leg-
nagyobb brit gépipari vállalattal folytatunk tárgyalásokat.
Akkor pedig még nagyobb lesz a felelősségem.

Antal Jön a tizenhetes. Felszállsz erre a buszra?

Tibor Fel, mert sietek. De majd a héten felhívlak.

Antal További sok sikert!

Tibor Kösz! Szevasz!

Szavak és kifejezések

öregem *old chap*	**legutóbb** *last time*
(vkinek) szüksége van (vmire) (sy) *needs* (sg)	**tárgyal** *negotiate*
	szerződés (-t, -ek, -e) *contract*
Az idő is gyorsabban telik. *Even time passes more quickly.*	**aláír** (vmit) *sign* (sg)
Saját irodám van. *I have an office of my own.*	**(vkinek) jól esik** (vmi) (sg) *pleases* (sy)
saját (-ot, -ja) *own*	**megbízik** (vkiben) *trust* (sy)
Megéri. *It's worth it.*	**tolmács** (-ot, -ok, -a) *interpreter*
odaér *get there*	**vegyes vállalat** *joint venture*
ritkán *rarely*	**gépipari vállalat** *engineering company*
túlórázik *work overtime*	**vállalat** (-ot, -ok, -a) *company*
Jól megfizetik. *It's well paid.*	**felelősség** (-et, -e) *responsibility*

Kérdések

1 Melyik igaz?

    (a) (i) Antal kétezer éve nem látta Tibort.
        (ii) Antal régen látta Tibort.
    (b) (i) Tibor nem szeretett a régi helyén dolgozni.
        (ii) Tibornak szüksége volt egy titkárnőre.

(c) (i) Az új helyen Tibornak érdekesebb a munkája és jobb a fizetése.

(ii) A régi helyen Tibornak korábban kellett kelnie.

(d) (i) Tibor többé nem túlórázik, mert nem fizetik meg.

(ii) Tibor nem bánja, hogy az új helyen néha túlórázni kell, mert jól megfizetik.

(e) (i) Tibor vállalata angol-magyar vegyes vállalat lesz.

(ii) Tibor az egyik legnagyobb brit gépipari vállalattal írt alá szerződést.

2 Feleljen a kérdésekre!

(a) Mennyi ideje dolgozik Tibor új vállalatnál?
(b) Miért kell Tibornak korábban kelnie?
(c) Megfizetik Tibornak az új helyén a túlórát? [~]
(d) Mennyi időre küldték Tibort legutóbb Londonba tárgyalni?
(e) Milyen vállalattal folytat Tibor vállalata tárgyalásokat?

Mennyi ideje? *How long?*   **túlóra** *overtime*
bán (vmit) *mind* (sg)

—— Magyarország és a magyarok ——

Vegyes vállalat (*joint venture*): this is usually between a Hungarian and a foreign company. The most frequent types of business you might come across in Hungary are:

részvénytársaság (**rt.**) *joint stock company*;
korlátolt felelősségű társaság (**kft.**) *limited liability company*;
termelőszövetkezet or **téesz** (**tsz**) *cooperative farm*.

Here are some terms you might need when doing business with people in Hungary:

adó *tax*	**névjegykártya** *business card*
áfa *VAT*	**nyomtató** *printer*
cég *firm*	**privatizáció** *privatisation*
faxol *fax* (verb)	**szövegszerkesztő** *word processor*
fénymásoló *photocopier*	**telefax** *fax machine*
írógép *typewriter*	**üzenetrögzítő** *answerphone*
komputer (*pron.* kompjúter) *or*	**vám** *customs duty*
számítógép *computer*	

Az ember (*one, you*) is used with the 3rd person singular form, e.g. Az idő is gyorsabban telik, ha **az ember** nem **unatkozik**. *Even time passes more quickly if one is not bored.*

Sok sikert! (*Lots of success!*) This is used when wishing somone success with some new enterprise. Similarly **Sok szerencsét!** (*Lots of luck!*) and **További sok sikert!** (*Further success!*). Other expressions to wish people well are:

Jó szórakozást!	*Have a nice time!*
Jó hétvégét!	*Have a nice weekend!*
Jó pihenést!	*Have a good rest!*

A héten (*this week*): this expression is often used instead of the longer **ezen a héten**. Similarly **az este** which can mean either *yesterday evening* or *this evening*, **az éjszaka** or **az éjjel** (*last night*) or (*tonight*), **a nyáron** (*this summer*) or (*last summer*), etc.

———— Nyelvtan ————

1 Comparisons

There are three degrees of comparison:

positive, e.g. *cheap, expensive*
comparative, e.g. *cheaper, more expensive*
superlative, e.g. *cheapest, most expensive*.

● In Hungarian, the comparative is formed by adding the ending **-bb** to the positive form of the adjective. Simply add **-bb** after words ending in a vowel. (Remember the usual changes: **a** to **á**, and **e** to **é** before it.)

olcsó	*cheap*	olcsó**bb**	*cheaper*
drága	*expensive*	drág**ább**	*more expensive*
fekete	*black*	feket**ébb**	*blacker*

Words ending in a consonant need an **a** or an **e** linking vowel (see vowel harmony) before the **-bb** ending.

magas	*tall*	magas**abb**	*taller*
becsületes	*honest*	becsületes**ebb**	*more honest*

● The superlative is formed by adding the particle **leg-** to the comparative form of the adjective. (Particles are minor parts of speech like *up*, *off*, or *in-* as in indiscreet, etc.)

olcsóbb	*cheaper*	**leg**olcsóbb	*cheapest*
drágább	*more expensive*	**leg**drágább	*most expensive*
feketébb	*blacker*	**leg**feketébb	*blackest*
magasabb	*taller*	**leg**magasabb	*tallest*
becsületesebb	*more honest*	**leg**becsületesebb	*most honest*

Note that just as in English, the superlative is usually preceded by the definite article, e.g. **a legmagasabb** *the tallest*, and so on.

Note these irregular comparisons:

jó *good*	**jobb** *better*	**legjobb** *best*
nagy *big*	**nagyobb** *bigger*	**legnagyobb** *biggest*
szép *beautiful*	**szebb** *more beautiful*	**legszebb** *most beautiful*
sok *many*	**több** *more*	**legtöbb** *most*
kis, kicsi *small*	**kisebb** *smaller*	**legkisebb** *smallest*
könnyű *easy*	**könnyebb** *easier*	**legkönnyebb** *easiest*
hosszú *long*	**hosszabb** *longer*	**leghosszabb** *longest*
lassú *slow*	**lassabb** *slower*	**leglassabb** *slowest*
kevés *little, few*	**kevesebb** *less, fewer*	**legkevesebb** *least, fewest*
nehéz *difficult*	**nehezebb** *more difficult*	**legnehezebb** *most difficult*
bátor *brave*	**bátrabb** *braver*	**legbátrabb** *bravest*
bő *loose*	**bővebb** *looser*	**legbővebb** *loosest*
régi *old*	**régebbi** *older*	**legrégebbi** *oldest*

● There are three very common constructions with comparisons.

(*a*) Constructions with the positive forms of adjectives:

Zsolt már **olyan** magas, **mint** az édesapja.

*Zsolt is already **as** tall **as** his father.*

Boriska **nem olyan** szép, **mint** Greta Garbo.

*Boriska is **not as** beautiful **as** Greta Garbo.*

(*b*) Constructions with the comparative forms of adjectives:

Magyarország szegénye**bb** ország, **mint** Anglia.

*Hungary is a poor**er** country **than** England.*

A magyar neheze**bb** nyelv, **mint** a német.	*Hungarian is a **more** difficult language **than** German.*

These two sentences can also be expressed by using the **-nál/-nél** ending instead of the word **mint**:

Magyarország szegénye**bb** ország Angliá**nál**.
A magyar neheze**bb** nyelv a német**nél**.

To express how much poorer, more difficult, etc. something or someone is, use the **-val/-vel** ending:

A piros szín **sokkal jobban** áll neked, mint a fekete. *or* A piros szín **sokkal jobban** áll neked a feketénél.	*Red suits you much better than black.*
Egy **számmal kisebbet** legyen szíves.	*One size smaller, please.*

(c) Constructions with the superlative forms of adjectives:

Szerintem Budapest a **leg**szebb város a világon.	*In my opinion Budapest is the most beautiful city in the world.*

Note the expression **az egyik leg ... bb**:

A Kovács Margit Múzeum **az egyik legérdekesebb múzeum** Magyarországon.	*The Margit Kovács Museum is one of the most interesting in Hungary.*

● When not followed by a noun, the comparative and superlative can take other endings as well, e.g. **Többet** nem kérek. *I don't want any more.*

2 Adverbs of manner in comparisons

To form adverbs of manner, add **-an** or **-en** to the comparative or the superlative form of the adjective. (See vowel harmony.)

olcsón *cheaply*	olcsó**bban** *more cheaply*	**leg**olcsó**bban** *most cheaply*
gyorsan *quickly*	gyorsa**bban** *more quickly*	**leg**gyorsa**bban** *most quickly*
kedvesen *kindly*	kedvese**bben** *more kindly*	**leg**kedvese**bben** *most kindly*
jól *well*	jo**bban** *better*	**leg**jo**bban** *best*

Note that the superlative is usually preceded by the definite article.

Jakab **gyorsabban** fut nálam.   *Jakab runs faster than me.*
A legolcsóbban a piacon lehet   *One can buy cheapest in*
vásárolni.   *the market.*

Note these irregular forms:

rosszul	*badly*	**felelőtlenül**	*irresponsibly*
rosszabbul	*more badly*	**felelőtlenebbül**	*more irresponsibly*
legrosszabbul	*most badly*	**legfelelőtlenebbül**	*most irresponsibly*

3 Verbal particles expressing the direction of an action

Verbal particles are used with verbs, and have several functions in Hungarian. Some of them express the direction of an action. Here are the most common examples:

Verbal particle	English equivalent	Example of verbal particle with verb
be	*in, into*	**bemegy** *go in/into*
bele	*into*	**beleugrik** *jump into*
ki	*out, out of*	**kijön** *come out/out of*
le	*down*	**lefut** *run down*
fel or **föl**	*up*	**felszalad** *run up*
el	*away, off*	**eltesz** *put away*
vissza	*back*	**visszahoz** *bring back*
át	*across, over*	**átsétál** *walk across*
végig	*along*	**végigmegy** *go along*
ide	*here*	**idejön** *come here*
oda	*there*	**odamegy** *go there*
rá	*on, onto*	**rátesz** *put onto*
haza	*home*	**hazamegy** *go home*
össze	*together*	**összejön** *come together*
szét	*apart*	**szétszalad** *scatter*

Visszahoztad a könyvem? [~◄]   *Have you brought back my book?*
Balázs **kijött** az erkélyre.   *Balázs came out on to the*
   balcony.

● Note that verbal particles sometimes require certain endings:

Kati **be**ment a szobába.	*Kati went into the room.*
Zita **ki**jött a konyhából.	*Zita came out of the kitchen.*
A lift gyorsan **le**ért az első emeletről a földszintre.	*The lift came down quickly from the first to the ground floor.*
Este **végig**sétáltunk a körúton.	*In the evening we walked along the boulevard.*
Átmentem az úton.	*I walked across the road.*

- Note the expressions:

felszáll a buszra/villamosra, etc.*get on the bus / tram, etc.*
leszáll a buszról/villamosról, etc.*get off the bus / tram, etc.*
beszáll a taxiba/kocsiba *get into the taxi / car*
kiszáll a taxiból/kocsiból *get out of the taxi / car*
átszáll a buszról a metróra, etc. *change from the bus to the metro.*

4 The word order of the verbal particle and the verb

The position of the verbal particle depends on the emphasis in the sentence.

(a) The verbal particle forms the first part of the verb and together they make a single word if:

this word is the focus of the sentence;

Elmész a koncertre? [⌣] *Are you going to the concert?*

or if there is no special emphasis on any word in the sentence;

Felszálltam a villamosra. *I got on the tram.*

Note that yes-or-no questions always have this word order, e.g. **Felszállsz** a villamosra? [⌣] *Are you getting on the tram?*

(b) The verbal particle follows the verb making a separate word if:

the focus is any other word or group of words;

A villamosra **szálltam fel**. *I got on the tram.*
Nem a buszra **szálltam fel**. *I didn't get on the bus.*

Note that the word order is always verb + verbal particle if the verb is negated, e.g. **Nem szálltam fel** a villamosra. *I didn't get on the tram.*

5 Yes-or-no questions with a verbal particle

A positive short answer to these questions can be given by just repeating the verbal particle:

Elmész? [⌣] **El.** *Are you leaving? Yes, I am.*
Hazamentek? [⌢] **Haza.** *Are you going home? Yes we are.*

6 Time expressions with 'for'

The word *for* is expressed in different ways in Hungarian.

(a) To express a specified period of time during which someone has not done something, or something has not happened, use the 3rd person singular possessive ending, e.g.

két perce, órája, napja, hete, hónapja, éve, etc.
for two minutes, hours, days, weeks, months, years, etc.

Ezer éve nem láttalak. *I haven't seen you for ages.*
 (Lit. *for a thousand years.*)
Két napja nem ettem. *I haven't eaten for two days.*

Note the questions: **Mennyi ideje?** or **Mióta?** (*for*) *How long?* **Hány napja?** (*for*) *How many days?*, etc. **Mióta nem** kaptál levelet? *How long is it since you received a letter?*

Note the change in meaning if these sentences are made positive:

Két éve nem voltam Londonban. *I haven't been to London for two years.*
Két éve voltam Londonban. *I was in London two years ago.*
Egy hete nem láttalak. *I haven't seen you for a week.*
Egy hete láttalak. *I saw you a week ago.*

(b) To express a period of time extending into the present, use also the 3rd person singular possessive ending, e.g.

Már **két hónapja** új vállalatnál *I've been working for a new*
 dolgozom. *company for two months now.*
Két órája várlak! *I've been waiting for you for two hours.*

(c) To express the period of time that something is, or was, to last:

(i) use the **-ra/-re** ending with dynamic verbs (i.e. verbs which express any form of movement), e.g.

két hétre / hónapra *for two weeks / months*, etc.

Pár napra Londonba küldtek tárgyalni.
They sent me to London for a few days to negotiate.

Két hétre mentünk Olaszországba.
We went to Italy for two weeks.

Note the questions: **Mennyi időre?** (*For how long?*) **Hány napra?** (*For how many days?*), etc. **Mennyi időre** mész Párizsba? *For how long are you going to Paris?*

(ii) use the **-ig** ending with static verbs (i.e. verbs not expressing any form of movement), e.g.

Két napig tartott a konferencia.
The conference lasted for two days.

Három hétig lesznek itt a szüleim.
My parents are going to be here for three weeks.

Cf. **Három hétre** jöttek a szüleim.
My parents have come for three weeks.

Note the questions: **Mennyi ideig?** or **Meddig?** (*How long?*) **Mennyi ideig** lesznek itt a szüleid? *How long are your parents going to be here?*

(*d*) To express that something was, is, or will be done by a certain time, also use the **-ra/-re** ending, e.g. **öt órára** (*by five o'clock*), etc.

Az óvodába is odaérek minden nap **ötre**.
I also get to the nursery school by five o'clock every day.

Note the questions: **Hány órára?**, **Hányra?**, **Mikorra?** (*When ... by?*):

Hányra kell az irodába menned? *What time do you have to get to the office by?*

7 The infinitive with possessive endings

The infinitive is often used to express a general, impersonal statement, e.g. **Itt nem szabad dohányozni**. *Smoking is not allowed here.* To say who is not allowed to smoke, use the possessive endings.

They are added to the infinitive, omitting the **i**, except in the 3rd person singular and plural forms, where the **i** is retained.

Back vowel words	Front vowel words	Front vowel words with ö, ő, ü or ű as their final vowel
tud**ni**	beszél**ni**	főz**ni**
tud**nom**	beszél**nem**	főz**nöm**
tud**nod**	beszél**ned**	főz**nöd**
tud**nia**	beszél**nie**	főz**nie**
tud**nunk**	beszél**nünk**	főz**nünk**
tud**notok**	beszél**netek**	főz**nötök**
tud**niuk**	beszél**niük**	főz**niük**

The infinitive (with or without the possessive endings) is used with words like:

érdemes	*worth*	**sikerül**	*manage to, succeed*
kell	*must, have to*	**szabad**	*allowed*
lehet	*can, may*	**tilos**	*forbidden*
muszáj	*must, have to*		

Most **mennem kell**.
Sikerült taxit **találnod**? [⌐]
Muszáj ilyen hamar **elmennetek**? [⌐]

I have to go now.
Did you manage to find a taxi?
Do you have to go so soon?

Though it is grammatically correct to use the infinitive without the possessive endings, it is better style to use it with them.

To emphasise the person or to draw a contrast, use the dative ending:

Kinek kell aláírnia a szerződést? Nekem? [⌐]
Editnek nem szabad dohányoznia, mert terhes.

Who has to sign the contract? Me?
Edit mustn't smoke because she's pregnant.

8 Bennem (*in me*)

Bennem is formed from the ending **-ban/-ben** with the first person singular possessive ending. The same in English is expressed by a preposition followed by the object form of the personal pronoun.

The -ban/-ben forms of the personal pronouns

bennem	*in me*	**bennünk**	*in us*
benned	*in you* (sing.fam.)	**bennetek**	*in you* (pl.fam.)
benne	*in you* (sing.form.)	**bennük**	*in you* (pl.form.)
benne	*in him/her*	**bennük**	*in them*

These forms are used when certain words require the use of the
-ban/-ben ending, e.g. **megbízik** (vkiben) *trust* (sy).

Nagyon jól esett, hogy ilyen
hamar **megbíztak bennem**.   *It was nice to feel that they
trusted me so soon.*

9 Végez (*finish*)

This is a somewhat irregular verb. Here is its conjugation:

present tense indefinite conjugation:
végzek, végzel, végez, **végzünk**, végeztek, végeznek

present tense definite conjugation:
végzem, végzed, végzi, végezzük, **végzitek, végzik**

past tense indefinite conjugation:
végeztem, végeztél, **végzett**, végeztünk, végeztetek, végeztek

past tense definite conjugation:
végeztem, végezted, végezte, végeztük, végeztétek, végezték

Gyakorlatok

1   Answer the questions comparing the items listed below. Here is
the first one for you: (*a*) A Lehel piacon olcsóbb a paradicsom,
mint a Hunyadi téri piacon, de a Bosnyák téri piacon a legolcsóbb.

(*a*)   Hol olcsó a paradicsom?
Hunyadi téri piac, Lehel piac, Bosnyák téri piac

(b) Melyik nyelv nehéz?
orosz, magyar, kínai
(c) Ki szép?
Marilyn Monroe, Ingrid Bergman, Grace Kelly
(d) Melyik sport érdekes?
golf, krikett, foci
(e) Milyen üdítőital finom?
kóla, narancslé, almalé
(f) Melyik város nagy?
Budapest, Párizs, London

---

almalé (almalevet, almaleve) *apple juice*

---

2 In the army, soldiers are measured for height and weight. Can you work out how tall the following are?

Lajos az egyik legmagasabb katona a hadseregben. Péter olyan magas, mint Gyuri. András alacsonyabb Lajosnál, de magasabb Péternél. Lajos 8 centiméterrel magasabb Gyurinál, és Gyuri 5 centiméterrel alacsonyabb Andrásnál. Péter magassága 180 cm. Milyen magasak a többiek?

---

katona *soldier*   **hadsereg** (*pron.* haccsereg) *army*

---

3 An engineering company has placed the following advertisement in the papers.

> Angol-magyar vegyes vállalat titkárnőt keres, aki folyékonyan beszél angolul, gyorsan tud gépelni és több éves titkárnői tapasztalattal rendelkezik.

...több éves titkárnői tapaszta-   **gépel** *typewrite*
lattal rendelkezik. *...has sever-*
al years of experience working as
a secretary.

Three people are shortlisted. The head of the personnel department has listed their qualities and skills, marking them 1–3 (1 is the best). Compare the applicants following this sentence:

(*a*) Edit folyékonyan beszél angolul, de Brigitta folyékonyabban beszél nála, és Nóra beszéli a nyelvet a legfolyékonyabban.

		Nóra	Edit	Brigitta
(*a*)	hogy beszél angolul	1	3	2
(*b*)	milyen gyorsan tud gépelni	2	3	1
(*c*)	tapasztalat	3	2	1

4 A short study was published in one of the Hungarian daily newspapers on the diet of the poor in Hungary. Study this extract. The writer of the article was interviewed on Hungarian radio about the subject. What were his answers to the reporter's questions?

Magyarországon manapság drágábbak az élelmiszerek, mint néhány évvel ezelőtt. A szegények tehát kevesebbet költenek élelmiszerre, és inkább az olcsóbb élelmiszereket vásárolják. Több kenyeret, zsírt, tésztát és szalonnát fogyasztanak, mint az átlagos szinten élők. A szegények friss gyümölcs-, zöldség-, főzelék-, sajt- és tojásfogyasztása csak negyvenhat százaléka az átlagos szinten élőkének. Ugyanakkor az átlagos szinten élők nemcsak egészségesebben táplálkoznak, hanem többet is sportolnak.

szalonna *a type of bacon*	*healthy*
fogyaszt (vmit) *consume* (sg)	**táplálkozik** *eat*
átlagos *average*	**az átlagos szinten élők** *those*
szint (-et, -ek, -je) *level*	*who have a reasonable standard*
fogyasztás (-t, -a) *consumption*	*of living* (Lit. *those living on an*
százalék (-ot, -a) *percentage*	*average level*)
egészséges (*pron.* egésséges)	

(*a*) Milyen élelmiszereket vásárolnak a szegények, és mennyit költenek élelmiszerre?

(*b*) Miből fogyasztanak többet a szegények mint az átlagos szinten élők?

(*c*) Miből fogyasztanak kevesebbet a szegények az átlagos szinten élőknél?

(*d*) Melyik csoport sportol többet: az átlagos szinten élők vagy a szegények?

> **csoport** (-ot, -ok, -ja)   *group*

5   Follow Tibor's route to his office every morning. Write in the missing verbal particles. Then say it aloud.

Tibor reggel korán (*a*) _____megy otthonról. Kissé szórakozott és néha elfelejti bezárni az ajtót vagy becsukni az ablakot és akkor gyorsan (*b*) _____siet a lakásba. Az utcán (*c*) _____sétál a tizenhetes busz megállójáig. (*d*) _____száll a buszra, majd a Széchenyi utcában (*e*) _____száll a buszról. (*f*) _____megy az úton és (*g*) _____megy a Széchenyi utcán. Az utca végében van az új irodája. (*h*) _____megy a kapun és (*i*) _____megy az ötödik emeletre.

---

szórakozott   *absent-minded*   **becsuk** (vmit)   *close* (sg)
bezár (vmit)   *lock* (sg)

---

6   How do you go to work? Give a detailed description.

7   Magda is an ambitious young woman who wants to be an opera singer. She is talking to a friend in a café. Write in the missing endings and then tell her story aloud.

Képzeld, már két nap_____ csend van a lakásban! A szomszédaim három hét_____ vidékre utaztak. Nem tudod elképzelni, hogy mit jelent ez nekem! Minden délután pontosan 5 óra_____ szoktak hazajönni. Éppen amikor én gyakorolni kezdek! Az apa bekapcsolja a rádiót és a híreket hallgatja. Az anya főz a konyhában, és közben hangosan veszekszik a gyerekekkel. Hét_____ kész a vacsora. Utána bekapcsolják a tv-t, a fiuk pedig a szobájában a magnót hallgatja. Pár nap_____ kutyájuk is van, az is hangosan ugat. Hát lehet így áriákat énekelni?

---

csend (-et)   *quiet*   **bekapcsol** (vmit)   *switch on* (sg)
vidék (-et, -ek, -e)   *countryside*   **ugat**   *bark* (verb)
gyakorol   *practise*   **ária**   *aria*

---

8   Éva is telling her friend Andrea why she is looking for another place to live. Write in the correct 1st person singular form of the

infinitives in brackets and then tell her story aloud.

Nem bírom tovább. Elköltözöm! Képzeld, a lakásban tilos (**cigarettázni**) _____. Csak akkor szabad (**főzni**) _____, ha a házinéniék befejezték a vacsorát. Legkésőbb este tízre otthon kell (**lenni**) _____. Az utcáról kell (**telefonálni**) _____, mert az ő telefonjukat nem szabad (**használni**) _____. Ráadásul a barátom sem szabad (**felvinni**) _____. Muszáj lesz új albérletet (**keresni**) _____. Remélem, sikerül majd jó helyet (**találni**) _____.

Nem bírom tovább.   *I can't bear it any longer.*
elköltözik   *move house*
cigarettázik   *smoke* (verb)
házinéni   *landlady*

befejez (vmit)   *finish* (sg)
legkésőbb (*pron.* lekkésőbb)   *the latest*
felvisz (vkit)   *take* (sy) *up*

---

9 Andrea was astounded to hear Éva's story. When she meets Jutka, their mutual friend, she tells her about Éva's experience. What does she say?

Érti?

Ibolya and Balázs are a young couple with two small children. They are discussing where to go on holiday.

Ibolya Hová megyünk idén nyaralni, Balázs?

Balázs Nekem már elegem van a Velencei-tóból. Unalmas egész nap a vízparton ülni. És nagyon drága lett.

Ibolya Manapság mindenhol drágább, mint régebben. Tudod jól, az infláció … A Velencei-tó még az egyik legolcsóbb hely. Ráadásul két gyerekkel minden sokkal többe kerül. Apáméknak saját nyaralójuk van ott, és nem kell szállást fizetnünk.

Balázs Igen, de szerintem változásra van szükségünk. Már négy éve minden nyáron odajárunk. Milyen jó lenne két-három hétre biciklitúrára menni! Emlékszel, amikor bejártuk egész Kelet-Magyarországot? Annál érdekesebb nyarunk azóta sem volt. Szebbnél szebb helyeken jártunk, és sokkal több emberrel sikerült megismerkednünk, mint a Velencei-tónál! Vagy amikor gyalogtúrára mentünk az Őrségbe* és kempingekben szálltunk meg...

Ibolya És emlékszel, amikor három napig esett az eső és minodenünk csupa víz lett?! Amikor kisütött a nap, kiteregettem, de pár perccel később újra eleredt az eső, és megint minden átázott. És ez így ment három napig. Izgalmasabb volt, mint a Velencei-tónál, az biztos. De kisgyerekekkel nem lehet ezt csinálni. Az embernek muszáj áldozatot hoznia ... A Velencei-tó még a lehető legjobb megoldás. Majd ha a gyerekek nagyobbak lesznek, könnyebben tudunk utazni. Még talán külföldre is eljutunk. Már ott sem sokkal drágábbak a kempingek, mint nálunk...

Balázs Na jó! Akkor a nyáron is a Velencei-tóhoz megyünk. Végül mindig sikerül meggyőznöd...

elege van *has had enough*	**kitereget** *hang out the washing*
szállás (-t, -ok, -a) *accommodation*	**Elered az eső.** *It starts raining.*
Milyen jó lenne... *How lovely it would be...*	**átázik** *get soaked through*
	izgalmas *exciting*
bejár (vmit) *go all over* (sg)	**áldozatot hoz** *make a sacrifice*
azóta *since then*	**a lehető legjobb** *the best possible*
szebbnél szebb *one more beautiful than the other*	**megoldás** (-t, -ok, -a) *solution*
	eljut (vhova) *get* (somewhere)
megszáll (vhol) *stay* (somewhere)	**meggyőz** (vkit) *convince* (sy)
csupa víz lett *got wet through*	**az biztos** *that's for sure*
Kisüt a nap. *The sun comes out.*	

*Őrség is in the western-most part of Hungary. It is famous for its relatively untouched natural beauty as well as for its historical and cultural remains.

Feleljen a kérdésekre!

(a) Miből és miért van elege Balázsnak?

(b) Miért olcsó a Velencei-tó Ibolyáéknak?

(c) Mióta járnak Balázsék minden nyáron a Velencei-tóhoz?

(d) Miért sikerült jól Balázs szerint a kelet-magyarországi biciklitúra?

(e) Mi lesz, ha a gyerekek nagyobbak lesznek?

✳ This has been the most demanding unit so far. Before going on to Unit 20, it would be a good idea to go through the exercises again and see if you can remember the correct answers where you made mistakes before.

20
JOBB LETT VOLNA, HA ...
It would have been better if ...

In this unit you will learn how to

- express what would happen or what someone would do, as well as what would have happened and what somebody would have done
- express possibility, permission, wishes and sympathy
- buy tickets to the theatre
- report what someone has said

Párbeszéd

The Hajdú family has just received a letter from a relative inviting them to the country for the feast of pig killing.

Robi Apa, mit írnak keresztmamáék?

Apa Meghívtak bennünket disznóölésre.

Robi De jó lenne elmenni! Én még soha sem voltam disznótoron. Emlékszel, amikor húsvétkor náluk voltunk, milyen finom volt a kolbász! Most még több finomat ehetünk majd: hurkát, kocsonyát ... És mikor lesz náluk a disznóölés?

Apa Karácsony előtt. Eltölthetnénk náluk néhány napot, sőt karácsonyra is ott maradhatunk. Télen még úgysem voltál falun!

Robi Nem, de szilveszterre szeretnék hazajönni. Pali bácsiéknak nincs színes tévéjük, és én meg szeretném nézni a szilveszteri műsort, meg lesz néhány jó film is ...

Apa Jó, majd meglátjuk. Egyszer talán kibírod tv nélkül is.

Anya Miklós, szerinted jó ötlet karácsonyra is lenn maradni? Húsvétkor is egy egész hetet náluk töltöttünk. Jobb lett volna, ha csak egy-két napra mentünk volna. Az ember ott mást se csinál, csak eszik egész nap. Állandóan kínálnak, és nem lehet nekik nemet mondani. Vilma egész nap csak pletykálna ... Sokkal fárasztóbb vendégségbe menni, mintha itthon maradnánk, és mindent nekem kellene egyedül csinálnom: főzni, takarítani, karácsonyfát díszíteni.

Robi De anya, én mindig meg szoktalak kérdezni, hogy miben segíthetek. De te mindig azt mondod, hogy inkább egyedül csinálod.

Apa Vilmáék már évek óta hívnak bennünket disznóölésre vagy karácsonyra. Tavalyelőtt azt mondtuk, hogy a nagy hó miatt leálltak a vonatok, tavaly a kocsink nem volt jó. Nem hinném, hogy idén is sikerülne valami jó kifogást találnunk ... Muszáj egyszer elfogadni a meghívásukat, különben megsértődnek. Vilma mégiscsak a nővérem!

Anya Persze, hogy muszáj. De nem kell feltétlenül olyan sokáig lenn maradnunk. Mi lenne, ha csak disznóölésre mennénk? Karácsonyra pedig hazajövünk.

Apa Na jó, nem bánom! Szegény Vilma, nem lesz kivel pletykálnia az ünnepek alatt ...

 ———— **Szavak és kifejezések** ————

meghív (vkit) *invite* (sy)
eltölt (vhol) **néhány napot** *spend a few days* (somewhere)
Majd meglátjuk. *We shall see.*
Egyszer talán kibírod tv nélkül is.
 Perhaps for once you can do without TV.
Az ember ott mást se csinál, csak eszik. *One does nothing there, but eat.*
állandóan *constantly*
kínál (vmit) *offer* (sg) (*food or drink*)
pletykál *gossip* (verb)
vendégségbe megy *go to see* (sy)

állandóan csinál (vmit) *keep doing* (sg)
tavalyelőtt *the year before last*
leáll *stop*
kifogás (-t, -ok, -a) *excuse*
meghívást elfogad *accept an invitation*
különben (*pron.* külömben) *or else*
megsértődik *take offence*
Nem feltétlenül. *Not necessarily.*
Nem lesz kivel pletykálnia. *She will have nobody to gossip with.*
Egész nap csak pletykálna. *She would like to gossip all day long.* (Lit. *She would only gossip all day long.*)

Kérdések

1   Igaz vagy nem igaz? Correct and re-write the false statements.

(a)   Robi keresztmamája Robit és a szüleit szilveszterre hívta meg.

(b)   Robi szeretne elmenni a disznótorra, mert ott sok finomat ehet.

(c)   Robi szilveszterre szeretne hazajönni, mert jó meccs lesz a tv-ben.

(d)   Robi édesanyja szerint jobb lett volna, ha húsvétkor csak néhány napra mentek volna a férje nővéréékhez.

(e)   Ha Hajdúék idén sem fogadják el a rokonaik meghívását, a rokonok megsértődnek.

2   Feleljen a kérdésekre!

(a)   Mire hívták meg Hajdúékat a rokonaik?
(b)   Miért szeretne Robi szilveszterre hazamenni?
(c)   Mennyi időt töltöttek Hajdúék húsvétkor falun?
(d)   Miért nem szeret az anya sokáig a rokonoknál lenni?
(e)   Mit mondtak Hajdúék tavalyelőtt, miért nem tudtak karácsonykor elmenni a rokonaikhoz?

—— Magyarország és a magyarok ——

Disznóölés (Lit. *pig-killing*)

This is a traditional feast going back centuries. It still takes place in villages, usually in December. There is hardly any part of the pig which is not used. People make homemade **kolbász** (*sausage*), **hurka** (*white* or *black pudding*), **sonka** (*ham*), **disznósajt** (Lit. *pigcheese*) *souse* or *headcheese*, **kocsonya** (*cold pork in aspic*), **szalonna** (*a type of bacon*), **zsír** (*lard*) and other preserved foods.

Some of the smoked sausages might last until summer, and smoked ham is used at Easter. People celebrate the pig-killing occasion at a **disznótor**, which is a special feast consisting of several courses (all pork dishes). Relatives and friends are invited, and those who cannot attend are usually sent some **kóstoló** (*titbits*) as a taster.

Karácsony *(Christmas)*

The Christmas season starts on the morning of December 6 when **Mikulás** or **Télapó** *(Santa Claus)* puts into good children's boots, placed on window sills, chocolate santas and other sweets. Bad children get a symbolic gold-painted **virgács** *(switch)*. On the evening of December 24 **Jézuska** *(little Jesus)* brings a Christmas tree and presents. While small children are sent to play, parents decorate the Christmas tree in the afternoon. Apart from lots of ornaments and tinsel, they put **szaloncukor** on it (this looks like a small cracker, but inside the wrapper there is a delicious chocolate). In the evening everybody admires the tree and unwraps their presents. It is followed by Christmas dinner. Usually only the immediate family takes part. Some people go to church to the **éjféli mise** *(midnight mass)*. On 25th and 26th December, friends and family visit each other. In small villages, children act out the Bethlehem story and sing carols in exchange for small gifts.

Szilveszter *(New Year's Eve)*

This is usually spent with friends at big parties. People traditionally buy paper trumpets, which everybody blows in the streets. The **szilveszteri műsor** *(New Year's Eve Programme)* is on television starting from about 8pm. It is full of comedy sketches. At midnight, the national anthem is played on television. Afterwards people kiss and hug each other, wishing everybody a happy new year. Later in January, when people go back to work, everybody talks about the programme, usually finding it 'worse than last year'.

Húsvét *(Easter)*

On Easter Monday (**húsvét hétfő**) boys and men visit their girlfriends and female relatives, and sprinkle them with **kölni** *(au de cologne)*, reciting a little poem:

Zöld erdőben jártam,	*I was walking in a green forest*
kék ibolyát láttam,	*and I saw a blue violet,*
el akart hervadni,	*it was about to wither*
szabad-e locsolni?	*may I water it?*

In return they receive painted eggs, chocolate bunnies, food and drink. **Szegény** *poor, poor thing* expresses sympathy:

Nagyon fáj a hasam!	*I have a bad stomach-ache.*
Te szegény!	*You poor thing!*

5 ──────────── **Nyelvtan** ────────────

1 The conditional

There are three types of conditional sentence in English. Here is an example of each:

(i) If it rains, we will stay at home.
(ii) If it rained, we would stay at home.
(iii) If it had rained, we would have stayed at home.

Type (i) is normally expressed in Hungarian by the present tense or occasionally by the future tense. Here are all the possibilities:

Ha esik az eső, (akkor) otthon maradunk.
Ha esik az eső, (akkor) otthon fogunk maradni.
Ha esni fog az eső, (akkor) otthon maradunk.

The word **akkor** (*then*) can be left out.

Type (ii) is expressed by the present conditional, e.g.

Ha esne az eső, (akkor) otthon maradnánk.

and type (iii) by the past conditional in Hungarian, e.g.

Ha esett volna az eső, (akkor) otthon maradtunk volna.

The present conditional

Indefinite conjugation

Back vowel verbs

(én) ad**nék***	*I would give*	(mi) ad**nánk**	*we would give*
(te) ad**nál**	*you would give*	(ti) ad**nátok**	*you would give*
(maga/ön) ad**na**	*you would give*	(maguk/önök) ad**nának**	*you would give*
(ő) ad**na**	*he/she would give*	(ők) ad**nának**	*they would give*

Front vowel verbs

(én) főz**nék**	*I would cook*	(mi) főz**nénk**	*we would cook*
(te) főz**nél**	*you would cook*	(ti) főz**nétek**	*you would cook*
(maga/ön) főz**ne**	*you would cook*	(maguk/önök) főz**nének**	*you would cook*
(ő) főz**ne**	*he/she would cook*	(ők) főz**nének**	*they would cook*

---

*Note that here, even back vowel verbs get a front vowel ending!

If the verb stem ends in **-ít** or two consonants, a linking vowel (**a** or **e**) is needed before the conditional endings, e.g.

tanít**anék**	ért**enék**
tanít**anál**	ért**enél**
tanít**ana**	ért**ene**
tanít**anánk**	ért**enénk**
tanít**anátok**	ért**enétek**
tanít**anának**	ért**enének**

Note these irregular verbs:

megy	mennék	mennél	menne	mennénk	mennétek	mennének
jön	jönnék	jönnél	jönne	jönnénk	jönnétek	jönnének
eszik	ennék	ennél	enne	ennénk	ennétek	ennének
iszik	innék	innál	inna	innánk	innátok	innának
lesz*	lennék	lennél	lenne	lennénk	lennétek	lennének
van	volnék	volnál	volna	volnánk	volnátok	volnának
tesz	tennék	tennél	tenne	tennénk	tennétek	tennének
vesz	vennék	vennél	venne	vennénk	vennétek	vennének
hisz	hinnék	hinnél	hinne	hinnénk	hinnétek	hinnének
visz	vinnék	vinnél	vinne	vinnénk	vinnétek	vinnének
alszik	aludnék	aludnál	aludna	aludnánk	aludnátok	aludnának
fekszik	feküdnék	feküdnél	feküdne	feküdnénk	feküdnétek	feküdnének

*__Volna__ and __lenne__ can often be used interchangeably, but __lenne__ is more frequent.

Definite conjugation

Back vowel verbs

(én) ad**nám**	*I would give*	(mi) ad**nánk**	*we would give*
(te) ad**nád**	*you would give*	(ti) ad**nátok**	*you would give*
(maga/ön) ad**ná**	*you would give*	(maguk/önök) ad**nák**	*you would give*
(ő) ad**ná**	*he/she would give*	(ők) ad**nák**	*they would give*

Front vowel verbs

(én) főz**ném**	*I would cook*	(mi) főz**nénk**	*we would cook*
(te) főz**néd**	*you would cook*	(ti) főz**nétek**	*you would cook*
(maga/ön) főz**né**	*you would cook*	(maguk/önök) főz**nék**	*you would cook*
(ő) főz**né**	*he/she would cook*	(ők) főz**nék**	*they would cook*

Note that 1st and 2nd person plural conditional endings are the same in both definite and indefinite conjugations.

Verbs ending in **-ít** or two consonants need the **a** or the **e** linking vowel here as well, e.g.

tanít**anám**	ért**eném**
tanít**anád**	ért**ened**
tanít**aná**	ért**ené**
tanít**anánk**	ért**enénk**
tanít**anátok**	ért**enétek**
tanít**anák**	ért**enék**

Note the **-lak/-lek** forms: bemutat**nálak** (*I would introduce you*), szeret**nélek** (*I would love you*), tanít**análak** (*I would teach you*) and ért**enélek** (*I would understand you*).

Note these irregular verbs:

eszik	enném	ennéd	enné	ennénk	ennétek	ennék
iszik	innám	innád	inná	innánk	innátok	innák
tesz	tenném	tennéd	tenné	tennénk	tennétek	tennék
vesz	venném	vennéd	venné	vennénk	vennétek	vennék
hisz	hinném	hinnéd	hinné	hinnénk	hinnétek	hinnék
visz	vinném	vinnéd	vinné	vinnénk	vinnétek	vinnék

● In Hungarian, unlike in English, in sentences of type (ii) above the present conditional must be used in both halves of the sentence:

Ha **esne** az eső, otthon **maradnánk**.

Here are some further examples:

Ha **tudna**, biztosan **eljönne**.	*If he could, he'd surely come.*
Mit **főznél**, ha **lenne** itthon krumpli is?	*What would you cook if we had potatoes at home as well?*
Mit **szeretnétek** enni?	*What would you like to eat?*
Szeretnélek bemutatni a férjemnek.	*I'd like to introduce you to my husband.*
Ha ezt olaszul **mondanám**, akkor **értenéd**? [⌒]	*If I said this in Italian, would you understand it?*

The past conditional

The past conditional is much simpler than the present conditional, as it is expressed by the past tense of the verb, followed by the word **volna**, e.g.

adtál volna	*you would have given*
főztél volna	*you would have cooked*
adtad volna	*you would have given*
főzted volna	*you would have cooked*, etc.

Note the past conditional of the verb **lenni** *to be*:

(én) **lettem volna**	*I would have been*
(te) **lettél volna**	*you would have been*
(maga/ön/ő) **lett volna**	*you / he / she would have been*
(mi) **lettünk volna**	*we would have been*
(ti) **lettetek volna**	*you would have been*
(maguk/önök/ők) **lettek volna**	*you / they would have been*

● In sentences of type (iii) above the past conditional must be used in both halves of the sentence:

Ha **esett volna** az eső, otthon **maradtunk volna**.

Here are some more examples:

Ha **lett volna** nálam pénz, akkor **felhívtalak volna**.
If I'd had money on me, I would have telephoned you.

Elmentünk volna a koncertre, ha korábban **kezdődött volna**.
We would have gone to the concert if it had started earlier.

● Just as in English, there are many sentences where the present or the past conditional are only used in one half of the sentence:

Gondoltad volna, hogy Péterből híres sportoló lesz? [⌐]
Would you have thought that Péter would become a famous sportsman?

Ha nem **ettél volna** olyan sok rétest, most nem **éreznéd** ilyen rosszul magad.
If you hadn't eaten so many strudels, you wouldn't feel so unwell now.

The conditional is also used:

● in polite requests:

Megmondaná, hol a jegypénztár? [⌐]
Would you tell me where the ticket office is?

Kinyitnád az ablakot? [⌐]
Would you open the window?

● to express a wish:

De jó lenne, ha el **tudnál** jönni! *How lovely it would be if you could come!*

Note that wishes are often introduced by the words **bárcsak**, **bár** or **csak** (*if only*), e.g. **Bárcsak** már péntek lenne! *I wish it was already Friday!*

- to express *should, should have, ought to, ought to have*:

Nem **kellene** mindig virágot hoznod.	*You shouldn't always bring flowers.*
Nem **kellett volna** drága ajándékot venned!	*You shouldn't have bought an expensive present.*

- to express *could* and *could have*:

Tudnék előbb is jönni.	*I could come earlier, too.*
Előbb is **tudtam volna** jönni.	*I could have come earlier, too.*

2 Verbal particles changing the meaning of the verb

Verbal particles can modify or completely change the meaning of verbs. Apart from most of those listed in Unit 20, **meg** (which has no English equivalent) is often used to serve this purpose. Here are two words with various combinations as examples:

beszél (*speak*)

lebeszél (vkit) (vmiről)	*talk* (sy) *out of* (sg)
rábeszél (vkit) (vmire)	*persuade* (sy) *to do* (sg)
megbeszél (vmit)	*discuss* (sg)
visszabeszél (vkinek)	*answer* (sy) back

vesz (*take*)

kivesz (vmit) (vhonnan)	*take* (sg) *out of* (sg)
bevesz gyógyszert	*take medicine*
levesz ruhát	*take off clothes*
felvesz ruhát	*put on clothes*

Megbeszéltük, hogy hol találkozunk.	*We discussed where to meet.*
Pisti mindig **visszabeszél** az anyukájának.	*Pisti always answers his mum back.*

Kivettem a pulóvert a szekrényből.	*I took the pullover out of the wardrobe.*
Erzsi **levette** a ruháját és **felvette** a pizsamáját.	*Erzsi took off her clothes and put on her pyjamas.*
Bevetted a gyógyszert? [⌣]	*Have you taken the medicine?*

✳ It is best if you learn these as new words as it is easier than working out what they mean.

3 Separating the verbal particle and the verb

Certain words can come between the verbal particle and the verb. Here are a few:

kell	*must, have to*	**tetszik**	*(courtesy address)*
lehet	*may be*	**akar**	*want*
tud	*can*	**szokott**	*(see page 236)*
fog	*will*	**szeretne**	*would like to*

● Note that this will only happen if these words, together with the verb and the verbal particle, are the focus of the sentence, e.g.

Le kell beszélnünk Tamást a tervéről.	*We must dissuade Tamás from his plan.*
Be tetszett venni a gyógyszert? [⌣]	*Have you taken the medicine?*
Veled mindent **meg lehet beszélni.**	*One can discuss everything with you.*
Rá akarlak beszélni a filmre.	*I want to persuade you about the film.*
Vissza kell hoznom a könyvet? [⌣]	*Have I got to bring the book back?*

● If any other part of the sentence is emphasised, these words (in the box above) come between the focus and the verbal particle + infinitive (written as one word):

A filmre akarlak rábeszélni.	*I want to persuade you about the film.*
Mikor kell visszahoznom a könyvet?	*When do I have to bring the book back?*
A piros ruhámat tudom csak felvenni, mert a kék piszkos.	*I can only put on my red dress because the blue one is dirty.*

- Note that if these words are negated, they are also followed by the verbal particle + infinitive written as one word, e.g.

Sajnos ma **nem tudok elmenni**. *Unfortunately I can't go today.*

Note also that if the verb is negated in past conditional sentences, **volna** comes between the verb and the verbal particle.

Cf. Ha tudtam volna, hogy te is ott   *If I had known that you would*
    leszel, **elmentem volna**.   *be there too, I would have gone.*
  Ha te nem lettél volna ott,   *If you hadn't been there*
    nem mentem volna el.   *I wouldn't have gone.*

4 The -hat and -het (can, could, may, might, be allowed to, must) ending

This ending expresses possibility, permission or deduction, and can follow any verb stem. This form can then be conjugated in the present tense, the past tense and the conditional. Here are a few examples (see the Appendix for the full list of possibilities):

mos**hat**ok	*I may wash*
cigarettáz**hat**ott	*he was allowed to smoke*
főz**het**ed	*you can cook*
kér**het**nénk	*we could ask*

Note that these verbs have irregular **-hat/-het** forms:

alszik – **alhat**		jön – **jöhet**
eszik – **ehet**		megy – **mehet**
fekszik – **fekhet**		tesz – **tehet**
fürdik – **fürödhet**		ugrik – **ugorhat**
hisz – **hihet**		lesz – **lehet**
iszik – **ihat**		vesz – **vehet**
		visz – **vihet**

Segíthetek? [⌣]   *Can I help?*
Kinyithatjuk az ablakot [⌣]   *Can we open the window?*
Várhatnátok még egy kicsit.   *You could wait a little longer.*
Én is **elmehettem volna**, de nem *I could have gone as well,*
  akartam.   *but I didn't want to.*
Nem **ehetek** sok édességet, mert *I can't eat a lot of sweets*
  cukorbeteg vagyok.   *because I'm diabetic.*

Okos ember **lehet**.
Nem **lehetett** friss a hal,
  mert elrontottam a gyomrom.

He must be a clever man.
The fish can't have been good
  because I have an upset stomach.

- Note that possibility is often expressed with the phrase **lehet, hogy** (Lit. *it is possible that*):

Lehet, hogy esni fog az eső.
Lehet, hogy Sanyi is a meccsre
ment.

It might rain.
Sanyi may have gone to the
  match as well.

5 Indirect statements

Direct statements quote word for word what someone has said:

**Péter azt mondta: „Holnap
nem jövök dolgozni."**

Péter said, 'Tomorrow I won't
  come to work.'

Indirect statements report what someone has said rather than quoting it word for word:

**Péter azt mondta, hogy holnap
nem jön dolgozni.**

Péter said that he wouldn't
  come to work tomorrow.

In English, the tense of the direct statement changes in the indirect statement (in the example above *'won't come'* changed to *'wouldn't come'*). In Hungarian, there is no change of tense when making indirect statements (both **jövök** and **jön** are in the present tense in the example above). However, the form of the verb might change, depending on the person we are talking about. (See **jövök**: 1st person singular, and **jön**: 3rd person singular above.)

Note that in indirect statements the word **hogy** (*that*) is always preceded by a comma.

6 Further time expressions

- **óta** (*since, for*)

This is a postposition. Note the question word **Mióta?** (*Since when?*, (*For*) *how long?*)

(*a*) The main meaning of **óta** is *since*:

Mióta ismered Jánost?

Since when have you known
  János?

1986 óta Angliában élek.	*I've been living in England since 1986.*
Hét óra óta várlak!	*I've been waiting for you since 7 o'clock!*
Június óta nem dolgozom.	*I haven't been working since June.*

(*b*) **Óta** can also express an unspecified period of time during which someone has not done something or something has not happened. Here it means *for*, e.g.

napok óta	*for days*	**hetek óta**	*for weeks*
hónapok óta	*for months*	**évek óta**	*for years*

Évek óta nem is **hallottunk** Péterről.	*We haven't even heard about Péter for years.*
Napok óta nem láttalak.	*I haven't seen you for days.*

* The **-t** ending

This is used in time expressions when talking about a period spent doing something:

Három napot töltöttünk a tengerparton.	*We spent three days at the seaside.*
A betörő **5 évet** ült börtönben.	*The burglar spent 5 years in prison.*

* The ending **-kor** (*at*)

-kor means *at* or *on* in expressions such as: **karácsonykor** (*at Christmas*) **szilveszterkor** (*on New Year's Eve*) and **húsvétkor** (*at Easter*):

Karácsonykor nem leszünk otthon.	*We won't be at home at Christmas.*

Gyakorlatok

1 Find the second half of each sentence. Then write out the complete sentences.

(*a*) Ha egy kicsit lassabban beszélnél,

(*b*) Szívesebben takarítanék hétközben, mint a hétvégén,

(*c*) Ha sok pénzünk lenne,

(i) egy nagy, kertes házat vennénk Budán, a Rózsadombon.

(ii) nem kellene mindig metróval utaznunk.

(d) Ha nem nyitottátok volna ki az ablakot,
(e) Ha lenne autónk,
(f) Előbb is tudnék jönni,

(iii) ha lenne időm.
(iv) ha sikerülne korábban befejeznem a munkámat.
(v) most nem lenne ilyen hideg a szobában.
(vi) sokkal jobban értenélek.

2 Bálint is buying some tickets at the Madách Kamara theatre.

Bálint A vasárnap délutáni előadásra szeretnék két jegyet venni.

Pénztáros Sajnos vasárnap délutánra már minden jegy elfogyott.

Bálint És este fél nyolcra lehet még jegyet kapni?

Pénztáros Igen. Hová parancsolja a jegyeket: az erkélyre vagy páholyba?

Bálint Kaphatnék a földszintre két jegyet egymás mellé?

Pénztáros Hogyne. Elöl vagy hátul szeretnének ülni?

Bálint Hátul.

Pénztáros A tizenhatodik sorba tudnék még két jegyet adni.

Bálint Az jó lesz.

Pénztáros Tessék, négyszázhatvan forintot kérek.

---

pénztáros (-t, -ok, -a) *cashier*
elfogy *sell out*
páholy (-t, -ok, -a) *box*
egymás mellé *next to each other*

elöl *at the front*
hátul *at the back*
sor (-t, -ok, -a) *row*
előadás (-t, -ok, -a) *performance*

After Bálint, it is Ilona's turn in the queue. This is the ticket that she buys. What does she say to the cashier? Write their conversation down, and then say it out loud from memory.

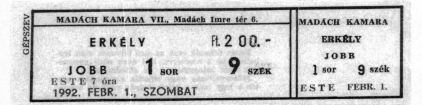

3   When Bálint went home with the tickets, his wife wasn't satisfied. What would she have preferred? Study the information below and then make up sentences like this one.

(*a*)   Jobb lett volna, ha szombat estére vettél volna jegyet.

(*a*)   szombat este   (*c*)   erkély
(*b*)   7 óra   (*d*)   olcsóbb jegy

4   Zoltán has had a car accident. His wife was also in the car when it happened. She is a typical back-seat driver. This is what she told Zoltán when they got home. Reproduce their conversation in the car. Write it all down, and then act it out from memory.

> Lassabban is vezethettél volna, Zoltán! Bárcsak egyszer hallgattál volna rám! Nekem kellett volna vezetnem, mert én kevesebbet ittam Paliéknál, mint te. Bárcsak te se ittál volna olyan sok sört! Nem kellett volna még a pálinkát is elfogadnod! Mondtam, hogy vigyázz, amikor hirtelen megállt előttünk a teherautó. Jobb lett volna, ha azután én vezettem volna. De te azt mondtad, hogy jobb lenne, ha kevesebbet beszélnék, akkor jobban tudnál figyelni. Pedig most is csak azt tudom mondani, amit a baleset után mondtam a kocsiban: ha nem lettél volna részeg, nem aludtál volna el és nem karamboloztunk volna.

hallgat rám *listen to me*	**elalszik** *fall asleep*
hirtelen *suddenly*	**karambolozik** *have a car crash*
megáll *stop* (verb)	**Nem aludtál volna el.** *You*
előttünk *in front of us*	*wouldn't have fallen asleep.*
teherautó *lorry*	

5   When the police arrived, Zoltán was questioned. What were his answers? Make up complete sentences like the one below. You can use any of these introductory phrases:

Zoltán azt válaszolta, hogy ... *Zoltán answered that ...*
Zoltán azt felelte, hogy ... *Zoltán answered that ...*
Zoltán azt mondta, hogy ... *Zoltán said that ...*

(*a*)   Zoltán azt válaszolta, hogy ő vezette a kocsit.

a rendőr kérdései   **Zoltán válaszai**

(*a*)   Ki vezetett?   Én vezettem.

(b) Miért nem állt meg a lámpánál?	Nem láttam a lámpát.
(c) Ivott ön ma este?	Csak egy keveset ittam.
(d) Mennyi volt az a kevés?	Nem emlékszem.
(e) A felesége nem tudott volna ön helyett vezetni?	Az talán jobb lett volna, mert akkor nem beszélt volna olyan sokat, és jobban tudtam volna figyelni.

> **lámpa** _traffic lights_

6 Write in the missing verbal particles. Then say the story aloud.

Már régóta szerettem volna egy igazi selyemblúzt. Anyu (a) _____ akart beszélni róla, mert szerinte a selymet nehéz vasalni. De végül sikerült (b) _____beszélnem. (c) _____beszéltük, hogy munka után találkozunk és együtt megyünk a Rákóczi útra, ahol egy butik kirakatában láttam egy gyönyörű, bordó selyemblúzt. (d) _____mentünk a boltba. Benn már minden selyemblúz (e) _____fogyott, de az eladó (f) _____vette a kirakatból a bordó selyemblúzt. (g) _____vittem a próbafülkébe (h) _____próbálni. (i) _____vettem a pulóveremet és (j) _____vettem a blúzt. Éppen az én méretem volt! Anyu szerint is nagyon jól állt. Drága volt, de (k) _____ vette a születésnapomra.

> **selyem** (selymet, selymek, selyme) _silk_ **kirakat** (-ot, -ok, -a) _shop window_
> **lebeszél róla** _dissuade from it_ **régóta** _for a long time_

7 Insert the words in brackets in the sentences below. Make the necessary changes and write them all down.

(a)	Végre befejeztem a könyvet!	(szeretném)
(b)	Megvettük Pistáéktól a kocsit.	(akartuk)
(c)	Megittátok azt a sok bort?	(tudtátok)
(d)	Holnap elmész keresztmamáékhoz!	(fogsz)
(e)	Most hazamegyek.	(kell)

8 Rita has been irritable all day. Whenever someone says anything, she contradicts it. What did she say to the remarks below?

The first one is done for you: (*a*) Nem fogok elaludni!

(*a*) Ha nem iszol kávét, el fogsz aludni.
(*b*) Már ki lehet ülni a kertbe napozni.
(*c*) Most el kell mennem.
(*d*) Vissza tudsz adni ötszázasból?
(*e*) Látom, ki akarsz menni.

ötszázasból visszaad   *give change from 500 forints*

---

9   What would you say in the situations described below? Use the **-hat/-het** ending.

(*a*) Nagyon meleg van a vonaton, és ki akarja nyitni az ablakot.
(*b*) Szeretne bemenni a szobába, ahol a barátnője éppen öltözködik.
(*c*) Látja, hogy egy turista eltévedt.
(*d*) Buliba hívták, és a barátját is szeretné elvinni.
(*e*) Elrontotta a gyomrát, és nem tudja, mit szabad ennie. Mit kérdez az orvostól?

10   Due to bad weather, many planes have been delayed at Ferihegy airport. How late is each plane? Make up complete sentences, using the information given below. The first one is done for you: (*a*) A párizsi gép húsz percet késik.

(*a*) Párizs: 20 perc
(*b*) London: 30 perc
(*c*) Róma: 15 perc

(*d*) Prága: 40 perc
(*e*) Moszkva: 25 perc
(*f*) New York: 2 óra

11   Answer these questions about yourself. (You may need: **nyer** (vmit) *win* (sg); **máshogy** *differently*.)

(*a*) Mit venne, ha sok pénzt nyerne?
(*b*) Mit szeretett volna máshogy csinálni az életében?
(*c*) Mióta tanul magyarul?
(*d*) Mennyi időt szeretne Magyarországon tölteni?
(*e*) Mit nem csinálhatott, amikor gyerek volt?
(*f*) Ha meghívnák disznóölésre, elmenne?

✳   Well done, you have completed another demanding unit! It may be a good idea to do the exercises again, and make sure that this time you do not make any mistakes.

21
HOVÁ MENJÜNK?
Where shall we go?

In this unit you will learn how to

- tell somebody what to do or what not to do
- invite and make suggestions
- ask for and give advice
- talk about your daily routine
- explain why you have chosen to learn Hungarian

Párbeszéd

It is Saturday afternoon. A young couple, Teréz and Tibor, are discussing what to do in the evening.

Teréz   Jó lenne este valahova elmenni szórakozni. Hová menjünk?

Tibor   (*looking up from his newspaper*) Nem tudom. Van valami ötleted?

Teréz   Régen voltunk táncolni. De el kellene mennem a patyolatba a piros ruhámért. Már elég késő van, nem hiszem, hogy a tisztító még nyitva van. Talán majd a jövő héten ... Tudod mit? Menjünk moziba! Van itthon egy Pesti Műsor? Tibi, hová tetted a Pesti Műsort? Nem találom.

Tibor   (*putting down his paper*) Mit mondasz?

Teréz   Azt kérdeztem, hogy hová tetted a Pesti Műsort.
Tibor   Várj csak! Megkeresem. Azt hiszem, a tv mellé tettem. Megvan.
Teréz   Nézzük csak, mi megy a moziban! (*leafing through the entertainment guide*) Már minden jó filmet láttunk. Azt mondják, a „Rémálom a Hotel Vadkacsában" nagyon izgalmas film. De az Ugocsában megy, az túl messze van. Különben sem rajongok a horrorfilmekért. Este nem tudok majd elaludni.
Tibor   Te, most jut eszembe. Feriék ma este szalonnasütést terveznek a kertjükben. Ne menjünk el hozzájuk?
Teréz   Nem rossz ötlet. De így egy kicsit kínos, hiszen nem is hívtak meg bennünket ...
Tibor   Ne aggódj! Feri jó barátom. Különben is úgy emlékszem, hogy meghívott, de elfelejtettem neked megmondani.
Teréz   Egyre szórakozottabb vagy, Tibi! Mi lesz veled öregkorodban? És még kik jönnek a szalonnasütésre?
Tibor   Icáék, Péterék, Gabiék. A többieket nem ismerem.
Teréz   Az jó! Icát nagyon megkedveltem. Szimpatikus.
Tibor   Akkor felhívjam Ferit, hogy megyünk?
Teréz   Jó, hívd fel. De mit vegyek fel?
Tibor   Mindegy, csak ne a lila kockás szoknyádat. Jobb ha nadrágban jössz. Az új blúzod nagyon jól áll.
Teréz   Még nem mostam ki. (*to herself while choosing a blouse*) Nem baj, jó lesz ez is.
            (*after Tibor has phoned and Teréz has got dressed*)
Tibor   Gyere, siessünk! Már mindenki ott van!

 Szavak és kifejezések

tisztító *dry cleaner's*	**így** *like this*
Tudod mit? *You know what?*	**kínos** *embarrassing*
Várj csak. *Wait a moment.*	**Úgy emlékszem, hogy...** *As far as*
Megkeresem. *I'll find it.*	*I remember ...*
Megvan. *I've got it.*	**meghív** (vkit) *invite* (sy)
rémálom (rémálmot, rémálma)	**egyre szórakozottabb** *more and*
nightmare	*more absent-minded*
vadkacsa *wild duck*	**öregkor** (-t, -a) *old age*
izgalmas *exciting*	**És még kik jönnek?** *And who else*
Ugocsa *a cinema in Budapest*	*is coming?*

rajong (vmiért) (vkiért) *be crazy*	megkedvel (*pron.* mekkedvel) (vkit)
about (sg) (sy)	*take to* (sy)
(vkinek) **eszébe jut** (vmi) (sg)	**kockás** *check*
comes to (sy's) *mind*	

Kérdések

1 Igaz vagy nem igaz? Correct and re-write the false statements.

(*a*) Terézék nem tudnak táncolni menni, mert Teri piros ruhája a patyolatban van.

(*b*) Teri nem akarja megnézni a Rémálom a Hotel Vadkacsában című filmet, mert a barátnői nem tudtak a film után elaludni.

(*c*) Teri szerint kínos lenne Feriékhez menni, mert Icáék is ott lesznek.

(*d*) Tibor nem szereti Teri lila kockás szoknyáját.

> ... **című film** *a film called* ...

2 Feleljen a kérdésekre!

(*a*) Miért nem mennek Tiborék este táncolni?

(*b*) Hová tette Tibor a Pesti Műsort?

(*c*) Miért nem rajong Teri a horrorfilmekért?

(*d*) Mit felejtett el Tibor Terinek megmondani?

(*e*) Az ismerőseik közül kik lesznek ott a szalonnasütésen?

—— Magyarország és a magyarok ——

Szalonnasütés (*Lit. bacon roasting*)

This is a Hungarian-style barbecue. People sit around an open fire and put their **szalonna** (*bacon*) on a spit to roast with onions, potatoes and peppers. People often sing folk songs around the fire. These are taught at school and most people know several.

Te (*you*) is sometimes used to address friends or relatives, e.g. **Te, most jut eszembe.** *I've just remembered.*

🛈 ────────── **Nyelvtan** ──────────

1 The imperative form of verbs

This form of the verb is used to give orders or commands like *Come! Eat!*, etc. As the imperative in Hungarian is used to express more than just commands and orders (see below), Hungarian verbs have a full imperative conjugation (i.e. not only 2nd person singular and plural).

● The imperative is formed by the **-j** ending. It is added to the verb stem, e.g. ad**j**, kér**j**, küld**j**. This form is then followed by the indefinite or definite personal endings of the imperative.

Indefinite conjugation

	Back vowel verbs	Front vowel verbs	Front vowel verbs whose final vowel is ö, ő, ü or ű
(én)	adj**ak**	kérj**ek**	küldj**ek**
(te)	adj	kérj	küldj
(maga/ön/ő)	adj**on**	kérj**en**	küldj**ön**
(mi)	adj**unk**	kérj**ünk**	küldj**ünk**
(ti)	adj**atok**	kérj**etek**	küldj**etek**
(maguk/önök/ők)	adj**anak**	kérj**enek**	küldj**enek**

Note that in colloquial Hungarian some people use a longer form for the 2nd person singular: **adjál** instead of **adj**, **kérjél** instead of **kérj** and **küldjél** instead of **küldj**.

Definite conjugation

	Back vowel verbs	Front vowel verbs	Front vowel verbs whose final vowel is ö, ő, ü or ű
(én)	adj**am**	kérj**em**	küldj**em**
(te)	ad**d**	kér**d**	küld**d**
(maga/ön/ő)	adj**a**	kérj**e**	küldj**e**
(mi)	adj**uk**	kérj**ük**	küldj**ük**
(ti)	adj**átok**	kérj**étek**	küldj**étek**
(maguk/önök/ők)	adj**ák**	kérj**ék**	küldj**ék**

Note that with the exception of the 2nd person singular form, the personal endings used in the definite conjugation of the imperative are the same as those of the definite conjugation of the past tense. Some people would use a longer form here as well: **adjad** instead of **add**, **kérjed** instead of **kérd**, and **küldjed** instead of **küldd**.

Note also the **-alak/-elek** form of the imperative várj**alak**, kérj**elek**.

- In pronunciation the following changes occur:

Spelling	Pronunciation	Example spelled	Example pronounced
l + j	jj	induljon	(indujjon)
ll + j	jj	állj	(ájj)
n + j	nny	köszönjek	(köszönnyek)
d + j	ggy	adjunk	(aggyunk)
gy + j	ggy	hagyjátok	(haggyátok)

- There are four groups of verbs whose stem and the **-j** ending change before the personal endings.

(i) verbs ending in a sibilant (i.e. **s, sz, z, dz**):

The **-j** ending changes to the sibilant;

	Verb stem	Verb stem with the imperative ending
s + j = ss	olvas	olva**ss**
sz + j = ssz	játsz(ik)	játs**sz**
z + j = zz	néz	né**zz**
dz + j = ddz	edz	e**ddz**

Note the forms: **olvasd/olvassad, játszd/játsszad, nézd/nézzed**, etc.

(ii) verbs endings in **-st** or **-szt**:

The **t** is dropped and the same changes occur as above;

	Verb stem	Verb stem with the imperative ending
st + j = ss	fest	fe**ss**
szt + j = ssz	választ (*choose*)	vála**ssz**

Note the forms: **fesd/fessed, válaszd/válasszad**.

(iii) verbs ending in a short vowel (i.e. **a, e, i, o, ö, u, ü**) + **t**:

The final **t** and the **-j** ending change to **ss**;

	Verb stem	Verb stem with the imperative ending
short vowel + t = ss	fut	fuss

Note that **lát** (*see*) and **megbocsát** (*forgive*) are also in this group.

Note the forms: **lásd/lássad**.

(iv) verbs ending in a long vowel (i.e. **á, é, í, ó, ő, ú, ű**) + **t** or a **consonant + t**:

The **-j** ending changes to **s**;

	Verb stem	Verb stem with the imperative ending
long vowel + t = ts	tanít	taníts
consonant + t = ts	ért	érts

Note that the **ts** is pronounced **ccs** after a vowel, and **cs** after a consonant, e.g. (taníccs), (ércs).

● Note these irregular verbs:

(*a*) **eszik, iszik, lesz, tesz, vesz, visz, hisz**:

indefinite conj.	egyek, egyél, egyen, együnk, egyetek, egyenek
definite conj.	egyem, edd/egyed*, egye, együk, egyétek, egyék
indefinite conj.	igyak, igyál, igyon, igyunk, igyatok, igyanak
definite conj.	igyam, idd/igyad*, igya, igyuk, igyátok, igyák
indefinite conj.	legyek, legyél/légy*, legyen, legyünk, legyetek, legyenek
indefinite conj.	tegyek, tegyél, tegyen, tegyünk, tegyetek, tegyenek
definite conj.	tegyem, tedd/tegyed*, tegye, tegyük, tegyétek, tegyék
indefinite conj.	vegyek, vegyél, vegyen, vegyünk, vegyetek, vegyenek
definite conj.	vegyem, vedd/vegyed*, vegye, vegyük, vegyétek, vegyék
indefinite conj.	vigyek, vigyél, vigyen, vigyünk, vigyetek, vigyenek
definite conj.	vigyem, vidd/vigyed*, vigye, vigyük, vigyétek, vigyék
indefinite conj.	higgyek, higgyél, higgyen, higgyünk, higgyetek, higgyenek
definite conj.	higgyem, hidd/higgyed*, higgye, higgyük, higgyétek, higgyék

*Both forms are correct, but the first is more frequent.

(*b*) the **-j** ending is attached to the infinitive without the **-ni** ending:

Verb	Infinitive	Verb stem with the imperative ending
alszik	aludni	alud**j**
fekszik	feküdni	feküd**j**
megy	menni	men**j**
ugrik	ugorni	ugor**j**
fürdik	fürödni	füröd**j**
mosakszik	mosakodni	mosakod**j**

(c) **jön**:

(én) jöjjek	(te) gyere* / jöjj/ jöjjél	(maga/ön/ő) jöjjön
(mi) jöjjünk	(ti) gyertek* / jöjjetek	(maguk/önök/ők) jöjjenek

*Gyere** and **gyertek** are much more frequent than the other forms.

There is one more form **gyerünk** (*let's go*), which is a synonym of **menjünk**. In the **Hungarian – English vocabulary** at the end of the book you can find in brackets the imperative form of every verb: **lát** (láss).

The imperative is used:

(a) in orders, commands, requests, suggestions and advice;

Ülj le!	*Sit down!* (sing.fam.)
Álljatok fel!	*Stand up!* (pl.fam.)
Foglaljon helyet!	*Take a seat.* (sing.form.)
Parancsoljanak!	*What can I do for you?* (pl.form.)

Note that in this case the verbal particle follows the verb.

(b) when telling, asking or ordering someone not to do something;

In these types of sentences the words **ne** (*don't*) and **se** (*don't ... either*) are used, e.g. **Ne edd meg!** *Don't eat it!* **Te se énekelj!** *Don't you sing either!*

Note that **se** is also used instead of **sem** in the imperative.

Sehova se menjetek egyedül!	*Don't go anywhere on your own!*
Senki se szálljon fel a villamosra!	*Don't anyone get on the tram.*

(c) in indirect statements when reporting someone's command, order, request, suggestion or advice;

A titkárnő azt mondja az ügyfélnek, hogy **foglaljon** helyet.	*The secretary tells the client to take a seat.*

Az orvos azt kérte, hogy **nyissam ki** a szám.	*The doctor asked me to open my mouth.*
Ildi azt javasolta, hogy több gyümölcsöt **egyek**.	*Ildi suggested that I should eat more fruit.*

(d) when inviting suggestions, advice or instructions (i.e. to express *shall I?* and *shall we?*);

Kinyissam az ablakot?	*Shall I open the window?*
Mit **vegyek fel**?	*What shall I put on?*
Hová **tegyük** az asztalt?	*Where shall we put the table?*

(e) to make a suggestion (i.e. to express *let's*);

Menjünk haza!	*Let's go home!*
Ne most **együnk**!	*Let's not eat now!*

2 Verbal particles expressing the completion or the beginning of an action

The most frequently used verbal particles to express:

(a) the completion of an action are **meg**, **el** and **ki**, e.g. **meg**tanul, **el**mond, **ki**olvas.

Mit csinálsz ma este? **Tanulok.**	*What are you doing tonight? I'm studying.*
Megtanultad a szavakat? [⌣]	*Have you learnt the words?* (i.e. *Do you know them?*)
Még nem **olvastam ki** a könyvet, pedig már fél éve **olvasom**.	*I haven't finished reading the book yet, though I've been reading it for six months now.*
Mit **keresel**?	*What are you looking for?*
Majd én **megkeresem**.	*I'll find it.*

(b) the beginning of an action are **meg** and **el**, e.g. **meg**szólal, **el**indul.

Megszólalt a telefon.	*The telephone started to ring.*
A kocsi nem akart **elindulni**.	*The car wouldn't start.*

3 Indirect question-word questions

As with statements, when reporting question-word questions, tense and word order remain the same.

János azt kérdezte:
„Hová jártok szórakozni?"
János azt kérdezte, hogy hová
járunk szórakozni.

János asked,
'Where do you go out to?'
János asked where we go out to.

4 The -ért ending (for)

The **-ért** ending has only one form, so it is added to both back vowel and front vowel words. (As usual, the final **a** and **e** change before it.)

Use it to express the purpose of an action.

Note the question words **Kiért?** (*Who for?*) and **Miért?** (or in colloquial Hungarian just **Mért?** *What for?*):

Miért mész a boltba?

Kenyérért.
El kell mennem a tisztítóba
a ruhámért.
Kiért mentek az óvodába?

A nővérem kisfiáért.

What are you going to the
shop for?
For bread.
I have to go to the dry cleaner's
for my dress.
Who are you going to collect
at the nursery school?
My sister's son.

Note that the purpose of an action can also be expressed by the infinitive, e.g. Lemegyek kenyeret **venni** a boltba. *I'm going to the shop to buy some bread.*

5 Mellé (next to)

Postpositions used in place expressions have three forms depending on whether they answer the question **Hol?**, **Hova?** or **Honnan?**

Hol?	előtt	mögött	alatt	felett/fölött	körül	mellett	között
Hova?	elé	mögé	alá	fölé	köré	mellé	közé
Honnan?	elől	mögül	alól	fölül	–	mellől	közül

Note that the postpositions **után** (*after*) and **felé** (*towards*) have only one form.

Hová tetted a Pesti Műsort?
A tv mellé.
Jóska kivette a képet **a**
szekrény mögül.

Where have you put Pesti Műsor?
Next to the television.
Jóska took the picture from
behind the cupboard.

Note that all these forms of postpositions can take possessive endings to express phrases like: **előttem** (*in front of me*), **mögötted** (*behind you*), etc.

Gyakorlatok

1 Attila is a mischievious five-year-old. He is at Lake Balaton with his mother, who has to keep an eye on him all the time. What does she keep telling him to do, or not to do? Write in the imperative forms of the verbs in brackets, and say it aloud.

Attila (**bemegy**) _____ a vízbe! (**vár**) _____ még egy kicsit! (**verekedik!**) _____ Attila, (**iszik**) _____ vizet, mert nagyon kimelegedtél! Itt (**játszik**) _____ a közelben, ahol látlak! (**bánt**) _____ a néni kutyáját! (**szégyelli magát**) _____! (**jön**) _____, hazamegyünk! Ebből mára elég volt.

kimelegedik *get hot*	**Ebből mára elég volt.** *I've had*
bánt (vkit) (vmit) *torment* (sy)	*enough of this for today.*
(sg)	
szégyelli magát *be ashamed of*	
oneself	

2 Tamás and Erika have just got married. Neither of them can cook. Tamás has found this recipe for **paprikás csirke** in a cookery book. Erika is doing the cooking, and Tamás is telling her what to do step by step. Study the recipe. What does Tamás say to his wife?

Paprikás csirke

Hozzávalók:
1 csirke
3 evőkanálnyi olaj vagy 5 dkg zsír
1 fej vöröshagyma
2 dl tejföl
1 evőkanálnyi liszt
1 kiskanál pirospaprika
só
nyáron friss, télen mirelit
paprika és paradicsom
(2–2 darab)

A csirkét hideg vízben megmossuk* majd feldaraboljuk. A vöröshagymát finomra vágjuk és zsírban vagy olajban a fedő alatt aranysárgára pirítjuk, majd megszórjuk pirospaprikával. Ezután beletesszük a csirkét, megsózzuk és 2 dl vizet öntünk hozzá. Fedő alatt a csirkét puhára főzzük. Közben a paradicsomot és a paprikát darabokra vágjuk és hozzáadjuk. Amikor a csirke puhára főtt, a tejfölt és a lisztet összekeverjük és a csirke levéhez öntjük. Miután felforrt, 2–3 percig forraljuk. Galuskával tálaljuk.

hozzávalók *ingredients*	**pirít** (vmit) *fry until it's golden brown*
evőkanálnyi *tablespoonful*	
fej vöröshagyma *onion* (Lit. *head of onion*)	**megszór** (vmit) (vmivel) *sprinkle* (sg) *with* (sg)
tejföl (-t, -e) *sour cream*	**dl** i.e. *deciliter*
liszt (-et, -je) *flour*	**önt** (vmit) *pour* (sg)
kiskanál (kiskanalat, kiskanalak, kiskanala) *teaspoon, teaspoonful*	**puha** *soft*
	összekever (vmit) (vmivel) *stir together, mix*
mirelit (-et) *frozen food*	**a csirke leve** *the juice of the chicken*
darab (-ot, -ok, -ja) *piece*	
feldarabol (vmit) *chop up* (sg)	**forr** *boil* (verb)
finomra vág (vmit) *chop* (sg) *into small pieces*	**galuska** *noodles*
fedő *lid*	**tálal** (vmit) *serve up* (sg)

*Note that recipes in Hungarian are written in the 1st person plural form of the present tense.

3 Sándor wants to introduce his new girlfriend Anikó to his parents. As his parents are highly critical, Anikó is a bit nervous. She rings Sándor to ask his advice. What were her questions? Write their conversation down and act it out.

(a) **Anikó** *She tells Sándor that she would like it if Sándor's parents took to her. She asks Sándor what she should do.*

Sándor Ne izgulj! Csak legyél önmagad!

(b) **Anikó** *She asks Sándor what she should put on.*

Sándor Anyu elég konzervatív. Ne gyere miniszoknyában és ne fesd ki magad!

(c) **Anikó** *She asks what presents she should bring them.*

Sándor Elég, ha anyunak hozol egy csokor virágot.

(d) **Anikó** *She asks Sándor if she should be on time or can she be a bit late as it is already 6.30.*

Sándor Ne késs el! Inkább ülj taxiba!

izgul *worry*	**kifesti magát** *use make up*
Csak legyél önmagad! *Just be yourself!*	

4 As Sándor puts the phone down, his little sister Anna comes into the room. She is inquisitive and wants to know all about Anikó. She asks Sándor what Anikó had asked about. What answer did Sándor give her?

5 István Bakos, a young actor, is talking to a journalist who wants to write about famous people's daily routines. Study the passage, and then answer the questions that follow.

Mindig későn, általában 10-kor kelek fel. Először a fürdő-szobába megyek. Megmosakszom, fogat mosok. Ha hajnal-ban feküdtem le és nem volt időm megfürdeni, akkor reggel zuhanyozok is – hideg vízben! Ettől nagyon friss és éhes leszek. De először felöltözöm. A konyhában megreggelizem. Reggelire szeretek sokat és jót enni, és egy jó erős kávét iszom. Délután általában próbára megyek. Nem sok időm van ebédelni, általában gyorsan bekapok valamit a büfében. Előadás előtt sem tudok enni, mert túl ideges vagyok. Este későn vacsorázom, általában a kollégákkal. Utána még sokáig beszélgetünk. Éjfél előtt nem szoktam lefeküdni. Amikor hazaérek, levetkőzöm, megfürdök. Még az ágyban olvasok egy keveset és azután hamar elalszom.

megmosakszik, mosakodik *wash oneself*	**bekap** (vmit) *have a bite of* (sg)
hajnal (-t, -ok, -a) *dawn*	**kolléga** *colleague*
megfürdik *have a bath*	**lefekszik** (infinitive: lefeküdni) *go to bed*
zuhanyozik *have a shower*	**levetkőzik** *get undressed*
felöltözik *get dressed*	**egy keveset** *a little*
próba *rehearsal*	

(*a*) Mikor szokott Bakos István felkelni?
(*b*) Mikor szokott zuhanyozni?
(*c*) Mit szokott reggelizni?
(*d*) Hol és mit ebédel?

(e) Mit szokott este otthon csinálni?

Now write a similar passage about yourself. Say it aloud.

6 Kriszta was really looking forward to her Sunday outing with her husband and son. Unfortunately things went wrong. This is what she told her colleague in the office on Monday morning. Select the correct form in brackets, and then tell her story aloud.

Vasárnap a Dunakanyarba akartunk (**menni/kimenni**). Gondoltuk, majd (**olvasunk/elolvasunk**) és napozunk, Lacika pedig majd a többi gyerekkel focizik. Már pénteken munka után (**vásároltam/bevásároltam**). A fiam imádja a sült csirkét. A csarnokban (**vettem/megvettem**) a csirkét.Szombaton (**takarítottuk/kitakarítottuk**) a lakást. Lacika (**tanulta/megtanulta**) és (**írta/megírta**) a leckéjét. Én (**sütöttem/megsütöttem**) a csirkét. Este a tv-ben (**néztük/megnéztük**) az időjárásjelentést. Vasárnapra jó időt ígértek. Reggel korán (**keltünk/felkeltünk**) és (**reggeliztünk/megreggeliztünk**). Mindent (**pakoltunk/bepakoltunk**) a kocsiba és (**indultunk/elindultunk**). Hamar (**értünk/leértünk**) Leányfalura. (**Pakoltunk/kipakoltunk**) a kocsiból és (**vettük/felvettük**) a fürdőruhánkat. Dél fele beborult az ég. Reméltük, hogy újra (**süt/kisüt**) majd a nap. Megterítettem a pokrócon és (**kezdtünk/elkezdtünk**) enni. De nem tudtuk (**enni/megenni**) az ebédünket. Hirtelen (**kezdett/elkezdett**) zuhogni az eső. Pillanatok alatt, mindenünk (**ázott/átázott**). Hát így lehet (**hinni/elhinni**) az időjárásjelentésnek!

bepakol (vmit) *pack* (sg)	**megterít** *lay the table*
dél (delet) *noon*	**pokróc** (-ot, -ok, -a) *blanket*
beborul *cloud over*	**ígér** (vmit) *promise* (sg)
ég (eget, ege) *sky*	

7 The boss at Irma's office lets everyone do what they like, so nobody takes their work seriously. They frequently pop out when they have something to buy or do. Who went out for what? Make up sentences using the information given below. Here is the first one for you: (a) Mari banánért ment ki.

(a) Mari: banán
(b) Judit: tej és kenyér
(c) Magdi: hús
(d) Kati: angol-magyar szótár
(e) Eszter: újság

8 Zsiga is very chaotic and absent-minded. This morning he had to look hard to find everything he needed before going off to work. Look at the list below which tells you what was where. Then answer the questions that follow.

a cipő: a szekrény alatt
a szemüveg: az újság alatt
a kalap: a fotelban, a kabátja mellett
a táska: a szék mögött
a nyakkendő: az ágy és a fal között

(*a*) Honnan kellett kivennie a cipőjét?
(*b*) Hová tette a szemüvegét?
(*c*) Hová tette a kalapját?
(*d*) Honnan kellett kivennie a táskáját?
(*e*) Hova dobta a nyakkendőjét?

| **fotel** (-t, -ek, -e) | *armchair* | **dob** (vmit) | *throw* (sg) |

Érti?

Zsuzsa is giving a farewell party for her students, who are soon all going off to Hungary.

Zsuzsa Hadd mutassalak be benneteket egymásnak! David angol diplomata, Gordon amerikai üzletember, Mary félig magyar, félig angol származású festő, Richard pedig ügyvéd.
All Sziasztok!
Zsuzsa Mit kértek inni? Van barackpálinka, tokaji, hubertus és unicum*.
Gordon Barackpálinkát ne igyatok, hacsak nincs erős gyomrotok!
Richard Én kipróbálom. A többi italt már ismerem.
Zsuzsa Biztos vagy benne? Töltsek?
Richard Tölts! (*having tossed it back*) Uh! Mintha tűz lenne! De az íze nagyon jó.
(*They all laugh and opt for other drinks.*)
Mary Ti miért kezdtetek el magyarul tanulni?
David Hogy őszinte legyek, nekem nem volt más választásom. Ősszel már a budapesti Brit Nagykövetségen fogok dolgozni.
Mary Á, az közel van a híres Gerbeaud cukrászdához! Most már

---

	tudom, hol teáznak a brit diplomaták minden délután! És te, Gordon?
Gordon	A vállalatomat nagyon érdekli a magyar piac. Nem hiszem, hogy valaha is tökéletesen meg fogok tanulni magyarul, de szerintem néhány kifejezés is sokat segít. Jobb a tárgyalások légköre, ha egy kicsit én is tudok az ő nyelvükön beszélni.
Richard	Én csak hobbiból tanulok magyarul. Tíz évvel ezelőtt, diákkoromban jártam először Magyarországon és azonnal beleszerettem.
David	Én azt hittem, jó nyelvérzékem van – amíg nem kezdtem el magyarul tanulni! De az tény, hogy a magyar logikus nyelv. Különben is, a nehezén már túl vagyok. Alig várom, hogy Magyarországon lehessek. Mindig érdekes egy egészen másfajta kultúrával megismerkedni. (turning to Mary) De te, gondolom, a szüleid kedvéért határoztad el, hogy megtanulsz magyarul.
Mary	Csak az édesanyám volt magyar. Gyerekkoromban rengeteg mesélt Magyarországról és Ady Endréről, kedvenc költőjéről. Gyakran vitt Magyarországra. Ma is ott élnek a rokonaim, és minden nyáron odajárok nyaralni. Ha nem mennék, nagyon hiányozna. Csak azt sajnálom, hogy édesanyám gyerekkoromban nem tanított meg magyarul. Akkor sokkal könnyebben tanultam volna, mint most „öreg fejjel" …
Zsuzsa	Milyen lemezt tegyek fel? Mary, válassz te!
Mary	Én imádom a magyar népzenét! Hallgassunk meg egy Muzsikás-lemezt!
Gordon	(jokingly) Zsuzsa, máris meg akarsz tőlünk szabadulni? Nem bírom azokat a vad ritmusokat!
Richard	Hidd el, meg fogod szeretni. Eleinte nekem sem tetszett a magyar népzene. De minél többet hallja az ember, annál jobban megkedveli.
Gordon	Na jó! Jöjjön, aminek jönnie kell! De előbb egy pohár tokajit kérek. (having a sip) Most már jöhetnek a vad ritmusok! (They put a record on.)
Zsuzsa	Ezt kóstoljátok meg! rigójancsi tejszínhabbal.**
All	Nagyon finom. Te sütötted?
Zsuzsa	Igen. Örülök, hogy ízlik, mert mást nem tudok sütni.
David	(raising a glass) Igyunk erre az őrült, de csodálatos nyelvre! Egészségünkre!

Zsuzsa   Egészségünkre! És minden jót Magyarországon! Ki tudja, talán legközelebb a Gerbeaud-ban találkozunk...

---

hadd... *let me ...*
ügyvéd (-et, -ek, -je) *solicitor, lawyer*
félig magyar származású *of half Hungarian origin*
Hacsak nincs erős gyomrotok. *Unless you have a strong stomach.*
ital (-t, -ok, -a) *drink (noun)*
tölt *pour (a drink)*
Mintha tűz lenne! *It tastes like fire!* (Lit. *As if it were fire.*)
íz (-t, -ek, -e) *taste (noun)*
hogy őszinte legyek *to be honest*
Nem volt más választásom. *I had no other choice.*
légkör (*pron.* lékkör) (-t, -e) *atmosphere*
diákkoromban *in my student days*
nyelvérzék (-et, -e) *gift for languages*
amíg nem *until*
Tény, hogy... *It's a fact that ...*
(vki) kedvéért *for (sy's) sake*

valaha *ever*
elhatároz (vmit) *decide (sg)*
mesél (vmiről) (vkiről) *talk about (sg) (sy)*
öreg fejjel *when one is not so young* (Lit. *with an old head*).
(vkinek) hiányzik (vki) (vmi) *miss (sy) (sg)*
megszabadul (vkitől) (vmitől) *get rid of (sy) (sg)*
Minél többet hallja az ember, annál jobban megkedveli. *The more one hears it, the more one grows to like it.*
Jöjjön, aminek jönnie kell! *Come what may!*
megkóstol (vmit) *taste (sg)*
tejszínhab (-ot, -ja) *whipped cream*
őrült *crazy*
népzene *folk music*
A nehezén már túl vagyok. *I am over the worst now.*

***Hubertus** (*pron.* hubertusz) (*sweet*) and **unicum** (*pron.* unikum) (*bitter*) are Hungarian liqueurs.
***Hungarians usually use whipped cream for cakes and coffee, not single or double cream.

Igaz vagy nem igaz? Correct and re-write the false statements.

(a) Zsuzsa diákjai a buli előtt nem ismerték egymást.
(b) Gordon szerint a barackpálinka nagyon erős.
(c) David minden délután a Gerbeaud-ban szeretne teázni.
(d) Gordon már majdnem tökéletesen tud magyarul.
(e) Richard beleszeretett a magyar lányokba.
(f) Mary gyerekkorában nem beszélt magyarul.
(g) Zsuzsa sokfajta süteményt tud sütni.

❊ You have made it! As they say in Hungary:
Bátraké a szerencse!

APPENDIX

The -hat/-het ending
Present tense: indefinite conjugation

	vár	**kér**
(én)	várhatok	kérhetek
(te)	várhatsz	kérhetsz
(maga/ön/ő)	várhat	kérhet
(mi)	várhatunk	kérhetünk
(ti)	várhattok	kérhettek
(maguk/önök/ők)	várhatnak	kérhetnek

Present tense: definite conjugation

	vár	**kér**
(én)	várhatom	kérhetem
(te)	várhatod	kérheted
(maga/ön/ő)	várhatja	kérheti
(mi)	várhatjuk	kérhetjük
(ti)	várhatjátok	kérhetitek
(maguk/önök/ők)	várhatják	kérhetik

Past tense: indefinite conjugation

	vár	**kér**
(én)	várhattam	kérhettem
(te)	várhattál	kérhettél
(maga/ön/ő)	várhatott	kérhetett
(mi)	várhattunk	kérhettünk
(ti)	várhattatok	kérhettetek
(maguk/önök/ők)	várhattak	kérhettek

Past tense: definite conjugation

	vár	**kér**
(én)	várhattam	kérhettem
(te)	várhattad	kérhetted
(maga/ön/ő)	várhatta	kérhette
(mi)	várhattuk	kérhettük
(ti)	várhattátok	kérhettétek
(maguk/önök/ők)	várhatták	kérhették

Present conditional: indefinite conjugation

	vár	**kér**
(én)	várhatnék	kérhetnék
(te)	várhatnál	kérhetnél
(maga/ön/ő)	várhatna	kérhetne
(mi)	várhatnánk	kérhetnénk
(ti)	várhatnátok	kérhetnétek
(maguk/önök/ők)	várhatnának	kérhetnének

Present conditional: definite conjugation

	vár	**kér**
(én)	várhatnám	kérhetném
(te)	várhatnád	kérhetnéd
(maga/ön/ő)	várhatná	kérhetné
(mi)	várhatnánk	kérhetnénk
(ti)	várhatnátok	kérhetnétek
(maguk/önök/ők)	várhatnák	kérhetnék

KEY TO THE EXERCISES

Note that in the answers to the 'Igaz vagy nem igaz?' (*True or false?*) questions **i** stands for **igaz** and **n** for **nem igaz**.

Pronunciation

8 (*a*) jungle (*b*) bridge (card game) (*c*) jam (*d*) manager (*e*) jazz (*f*) boiler (*g*) sandwich (*h*) hippie (*i*) gangster

Part One
Unit 1

Párbeszéd 1 (*a*) i (*b*) n, Robert skót. (*c*) i. **2** (*a*) Nem, a fiatalember magyar. (*b*) Robert Stuart a skót turista neve. **Gyakorlatok 1** (*a*) iii (*b*) ii (*c*) iii (*d*) iii (*e*) i. **2** (*a*) Jó reggelt (kívánok)! (*b*) Jó napot (kívánok)! (*c*) Jó estét (kívánok)! (*d*) Viszontlátásra! (*e*) Viszontlátásra! **3** (*a*) **Fiatal nő** Neve?
Shirley Shirley Smith.
Fiatal nő Kanadai?
Shirley Igen.
Fiatal nő Mi a foglalkozása?
Shirley Titkárnő vagyok.
(*b*) **Fiatal nő** Neve?
Jane Jane Ferguson.
Fiatal nő Brit?
Jane Igen.
Fiatal nő Mi a foglalkozása?
Jane Tanár vagyok.
(*c*) **Fiatal nő** Neve?
Michael Michael Collins.
Fiatal nő Ír?
Michael Igen.
Fiatal nő Mi a foglalkozása?
Michael Üzletember vagyok.
4 (*a*) Szabó Géza magyar orvos. (*b*) Elizabeth Long amerikai újságíró. (*c*) George Campbell brit rendőr. **5** (*a*) Nem, Tim angol. (*b*) Tim pincér. (*c*) Scott. (*d*) Igen. (*e*) Nem, Jeremy színész. (*f*) Nem, ír. (*g*) Patrick autószerelő. **6** (*a*) Az (*b*) A (*c*) A (*d*) Az
Érti? (*a*) n, Henry Trowte angol szakács. (*b*) n, Halász Edit magyar újságíró. (*c*) i.

Unit 2

Párbeszéd 1 (*a*) i (*b*) n, Jill egy kicsit fáradt. (*c*) n, Jill kér feketét. (*d*) i (*e*) n, Jill sajnos csak egy kicsit tud magyarul. **2** (*a*) Jill jól van. (*b*) Igen, Jill egy kicsit fáradt. (*c*) Igen, kér. (*d*) Igen, de egy kicsit erős. (*e*) Nem, Jill csak egy kicsit tud magyarul.
Gyakorlatok 1 (*a*) iii (*b*) i (*c*) iii (*d*) ii (*e*) ii (*f*) iii (*g*) i. **2** Back vowel words: tanár, foglalkozás, fáradt, skót, fiatalember, finom and sajnos; front vowel words: rendőr, ön, itt, étterem and éhes. **3** (*a*) beszélek (*b*) tanul (*c*) beszélsz (*d*) tanul (*e*) tud. **4** (*b*) Elég jól beszél franciául. (*c*) Egy kicsit tudsz németül. (*d*) Nagyon jól beszél olaszul. (*e*) Tanulok magyarul. (*f*) János csak egy kicsit tud spanyolul. **5** (*a*) Tessék? (*b*) Nem értem. (*c*) Angol vagyok. (*d*) Sajnos csak egy kicsit tudok magyarul. (*e*) Beszél angolul? (*f*) Viszontlátásra! **6** (*a*) Szia! (*b*) Kösz jól, csak egy kicsit szomjas vagyok. (*c*) Köszönöm, sört kérek. (*d*) Egészségedre! (*e*) Igen./Nem rossz. (*f*) Igen, éhes vagyok. (*g*) Köszönöm, kérek. (*h*) Köszönöm szépen. **7** (*a*) Szia, ... vagyok. (*b*) ... vagyok. (*c*) Igen./Nem, ... vagyok. (*d*) Sajnos csak egy kicsit tudok magyarul. (*e*) Igen, de érdekes. (*f*) Nagyon tetszik. **8** (*b*) Kati szerint a német elég nehéz nyelv. (*c*) Pál szerint a francia egy kicsit nehéz nyelv. (*d*) Andrea szerint az olasz nehéz nyelv. (*e*) John szerint a magyar nagyon nehéz nyelv.
9 (*a*) fáradt (*b*) halászlé (*c*) üzletember (*d*) angol (*e*) Nagyon álmos vagyok. Jó éjszakát (kívánok)!
Érti? (*a*) i (*b*) n, Taylor úr amerikai üzletember. (*c*) n, Irénke titkárnő. (*d*) n, Taylor úr kólát kér. (*e*) n, Halmos Géza kávét kér.

Unit 3

Párbeszéd 1 (*a*) i (*b*) ii (*c*) i. **2** (*a*) János hideg gyümölcslevest kér. (*b*) Nem, utána paprikás csirkét kér. (c) Igen, János is kér salátát. (d) Nem, az egri bikavér vörös bor,. **Gyakorlatok 1** (a) ii (b) iii (c) iii (d) i. **2** (a) iv (b) ii (c) i (d) iii (e) v (f) vi. **4** (a) Jó napot! Az étlapot, legyen szíves! / Kérek egy étlapot. (b) Köszönöm. Pincér! (c) Egy gesztenyepürét kérek. Friss a gesztenyepüré? (d) Egy teát, legyen szíves. (e) Köszönöm. Pincér! Fizetek. **5** Pincér! Hideg a leves. Kérek kenyeret és sót. **6** (a) Én is amerikai vagyok. (b) Attila franciául is tud. (c) Éva is beszél angolul. (d) Sört is kérek. (e) Te is kérsz üdítőt? (f) Palacsintát is kér? **7** (a) kérünk (b) beszélnek (c) tanultok (d) tudnak (e) kérnek **8** (a) leves (b) Attila (c) somlói (d) savanyúság (e) angol (f) borsó (g) burgonya (h) amerikai (i) nagyon. More slowly = Lassabban. **Érti?** (a) n, Robert Redford egy egyágyas szobát kér. (b) i (c) i.

Unit 4

Párbeszéd 1 (a) ii (b) i (c) i (d) i. **2** (a) Két liter tej kell. (b) Kati tizenöt deka sonkát kér. (c) Drága. (d) A közért után Kati a Ferihegyi repülőtérre megy. **Gyakorlatok 1** (a) nyolcszázkilencvenhat (b) ezer (c) ezerötszázhuszonhat (d) ezernyolcszázhuszonöt (e) ezernyolcszáznegyvennyolc (f) ezerkilencszázötvenhat. **2** (a) Mennyibe kerül egy kiló körte? Egy kiló körte hatvannyolc forintba kerül. (b) Mennyibe kerül egy kiló szilva? Egy kiló szilva ötvenöt forintba kerül. (c) Mennyibe kerül egy kiló narancs? Egy kiló narancs nyolcvankilenc forintba kerül. (d) Mennyibe kerül egy kiló banán? Egy kiló banán kilencvenkét forintba kerül. (e) Mennyibe kerül egy kiló szőlő? Egy kiló szőlő hetvennyolc forintba kerül. (f) Mennyibe kerül egy kiló cseresznye? Egy kiló cseresznye hetvenöt forintba kerül. (g) Mennyibe kerül egy kiló alma? Egy kiló alma ötvenöt forintba kerül. (h) Mennyibe kerül egy kiló barack? Egy kiló barack hetvenkét forintba kerül. **3** (b) Másfél kiló szilvát és fél kiló epret legyen szíves. Tessék, száztizenhét forint ötven fillért kérek. (c) Egy kiló körtét és egy kiló barackot, legyen szíves. Tessék, száznegyven forintot kérek. (d) Másfél kiló almát és fél kiló szilvát, legyen szíves. Tessék, száztíz

forintot kérek. (e) Két kiló körtét és fél kiló barackot, legyen szíves. Tessék, százhetvenkét forintot kérek. **4** (b) Hány forint egy ausztrál dollár? Ötvennyolc forint negyven fillér egy ausztrál dollár. (c) Hány forint egy ír font? Százharminckét forint ötvennégy fillér egy ír font. (d) Hány forint egy amerikai dollár? Hetvenhét forint hetvenkilenc fillér egy amerikai dollár. **5** (a) Kétszáz ausztrál dollárt szeretnék beváltani. Tessék, tizenegyezer-hatszáznyolcvan forint. (b) Százhatvan ír fontot szeretnék beváltani. Tessék, huszonnegyezer-kétszázhat forint negyven fillér. (c) Száznyolcvan amerikai dollárt szeretnék beváltani. Tessék, tizennégyezer-két forint húsz fillér. (d) Hetven angol fontot szeretnék beváltani. Tessék, tízezer-százharminckét forint ötven fillér. **6** (a) Tíz deka sajtot és tizenöt deka kolbászt kérek. (b) Azt, legyen szíves. (c) Jó./Igen. (d) Igen, sonkát is kérek. Mennyibe kerül tíz deka sonka? (e) Nagyon olcsó. Húsz dekát, legyen szíves. És tíz deka tészalámit is kérek. (f) Köszönöm, mást nem kérek. **7** (b) Három jegyet kérek Budapestre. (c) Öt jegyet kérek Egerbe. (d) Egy jegyet kérek Sopronba. (e) Négy jegyet kérek Győrbe. **8** (a) megyek (b) mész (c) mentek. **Érti?** (a) i (b) i (c) n, Van Amerikába bélyeg a postán. (d) i.

Unit 5

Párbeszéd 1 (a) i (b) i (c) n, Janet nem ismeri a Blaha Lujza teret. (d) n, A posta a Petőfi Sándor utcában van. **2** (a) A Vas utca tíz perc gyalog. (b) A Vas utca a harmadik utca balra. (c) A Petőfi Sándor utcában van egy posta. (d) A Blaha Lujza téren van a metrómegálló. **Gyakorlatok 1** Hol van a férfi WC? Hol van a női WC? **3** (b) Hol van az Országház? Az ötödik kerületben van, a Kossuth Lajos téren. (c) Hol van a Mátyás-templom? Az első kerületben van, a Szentháromság téren. (d) Hol van a Nemzeti Múzeum? A nyolcadik kerületben van, a Múzeum körúton. (e) Hol van a Szent István-bazilika? Az ötödik kerületben van, a Szent István téren. (f) Hol van a Király fürdő? A második kerületben van, a Ganz utcában. **4** (a) Egy jegy tizennyolc forintba kerül.

(b) (i) **Black úr** Jó napot kívánok!
Nyolc jegyet, legyen
szíves.
Nő Száznegyvennégy
forintot kérek.
Black úr Tessék. Hányadik
megálló innen az
Oktogon?
Nő A harmadik.
Black úr Köszönöm.
Nő Kérem.
(ii) **Rosalie** Jó napot kívánok!
Négy jegyet, legyen
szíves.
Nő Hetvenkét forintot
kérek.
Rosalie Tessék. Hányadik
megálló innen a
Széchenyi fürdő?
Nő Az első.
Rosalie Köszönöm.
Nő Kérem.
(iii) **Gordon** Jó napot kívánok! Öt
jegyet, legyen szíves.
Nő Kilencven forintot
kérek.
Gordon Tessék. Hányadik
megálló innen a
Vörösmarty tér?
Nő A harmadik.
Gordon Köszönöm.
Nő Kérem.
5 (a) iv (b) i (c) v (d) ii (e) iii (f) vi (g) viii
(h) vii. **6** *Strictness. Tickets and travel-
cards, please! But Lujza, it's Béla your
husband ...* (Lit. *I'm Béla your
husband...*) **7** Légipostán, legyen szíves
(a) Angliába (b) Írországba (c)
Ausztráliába (d) Amerikába/az Egyesült
Államokba (e) Új-Zélandba (f) Kanadába.
8 (a) teret (b) tudjuk (c) angol (d) nincs
(e) jól van (f) zárva van

Part Two
Unit 6

Párbeszéd 1 (a) i (b) i (c) ii (d) ii (e) i.
2 (a) Mert Velencében volt. (b) Egy
sörözőben. (c) Mert este franciaóra lesz.
(d) Mert sok volt a munka. (e) Tanul. (f)
Huszonnégy éves. (g) Mert az új tanárnő
nagyon csinos.

Gyakorlatok 1
(b) **Tanárnő** Voltál már Rómában,
Attila?
Attila Igen, voltam.
Tanárnő Szerinted milyen város
Róma?
Attila Azt hiszem, hogy szép, de
egy kicsit piszkos város.
(c) Prágában, Azt hiszem, hogy roman-
tikus város. (d) Varsóban, Azt hiszem,
hogy elég csúnya város. (e) Berlinben,
Azt hiszem, hogy egy kicsit unalmas
város. (f) Bécsben, Azt hiszem, hogy
nagyon tiszta város. (g) Londonban, Azt
hiszem, hogy túl nagy város.
(h) **Tanárnő** Voltál már Szegeden,
Attila?
Attila Nem, még nem voltam.
2 Tibor korán reggel fut a parkban.
Délelőtt vásárol az ABC-ben. Délben
ebédel. Délután a Király fürdőbe megy.
Este moziba megy. **3** (a) Bori néni nyolc-
vanhat éves. (b) Karcsi bácsi
kilencvenöt éves. (c) Jutka harmincöt
éves. (d) Péter 1975-ben született.
(e) Kerekes Anna 1958-ban született. (f)
Peti 1987-ben született. **4** (a) i (b) ii. **5** (a)
i (b) ii (c) ii (d) ii (e) ii. **6** (a) v (b) i (c) ii
(d) iv (e) iii (f) vi.
Érti? (a) i (b) n, Mrs Jones még nem volt
Szentendrén. (c) i (d) n, Kovács Margit
híres magyar keramikus és szobrász. (e)
n, Mrs Jones szerint a „Családi fénykép-
album" eredeti kerámia.

Unit 7

Párbeszéd 1 (a) i (b) n, Zugló a tizen-
negyedik kerület neve. (c) n, János
felesége mérges, mert a szomszédban
hangos a magnó. (d) i (e) n, Az új ház
világos, tágas, kétszobás. (f) i. **2** (a) János
Zuglóba költözik. (b) Ez a lakás nagyon
kicsi. (c) János hatvan éves. (d) Mert
piszkos a lépcső és a kapu éjszaka is
nyitva van. (e) János augusztusban megy
nyugdíjba. (f) János majd dolgozik, a
felesége meg majd napozik és olvas a
kertben. (g) Negyvenezer forintot.
Gyakorlatok 1 (a) költözöm (b) él (c)
lakik (d) panaszkodsz (e) elég (f) napozol
2 (a) i or ii (b) ii (c) iii (d) iii (e) i or ii (f) i
or ii. **3** (a) Én sem ismerem Király
Dezsőt. (b) Vörös bort sem kérek. (c)
Zsolt sem tud franciául. (d) Az egri
bikavért sem ismered? (e) Mi sem május-
ban költözünk. (f) Barack sem kell. **4** (a)

Rossz. Ez a ház nem tetszik. (b) Jó. (c)
Jó. (d) Rossz. Ez az alma nagyon finom!
(e) Jó. (f) Rossz. Az a villamos nem itt
jár. 5 (b) A szótár a földön van. (c) A
táska a tévén van. (d) A magnó a szőnye-
gen van. (e) A szék a szekrényen van. 6
(c) A macska az asztalon ül. (d) A macs-
ka a polcon ül. (e) A macska a mosógépen
ül. (f) A macska a gáztűzhelyen ül. 7 (a)
Tegnap kedd volt. (b) Holnap vasárnap
lesz. (c) Tegnapelőtt péntek volt. (d)
Holnapután csütörtök lesz. 8 Seregi
Antal kedden délután Szentendrére
megy. Szerdán korán reggel a
repülőtérre megy és este főz.
Csütörtökön este angolórára megy.
Pénteken uszodába megy. Szombaton
este színházba megy. Vasárnap a kert-
ben dolgozik. 9 (a) házban (b) lakom (c)
panellakásban (d) házban (e) emeleten (f)
szomszédban (g) panaszkodik (h)
folyosón.

Unit 8

Párbeszéd 1 (a) i (b) i (c) n, Iskola után
Zoli először eszik valamit. (d) n, Zoli job-
ban szeret magnót hallgatni vagy tévét
nézni, mint leckét írni. (e) n, Zoli egy
nagy házat és egy nyugati kocsit
szeretne. 2 (a) Zoli vajas kiflit vagy
zsemlét eszik reggelire. (b) Az iskolában
a második fogás főzelék vagy hús, rizs,
krumpli, tészta. (c) Mert az iskolában
rosszul főznek. (d) Zoli hétfőn és szerdán
focizik. (e) Mert két munkahelyen dolgo-
zik. (f) Zoli egy focimeccset szeretne
Angliában látni.
Gyakorlatok 1 (a) ajánlasz (b) beváltani
(c) álltok (d) segíteni (e) értesz (f) taní-
tanak (g) takarítotok (h) írtok. 2 Zsófi
nem tud korcsolyázni. Zsófi imád
teniszezni. Zsófi utál kocogni. Zsófi tud
kosárlabázni. Zsófi nem szeret röplab-
dázni. Zsófi tud úszni. Zsófi szeret
tornázni. Zsófi utál sakkozni. 3 (b)
Asztalos Gizella jobban szeret videót
nézni, mint moziba járni. (c) Sípos Kati
jobban szeret operába menni, mint úszni.
(d) Polgár Géza jobban szeret sörözni,
mint színházba járni. (e) Tordai Judit
jobban szeret enni, mint sportolni. (f)
Balázs Kinga jobban szeret könyvet
olvasni, mint tévét nézni. (g) Fekete
László jobban szeret rádiót hallgatni,
mint újságot olvasni. 4 (a) ma (b) mai (c)
januári (d) januárban (e) január (f)

Szeged (g) Szegedi (h) Szegeden (i)
Szegedre (j) szegedi. 5 (b) Kati munka
után a közértbe siet, mert este vacsorát
főz. (c) Zsuzsa munka után az uszodába
siet, mert imád úszni. (d) Eszter munka
után Pestre siet, mert az édesanyja
kórházban van. (e) Ica munka után haza-
siet, mert jó film lesz a tévében. 6 (a)
Csak egy munkahelyen dolgozom. (b)
Igen. Én vásárolok minden nap. (c) Mert
a negyedik emeleten lakunk és nincs lift
a házban. (d) Igen, este is segítek a házi-
munkában. (e) Nem hiszem/Azt hiszem
nem, mert segítek otthon és nem iszom,
nem dohányzom. 8 Mert egy nyugati
autót kér a születésnapjára.
Érti? (a) i (b) ii (c) ii (d) i (e) ii.

Unit 9

Párbeszéd 1 (a) i (b) i (c) n, Kint nem
süt a nap. Fúj a szél, esik az eső és hideg
van. (d) i (e) n, Mariska néni jobban
szereti a konyakot, mint a kávét. 2 (a)
Nem, Erzsi szerint Mariska néni még
nem öreg. (b) Rossz idő van kint. Fúj a
szél, esik az eső és hideg van. (c) Ma 9-10
fok lesz. (d) Mert még nincs fűtés. (e)
Amikor egyedül van.
Gyakorlatok 1 (a) iii (b) ii (c) ii (d) i (e)
iii. 2 (a) Londonban esik az eső. (b)
Madridban süt a nap. (c) Párizsban esik
az eső. (d) Berlinben nincs meleg és
nincs hideg. (e) Rómában elég jó idő van.
(f) Budapesten egy kicsit hideg van, de
süt a nap. (g) Bukarestben esik az eső és
fúj a szél. (h) Moszkvában nagyon hideg
van és esik a hó. 4 Debrecenben ma hu-
szonöt fok lesz. Tihanyban ma huszon-
három fok lesz. Miskolcon ma huszonegy
fok lesz. Pécsen ma huszonhét fok lesz. 5
(a) (i) hanem (ii) de (iii) de (iv) de (v)
hanem (b) (i) már (ii) még (iii) még (iv)
már (v) már. 6 (a) Hány éves tetszik
lenni? (b) Hol tetszik lakni? (c) Tetszik
még dolgozni? (d) Mennyi a nyugdíj? (e)
Elég ez a nyugdíj, Bori néni? (f) Rosszul
tetszik élni?/Hogy tetszik élni? 7 (a) iv (b)
v (c) vi (d) i (e) iii (f) ii.

Unit 10

Párbeszéd 1 (a) i (b) n, Gábor este mozi-
ba szeretne menni. (c) n, Egy régi ma-
gyar film megy a moziban. (d) n, Hétkor
találkoznak a mozi előtt. (e) i. 2 (a) Az
első hívás téves. (b) Gábor Mártával

KEY TO THE EXERCISES

szeretne beszélni. (c) „Szerelmesfilm" a
Szabó István-film címe. (d) A film negyed
nyolckor kezdődik. (e) Gábor a négyes
villamossal megy a randevúra.
Gyakorlatok 1 *Her questions*: Hány óra
van? *or* Mennyi az idő? *Answers*: (a)
Háromnegyed kilenc van. (b) Fél tizen-
egy van. (c) Negyed egy van. (d) Egy óra
van. (e) Fél hat van. **2** (a) János
hatkor/hat órakor megy dolgozni. (b)
Jenő bácsi nyolckor/nyolc órakor vásárol
az ABC-ben. (c) Anya hétkor/hét órakor
főz vacsorát. (d) Gabi háromnegyed
egykor segít a házimunkában. (e) A film
fél nyolckor kezdődik. (f) A magyaróra
háromkor/három órakor van. (g) István
tízkor/tíz órakor jön haza. (h) Fél ötkor
van a meccs a tévében. **3** (b) Van/Nincs
kedved kirándulni? Most nincs kedvem
kirándulni. (c) Van/Nincs kedved kon-
certre menni? Most nincs kedvem kon-
certre menni. (d) Van/Nincs kedved
teniszezni? Most nincs kedvem
teniszezni. (e) Van/Nincs kedved színház-
ba menni? Most nincs kedvem színházba
menni. (f) Van/Nincs kedved itthon
maradni? Igen/De igen, van kedvem
itthon maradni. **4** (a) Az elefánt a fa mel-
lett van. (b) Az elefánt a fa előtt van. (c)
Az elefánt a fa mögött van. (d) Az elefánt
két fa között van. **5** (a) nélkül (b) miatt
(c) előtt (d) után (e) alatt (f) körül (g)
között (h) helyett. **6** (a) A kettes villamos
jár a Fórum Hotel előtt. (b) A hetes busz
jár a Rákóczi úton. (c) A hetvennégyes
trolival lehet a Városligetbe menni. (d) A
tizenötös busszal lehet a Várba menni.
(e) A negyvenhármas melléken vagyok. **7**
(b) Márta iskola után autóval megy
Gáborral haza. (c) Délután metróval
megy a Belvárosba. (d) Hatkor
trolibusszal megy vásárolni. (e) Este a
hatos villamossal megy mozíba. **8** (b)
Sándor Katival jár sétálni a Duna-part-
ra. (c) Irénkével jár discóba. (d) Edittel
jár moziba. (e) Arankával jár sörözni. (f)
Anettel jár angolórára. **9** (a) Imádlak. (b)
Utállak. (c) Nem értelek. (d) Hallgatlak.
(e) Holnap. **10** (a) Anyu, tudsz adni egy
százast? (b) Gáborral találkozom hét
órakor. Mozíba megyünk. (c) Igen, a he-
tessel. (d) A Bástya mozíba megyünk.
Egy régi magyar filmet nézünk meg. A
címe: „Szerelmesfilm". (e) Negyed nyolc-
kor. (f) Te?! Kivel?

Unit 11

Párbeszéd 1 (a) n, Kormosné unja a
konyakosmeggyet. (b) n, Kormos Géza
minden évben ugyanazt vásárolja
Kormosnénak. (c) i (d) i (e) i. **2** (a)
Kormos úr minden évben egy csokor
virágot és egy doboz konyakosmeggyet
vesz Kormosnénak. (b) Mert Kormosné
már egy kicsit unja a virágot és a
konyakosmeggyet. (c) Mert Kormosné
elég válogatós./Mert nem tudja, hogy
Kormosnénak milyen színű cipő tetszik.
(d) A szoknya túl hosszú. (e) Mert
Kormos úr szerint minden nő örül a
virágnak és szereti a csokoládét./Mert
nem tud mit venni.
Gyakorlatok 1 (a) A magyarok
szeretnek sokat enni. (b) Én is imádom
az epret./Én imádom az epret is. (c) Mit
kérsz: kávét vagy teát? (d) Apu egy szép
új biciklit vesz Petinek. (e) Köszönjük a
finom vacsorát! (f) Ugye ismeritek
Bartók Bélát, a híres magyar zene-
szerzőt? **2 Petőfi Rádió** (b) tizennégy
órakor (c) tizennégy óra öt perckor (d)
tizenöt óra tíz perckor (e) tizenöt óra
negyven perckor (f) tizenhat óra öt perc-
kor (g) tizenhat óra harmincöt perckor
(h) tizenhét óra húsz perckor: **TV2** (a)
tizennyolc óra negyvenöt perckor (b)
tizenkilenc óra harminc perckor (c) húsz
órakor (d) húsz óra harminc perckor (e)
huszonkét óra negyven perckor (f) hu-
szonhárom óra negyven perckor. **3** (b)
Szerintem Zsófi néni jobban szereti az
édességet, mint a virágot. Jobb lesz, ha
Zsófi néninek egy doboz csokoládét
veszel. (c) Szerintem Dénes jobban szeret
olvasni, mint zenét hallgatni. Jobb lesz,
ha Dénesnek könyvet ajándékozol. (d)
Szerintem Feri jobban szereti az alko-
holt, mint a külföldi cigarettát. Jobb lesz,
ha Ferinek egy üveg bort veszel. (e)
Szerintem Mónika jobban szereti az álla-
tokat, mint a rágógumit. Jobb lesz, ha
Mónikának egy macskát adsz. (f)
Szerintem Anna jobban szereti a zenét,
mint a parfümöt. Jobb lesz, ha Annának
egy lemezt ajándékozol. **4** (a) veszek (b)
szeret (c) hallgat/hallgatja (d) mondja (e)
tudom (f) utálom (g) ad (h) örül (i) unja
(j) imádja (k) értem (l) vásárolni (m) áll.
5 (a) A citrom sárga. (b) A narancs
narancssárga. (c) Az elefánt szürke. (d) A
magyar zászló piros, fehér, zöld. (e) A

Duna régen kék volt. 6 (a) Péternek (b) Szeretek (c) szeretnék (d) benne (e) nekem. 7 (a) Dezső nem szereti a sajtot, ugye? (b) Te utálod a margarint, nem/ugye? (c) Éva néni nem tud paprikás csirkét főzni, ugye? (d) Ismeritek az angol reggelit, nem/ugye? (e) Apa a híreket hallgatja, nem/ugye? (f) Zsolt egy francia krimit néz, nem/ugye? 8 (a) iii (b) v (c) iv (d) i (e) vi (f) vii (g) viii (h) ii.

Érti? (a) A Népművészeti boltban hímzett terítőt, blúzt, dobozt, zsebkendőt, herendi porcelánt és kerámiát árulnak. (b) Mrs Scott néhány tipikus magyar ajándékot szeretne vásárolni. (c) Mert Mrs Scott fia tipikus tinédzser és nagyon válogatós. (d) Mrs Scottnak. (e) A boltban kicserélik. (f) Mert mindenkinek sikerült ajándékot találni.

Unit 12

Párbeszéd 1 (a) i (b) n, Jóska és Klára valószínűleg két vagy három éjszakára maradnak. (c) n, A reggeli plusz 150 forintba kerül. (d) i (e) i. 2 (a) Mert egy kicsit süket./Mert rosszul hall. (b) Egy csendes szobát keresnek szép kilátással. (c) Az egyik ablak a tóra néz, a másik a kertre. (d) Tihanyból indul minden fél órában hajó Balatonfüredre. (e) Mert túl nagy a zaj./Mert Juliska néni férje horkol.

Gyakorlatok 1 (a) Jó napot kívánok! Szeretnék egy asztalt foglalni ma estére. (b) Nyolc órára, legyen szíves. (c) Öt személyre. (f) Viszonthallásra! 2 (a) Pincér! Piszkos a terítő. És legyen szíves két kanalat, egy villát, három kést, egy tányért és két szalvétát is hozni. (b) Pincér! A bableves sótlan, a töltött paprika sós, a pezsgő túl édes, a saláta túl savanyú és a káposztás kocka keserű. Legyen szíves sót és borsot hozni! (c) Lehet itt hitelkártyával, csekkel, utazási csekkel vagy valutával fizetni? 3 (a) Figyelem! Figyelem! (ii) A harmadik vágányra Pécsről gyorsvonat érkezik. (iii) Az ötödik vágányra Szegedről gyorsvonat érkezik. (iv) A hatodik vágányra Miskolcról személyvonat érkezik. (v) A második vágányra Debrecenből személyvonat érkezik. Kérjük, a vágány mellett tessék vigyázni! (b) (ii) Hányadik vágányról indul Pécsre a vonat? A hetedikről. (iii)

Hányadik vágányról indul Siófokra a vonat? A tizedikről. (iv) Hányadik vágányról indul Egerbe a vonat? A tizenötödikről. (v) Hányadik vágányról indul Sopronba a vonat? A negyedikről. 4 (b) Londonból háromnegyed ötkor érkezik a repülőgép. (c) Bécsből negyed hatkor érkezik a repülőgép. (d) Helsinkiből öt órakor érkezik a repülőgép. (e) Rómából negyed hétkor érkezik a repülőgép. 5 (a) (i) otthonról (ii) uszodából (iii) Magyarországról (iv) Szegedről (v) repülőtérről (b) (i) olvassa (ii) nézzük (iii) hiszem (iv) issza (v) visszük 6 (a) iv (b) i (c) vi (d) ii (e) iii (f) v (g) vii. 7 (a) remélem (b) megy (c) kerül (d) tudom (e) mondja (f) mondani (g) aggasztja (h) aggaszt (i) él.

Érti? (a) Igen. (b) Minden kilométer után harminc centet kell fizetni, és a benzint is Tim veszi. (c) Az autót tele tankkal kell visszahozni. (d) Tim angol fonttal akar fizetni. (e) Akkor tényleg kell majd neki a biztosítás.

Unit 13

Párbeszéd 1 (a) n, Balogh János nem a feleségével, hanem Ferivel szeret horgászni. (b) i (c) n, Balogh János szerint költenek a nők sok pénzt. (d) n, Baloghné szerint régen a Duna-parton romantikus volt sétálni. (e) i. 2 (a) Pista szerint Szentendrénél lehet a Dunában sok halat fogni. (b) Andrea egy divatos sötétkék miniszoknyát fog vásárolni Szentendrén. (c) Mert még nincs jó idő, és nem szeret horgászni. (d) Igen. (e) Mert lehet, hogy csak bablevest esznek vasárnap ebédre.

Gyakorlatok 1 (a) fogunk (b) ballagásra (c) fogok (d) költjük (e) igaza (f) megnézzük (g) fognak (h) fognak (i) bevásárolunk (j) veszünk. 2 (g), (b), (e), (h), (i), (f), (c), (d), (a). 3 látod, kiabálsz, látnak, hallanak, figyelik, hiszem, eszünk. 4 (a) nem fogok korán kelni (b) takarítani fogok (c) ebédelek (d) főz majd (e) alszom majd (f) úszni fogok (g) majd felhívom (h) jön (i) megyünk (j) emlékszem (k) találom (l) fogja tudni (m) várnak. 6 (a) nálunk (b) péknél (c) veletek (d) veled (e) Eszterrel.

Érti? (a) ii (b) i (c) i (d) ii (e) ii.

Unit 14

Párbeszéd 1 (a) i (b) i (c) n, Kardos Pál

KEY TO THE EXERCISES

ismerte Márta nénit. (d) n, Mária a
Balett Intézetben tanított jazz-balettot.
(e) i. 2 (a) Mária 1967. február 4-én
született Egerben. (b) Mert soha sem
szeretett tanulni. (c) Mária Kocsis Márta
nénihez járt különórára. (d) Mert sokáig
beteg volt. (e) Máriához.
Gyakorlatok 1 (a) 1966. április 23-án
születtem Szegeden. (b) Igen. (c) 1987-
ben költöztem a fővárosba. (d) Pesten a
Duna utcai cipőgyárban dolgoztam. (e) A
gimnáziumban kezdtem angolul tanulni,
majd este nyelvtanfolyamon és 1986-ban
Oxfordban egy rövid nyelvtanfolyamon
tanultam. (f) Mert 1989-ben fiam, 1990-
ben pedig lányom született. A férjem elég
jól keres, és én otthon maradtam a
gyerekekkel. **2** Lehoczky Klára 1966.
április 23-án született Egerben. Itt járt
általános iskolába, majd gimnáziumba
is. A gimnáziumban kezdett angolul ta-
nulni. 1986-ban Angliába, Oxfordba uta-
zott egy rövid nyelvtanfolyamra. 1987-
ben Budapestre költözött. Először a
Duna utcai cipőgyárban dolgozott a XIV.
kerületben. Az igazgató mellett volt
titkárnő. Közben este nyelvtanfolyamon
tanult angolul. 1988-ban férjhez ment.
1989-ben született a fia, Márton, 1990-
ben pedig a lánya, Anikó. A férje újságíró
és elég jól keres. Így Klára otthon
maradt a gyerekekkel. Folyékonyan
beszél angolul és tud egy kicsit franciául
is. Nagyon szeretne ismét dolgozni. **4**
ment, maradtam, meghalt, szerettem,
ittam, hittem, feküdtem, jártam, ettem,
lakott, segített, főzött, mosott, takarított,
küldött, lettem, akartam, talált,
kezdtem. **5** (a) mozinál (b) Andráshoz (c)
amerikaihoz (d) Balatonhoz (e) Hozzád
(f) nagyvállalatnál. **6** (b)
Ezerkilencszáznyolcvankettő szeptember
tizedike azért fontos, mert dolgozni
kezdett. (c) Ezerkilencszáznyolcvanhét
december tizenkilencedike azért fontos,
mert megnősült. (d)
Ezerkilencszázkilencven szeptember
huszadika azért fontos, mert fia
született. (e) Ezerkilencszázkilencvenegy
október harmincegyedike azért fontos,
mert lánya született. (f)
Ezerkilencszázkilencvenkettő augusztus
elseje azért fontos, mert vezérigazgató
lett. **7** (a) Balassi Bálint ezerötszázötven-
négy október huszadikán született. (b)
Arany János ezernyolcszáztizenhét már-

cius másodikán született. (c) Petőfi
Sándor ezernyolcszázhuszonhárom január
elsején született. (d) Ady Endre ezernyolc-
százhetvenhét november huszonkette-
dikén született. (e) Móricz Zsigmond
ezernyolcszázhetvenkilenc június
huszonkilencedikén született.
8 (a) Nem János bácsi vett ma friss húst
a hentesnél. Nem friss húst vett János
bácsi ma a hentesnél. Nem vett ma
János bácsi friss húst a hentesnél. Nem
ma vett János bácsi friss húst a hentes-
nél. Nem a hentesnél vett friss húst ma
János bácsi. (b) Nem Peti evett három
palacsintát tegnap ebédre. Nem három
palacsintát evett tegnap Peti ebédre.
Nem evett Peti három palacsintát tegnap
ebédre. Nem tegnap evett Peti három
palacsintát ebédre. Nem ebédre evett
Peti három palacsintát tegnap. **9** (a)
Rossz. Még soha nem/sem jártam
Párizsban. (b) Rossz. Külföldön senki
nem/sem ismeri Balassi Bálintot. (c) Jó.
(d) Jó. (e) Rossz. János feleségül vette
Esztert.
Érti? (a) n, Széchényi Ferenc alapította
a Nemzeti Múzeumot. (b) i (c) n,
Magyarország a XIX. század elején igen
elmaradott ország volt. (d) i (e) n,
Széchenyi 1860. április 7-én halt meg.

Unit 15

Párbeszéd 1 (a) i (b) n, Sári régen írt.
(c) n, Elég késő volt, ezért már csak
csirke és pörkölt maradt. (d) i (e) i **2** (a)
Mert rengeteg minden történt vele. (b)
Mert egy hátizsák feküdt mellette a
földön. (c) Mert a fiú akcentussal beszélt
magyarul. (d) Este nyolcig. (e) Sári a hét
húszas vonattal érkezik Budapestről
Szegedre.
Gyakorlatok 1 (a) történt (b) megis-
merkedtem (c) jártam (d) láttam (e) tet-
szett (f) lehetett (g) találtam (h) kértem
(i) értette (j) megismételtem (k) nézett (l)
segített (m) értette (n) mondta. **2** Kedves
István! Egy hónappal ezelőtt írtam
neked levelet, de még nem kaptam tőled
választ. Remélem, nincs baj. Augusztus
5-én, szombaton a 6.45-ös vonattal
érkezem Debrecenbe. Már alig várom az
augusztust! Üdvözlettel: John. London,
1992. júl. 16. **3** mentem, élek, meghalt,
lakom, laktam, sportoltam, teniszeztem,
sétálok, szerettem, szeret, csodálom,
várom.

4 (*a*) (i) Tőletek (ii) Kitől (iii) üdvözlöm (iv) mozitól (v) 5-től (*b*) (i) kérdeztelek (ii) Láttátok (iii) vitték (iv) tudtuk (v) hívták. **5** (*a*) Az Éden discó bár este tíztől reggel hatig van nyitva. (*b*) Az új magyar rockopera este héttől kb. este negyed tízig tart. (*c*) Este fél nyolckor. (*d*) A görög táncház délután 5-től 6-ig tart. **6** (*a*) erre az (*b*) azzal a (*c*) Ebben a (*d*) abba a (*e*) Ezen a (*f*) abban a (*g*) Erről a (*h*) Annál a

Unit 16

Párbeszéd 1 (*a*) n, Edit szerint fárasztó 11–14 éves gyerekekre vigyázni. (*b*) n, Edit csak eleinte járt a discóba szórakozni. (*c*) i (*d*) i (*e*) i. **2** (*a*) Attól, hogy sokat napozott. (*b*) A hétvégeken sokféle program volt: koncertek, kiállítások. (*c*) Mert Andrást nem érdeklik a gyerekek és szerinte a Balaton már nem a régi. (*d*) András a kutyát szokta levinni sétálni minden nap kétszer. (*e*) A Balatonnál főtt kolbászt, sült halat és finom palacsintákat lehet kapni.
Gyakorlatok 1 (*a*) szoktunk (*b*) szokott (*c*) szoktam (*d*) szokta (*e*) szokta (*f*) szokta (*g*) szoktam (*h*) szoktak (*i*) szoktunk (*j*) szoktunk (*k*) szoktunk. **2** (*a*) férfiakat, nők (*b*) rendőrök, buták (*c*) fiatalok (*d*) politikusok (*e*) kínaiak, kicsik (*f*) asszonyok, kíváncsiak. **3** (*b*) A franciák kulturáltak. (*c*) Az angolok hidegvérűek. (*d*) Az olaszok szenvedélyesek. (*e*) A németek mindig pontosak. (*f*) A skótok fukarok. **4** (*a*) iv (*b*) i (*c*) ii (*d*) v (*e*) iii. **5** (*b*) Erzsi egy nap sokszor szokott mosogatni. (*c*) Egy nap egyszer szokott vasalni. (*d*) Egy héten kétszer szokott porszívózni. (*e*) Egy hónapban egyszer szokott ablakot tisztítani. **6** (*a*) Rossz. Engem már csak az okos nők érdekelnek. (*b*) Jó. (c) Rossz. Úgy látszik, néha bizony szoktál hazudni. (*d*) Jó. (*e*) Rossz. Most voltál először külföldön? (*f*) Rossz. Az ablakból csak a házakat lehet látni. **7** (*c*), (*a*), (*b*), (*d*).
Érti? (*a*) Minden este 8 óra körül szoktak vacsorázni és aztán általában valahova szórakozni mennek. (*b*) Betörték az ablakot és azon keresztül másztak be. (*c*) A tolvajok egy arany nyakláncot, egy pár fülbevalót, egy Olympos fényképezőgépet és ruhákat vittek el. (*d*) Mert Jeremy és a felesége elfelejtették magukkal vinni. (*e*) Mert Jeremy és a felesége nem

szokott magánál készpénzt tartani.

Unit 17

Párbeszéd 1 (*a*) i (*b*) n, Márkus Tivadarnak nem hőmérője, hanem lázmérője nincsen. (*c*) i (*d*) n, Márkus úrnak csak influenzája van. **2** (*a*) Mert mindene fáj. (*b*) Márkus úrnak 39 fokos láza van. (*c*) A gyógyszert naponta háromszor kell beszedni étkezés után. (*d*) Az orvos szerint a gyógyfürdő tesz jót Márkus úrnak. (*e*) Mert Hévíz is és Gyula is rettenetesen drága lett.
Gyakorlatok 1 (*b*) Fáj a torkom. (*c*) Fáj a hasam. (*d*) Fáj a karom. (*e*) Fáj a derekam. (*f*) Fáj a kezem. **2** (*c*), (*b*), (*a*). **3** (*a*) Fáj a torkom, doktor úr. (*b*) Tegnap nagyon fájt a fejem, de ma nem fáj. (*c*) Igen, elég magas, 38 fokos lázam van. (*d*) Nincs étvágyam. Tegnap alig ettem valamit. **4** Kedves Barátom! Nagyon megijedtem, amikor megtudtam, hogy baleseted volt. Szerencsére csak a lábad törted el. Túl gyorsan vezettél? Hogy történt a baleset? Péntek délután meglátogatlak a kórházban. Mielőbbi gyógyulást kívánok szeretettel. **5** (*a*) Elrontottam a gyomrom. (*b*) Halat ettem. (*c*) Igen, hánytam is és hasmenésem is volt. (*d*) Két napig. (*e*) Igen, az idegenvezetőnk felesége is rosszul volt. **6** (*b*) Andrea kedvenc költője Radnóti Miklós. (*c*) Anita kedvenc filmrendezője Huszárik Zoltán. (*d*) Attila kedvenc festője Csontváry Kosztka Tivadar. (*e*) Árpád kedvenc zeneszerzője Bartók Béla. (*f*) Mariann kedvenc színésze Latinovits Zoltán. **7** (*a*) iii, (*b*) vi, (*c*) i, (*d*) iv, (*e*) ii, (*f*) v. **8** nagyon, Kíváncsian, bátran, fiatalon, lassan, izgatottan, csúnyán, hosszan, nehezen.

Unit 18

Párbeszéd 1 (*a*), n, Almási Katalinnak csak négy testvére van. (*b*) n, Almási Katalin édesanyja nem volt színésznő. (*c*) i (*d*) n, Almási Katalint katolikusnak nevelték. (*e*) i. **2** (*a*) Almási Katalin a házuk mögötti óriási kertben szokott a testvéreivel játszani. (*b*) Az édesanyja mindig vidám, kedves, igen vallásos ember volt. (*c*) Az édesapja jóképű, nagy bajuszos, fekete hajú férfi volt. (*d*) Az édesanyja nővérének a férje.

(e) Nincsenek.
Gyakorlatok 1 (a) az öcsém vagy én
(b) a nagypapám/nagyapám (c) a nagy-
néném (d) az unokatestvérem
(e) a vejem/vőm. **2** Kerekes Zoltán elég
magas, fiatal, sovány férfi. Bajusza nin-
csen. A szeme kék, a haja fekete, a fülei
kicsik. Szemüveget visel. Kerekes Zoltán
taxisofőr. Nőtlen. Mindenkivel udvari-
asan viselkedik, intelligens. Nagyon val-
lásos ember, minden vasárnap templom-
ba jár. **4** (b) ... a nagyszüleimé csak
egyszintes. (c) ... Annáének Ügyes. (d) ...
az unokaöcsémét még nem. (e) ...
Keresztesékéi még gyerekek. (f) ... a
miénken jazz-zenekar. **5** nagyszüleink,
nagypapáéknak, állatuk, nagypapám,
lovait, lovaival, nagymamám, munkája,
szomszédaik, gyerekeivel, házaik. **6** (a)
tiétekben (b) tieddel (c) övével (d)
enyémtől (e) miénkben. **7** Csilla szülei
sokat veszekednek egymással. Az apja
minden este részegen jár haza. Az anyja
állandóan fáradt és ingerült. Csilla
szülei néha verekednek és kiabálnak.
Csilla a testvéreivel a szomszédokhoz
vagy a térre menekül.
Érti? (a) Ismeretlen tettesek megölték
Kozma Sándor 25 éves szolnoki
taxisofőrt. (b) Az első fiatalembernek
hosszú, göndör, fekete haja volt. (c) A
második férfinak kissé elálló fülei voltak.
(d) A fekete bőrtáska a farmeröltönyös
fiatalemberé volt. (e) Kalmáréknál volt
este a buli. (f) Jelentkezni kell a Szolnok
Megyei Rendőrfőkapitányság 62–745-ös
telefonszámán.

Unit 19

Párbeszéd 1 (a) ii, (b) i, (c) i, (d) ii, (e) i.
2 (a) Tibor két hónapja dolgozik új vál-
lalatnál. (b) Mert most valamivel
messzebb dolgozik. (c) Igen, jól meg-
fizetik. (d) Legutóbb Tibort pár napra
küldték Londonba tárgyalni. (e) Tibor
vállalata az egyik legnagyobb brit gépi-
pari vállalattal folytat tárgyalásokat.
Gyakorlatok 1 (b) A magyar nehezebb,
mint az orosz, de a kínai a legnehezebb
nyelv. (c) Ingrid Bergman szebb, mint
Marilyn Monroe, de Grace Kelly a
legszebb. (d) A krikett érdekesebb, mint
a golf, de a foci a legérdekesebb sport. (e)
A narancslé finomabb, mint a kóla, de az
almalé a legfinomabb üdítőital. (f) Párizs
nagyobb, mint Budapest, de London a

legnagyobb város. **2** Péter 180 cm magas,
András 185 cm magas, Gyuri 180 cm
magas és Lajos 188 cm magas. **3** (b) Edit
gyorsan tud gépelni, de Nóra gyorsabban
gépel nála, és Brigitta gépel a leggyor-
sabban. (c) Nórának sok tapasztalata
van, de Editnek több tapasztalata van
nála, és Brigittának van a legtöbb
tapasztalata. **4** (a) A szegények az ol-
csóbb élelmiszereket vásárolják, és
kevesebbet költenek élelmiszerekre,
mint néhány évvel ezelőtt. (b) A
szegények több kenyeret, zsírt, tésztát és
szalonnát fogyasztanak, mint az átlagos
szinten élők. (c) A szegények kevesebb
friss gyümölcsöt, zöldséget, főzeléket,
sajtot és tojást fogyasztanak, mint az
átlagos szinten élők. (d) Az átlagos szin-
ten élők többet sportolnak, mint a
szegények. **5** (a) el (b) vissza (c) el (d) Fel
(e) le (f) Át (g) végig (h) Be (i) fel. **7** napja,
hétre, 5 órakor/5 órára, Hétkor/Hétre,
napja. **8** cigarettáznom, főznöm, lennem,
telefonálnom, használnom, felvinnem,
keresnem, találnom. **9** Éva nem bírja
tovább. Elköltözik. Képzeld, a lakásban
tilos cigarettáznia. Csak akkor szabad
főznie, ha a házinéniék befejezték a va-
csorát. Legkésőbb este tízre otthon kell
lennie. Az utcáról kell telefonálnia, mert
az ő telefonjukat nem szabad használnia.
Ráadásul a barátját sem szabad felvin-
nie. Muszáj lesz új albérletet keresnie.
Reméli, hogy sikerül majd jó helyet talál-
nia.
Érti? (a) Balázsnak elege van a
Velencei-tóból, mert drága, és szerinte
unalmas egész nap a vízparton ülni. (b)
Mert Ibolya édesapjáéknak saját
nyaralójuk van ott, és nem kell szállást
fizetniük. (c) Balázsék négy éve járnak
minden nyáron a Velencei-tóhoz. (d)
Mert szebbnél szebb helyeken jártak, és
sokkal több emberrel sikerült megis-
merkedniük, mint a Velencei-tónál. (e)
Ha a gyerekek nagyobbak lesznek,
Balázsék könnyebben tudnak majd
utazni.

Unit 20

Párbeszéd 1 (a) n, Robi keresztmamája
Robiékat disznóölésre hívta meg. (b) i
(c) n, Robi a szilveszteri műsort szeretné
megnézni a tv-ben. (d) i (e) i. **2** (a)
Hajdúékat disznóölésre hívták meg a
rokonaik. (b) Mert Pali bácsiéknak nincs

színes tévéjük, és ő meg szeretné nézni a szilveszteri műsort. (c) Hajdúék húsvétkor egy hetet töltöttek falun. (d) Mert sokat kell enniük, és a férje nővére egész nap csak pletykálna./Mert sokkal fárasztóbb vendégségbe menni, mintha otthon maradnának, és mindent neki kellene egyedül csinálnia. (e) Tavalyelőtt azt mondták, hogy a nagy hó miatt leálltak a vonatok. **Gyakorlatok 1** (a) vi (b) iii (c) i (d) v (e) ii (f) iv.

2 Ilona A szombat délutáni előadásra szeretnék egy jegyet venni.

Pénztáros Sajnos szombat délutánra már minden jegy elfogyott.

Ilona És este hétre lehet még jegyet kapni?

Pénztáros Igen, Hová parancsolja a jegyet: az erkélyre vagy páholyba?

Ilona Kaphatnék az erkélyre egy jegyet?

Pénztáros Hogyne. Elöl vagy hátul szeretne ülni?

Ilona Elöl.

Pénztáros Az első sorba tudnék még egy jegyet adni.

Ilona Az jó lesz.

Pénztáros Tessék, kétszáz forintot kérek.

3 (b) Jobb lett volna, ha 7 órára vettél volna jegyet. (c) Jobb lett volna, ha az erkélyre vettél volna jegyet. (d) Jobb lett volna, ha olcsóbb jegyet vettél volna. **4** „Lassabban is vezethetnél, Zoltán! Bárcsak egyszer hallgatnál rám! Nekem kellene vezetnem, mert én kevesebbet ittam Paliéknál, mint te. Bárcsak te se ittál volna olyan sok sört! Nem kellett volna még a pálinkát is elfogadnod! Vigyázz! Jobb lenne, ha ezután én vezetnék." „Jobb lenne, ha kevesebbet beszélnél, akkor jobban tudnék figyelni." „Ha nem lennél részeg, nem aludtál volna el és nem karamboloztunk volna." **5** Zoltán azt válaszolta, hogy (b) nem látta a lámpát. (c) csak egy keveset ivott. (d) nem emlékszik. (e) az talán jobb lett volna, mert akkor a felesége nem beszélt volna olyan sokat, és ő jobban tudott volna figyelni. **6** (a) le (b) rá (c) meg (d) be (e) el (f) ki (g) be (h) fel (i) le (j) fel (k) meg. **7** (a) Végre be szeretném fejezni a könyvet. (b) Meg akartuk venni

Pistáéktól a kocsit. (c) Meg tudtátok inni azt a sok bort? (d) Holnap el fogsz menni keresztmamáékhoz? (e) Most haza kell mennem. **8** (b) Még nem lehet kiülni a kertbe napozni. (c) Nem kell elmenned! (d) Nem tudok visszaadni ötszázasból. (e) Nem akarok kimenni! **9** (a) Kinyithatom az ablakot? (b) Bejöhetek? (c) Segíthetek? (d) Elhozhatom a barátom is?/Jöhet a barátom is? (e) Mit ehetek? **10** (b) A londoni gép harminc percet késik. (c) A római gép tizenöt percet késik. (d) A prágai gép negyven percet késik. (e) A moszkvai gép huszonöt percet késik. (f) A New York-i gép két órát késik.

Unit 21

Párbeszéd 1 (a) i (b) n, Teri nem akarja megnézni a „Rémálom a Hotel Vadkacsában" című filmet, mert utána este nem tud elaludni. (c) n, Teri szerint kínos lenne Feriékhez menni, mert nem hívták meg őket. (d) i. **2** (a) Mert Teri piros ruhája a tisztítóban van. (b) A tv mellé. (c) Mert utána nem tud elaludni. (d) Tibor elfelejtette Terinek megmondani, hogy Feri meghívta őket a szalonnasütésre. (e) Az ismerőseik közül Icáék, Péterék és Gabiék lesznek még ott. **Gyakorlatok 1** ne menj be, Várj, Ne verekedj!, ne igyál, játssz, Ne bántsd, Szégyelld magad!, Gyere. **2** A csirkét hideg vízben mosd meg, majd darabold fel! A vöröshagymát vágd finomra és zsírban vagy olajban a fedő alatt pirítsd aranysárgára, majd szórd meg pirospaprikával! Ezután tedd bele a csirkét, sózd meg és önts hozzá 2 dl vizet! Fedő alatt főzd puhára a csirkét! Közben vágd darabokra a paradicsomot és a paprikát és add hozzá! Amikor a csirke puhára főtt, a tejfölt és a lisztet keverd össze és öntsd a csirke levéhez! Miután felforrt, forrald 2–3 percig! Galuskával tálald! **3** (a) Nagyon szeretném, ha a szüleid megkedvelnének. Mit csináljak? (b) Mit vegyek fel? (c) Milyen ajándékot hozzak/vigyek nekik? (d) Pontos legyek vagy elkéshetek egy kicsit? Már fél hét van. **4** Azt kérdezte, hogy mit csináljon és mit vegyen fel. Azt is kérdezte, hogy milyen ajándékot hozzon a szüleinknek. Végül Anikó ezt kérdezte: „Pontos legyek vagy elkéshetek egy kicsit?" **5** (a) Bakos István későn, általában tízkor szokott felkelni. (b) Ha hajnalban feküdt le és

nem volt ideje megfürdeni. (c) Reggelire
sokat eszik és egy jó erős kávét iszik. (d)
Gyorsan bekap valamit a büfében.
(e) Amikor hazaér, levetkőzik,
megfürdik. Még az ágyban olvas egy
keveset és azután hamar elalszik.
6 menni, olvasunk, bevásároltam,
megvettem, kitakarítottuk, megtanulta,
megírta, megsütöttem, megnéztük,
felkeltünk, megreggeliztünk,
bepakoltunk, elindultunk, leértünk,
kipakoltunk, felvettük, kisüt,
elkezdtünk, megenni, elkezdett, átázott,
hinni. **7** (b) Judit tejért és kenyérért
ment ki. (c) Magdi húsért ment ki. (d)
Kati angol-magyar szótárért ment ki. (e)
Eszter újságért ment ki. **8** (a) A szekrény
alól kellett kivennie a cipőjét. (b) Az
újság alá tette a szemüvegét. (c) A fotel-
ba tette a kalapját, a kabátja mellé. (d) A
szék mögül kellett kivennie a táskáját.
(e) Az ágy és a fal közé dobta a
nyakkendőjét.
Érti? (a) i (b) i (c) n, Mary szerint a brit
diplomaták minden délután a Gerbeaud
cukrászdában teáznak. (d) n, Gordon
nem tud tökéletesen magyarul. (e) n,
Richard Magyarországba szeretett bele.
(f) i (g) n, Zsuzsa csak egyfajta
süteményt tud sütni.

HUNGARIAN–ENGLISH VOCABULARY

After each noun ending in a consonant the object, the plural and the 3rd person singular possessive ending is given. A *(c)* marks compound words that take front vowel endings. After each verb the following is given: the stem with the imperative ending, the irregular infinitive and the ending(s) it takes.

ablak (-ot, -ok, -a) *window*

ad vkinek vmit (adj) *give* sy sg

aggaszt vkit vmi (agassz) sg *worries* sy

aggódik (aggódj) *worry* (verb)

ágy (-at, -ak, -a) *bed*

ajándék (-ot, -ok, -a) *present, gift*

ajándékoz vkinek vmit (ajándékozz) *give* sy sg *as a gift*

ajánl vkinek vmit (ajánlj) *recommend* sy sg, *suggest*

ajtó (ajtaja) *door*

akar vmit (akarj) *want* sg

akárhova/akárhová *wherever*

akcentus (-t, -ok, -a) *accent*

akkor *then*

alacsony *short*

alap (vmi alapján) *basis* (on the basis of sg)

alatt *under, below, in, during*

alig *hardly*

alkohol (-t) *alcohol*

alkoholista *alcoholic*

áll vkinek (jól/rosszul áll nekem) *suit* sy (it suits me/it does not suit me)

áll (állj) *stand*

állandó *permanent*

állandóan *constantly, all the time*

állás (-t, -ok, -a) *job*

állat (-ot, -ok, -a) *animal*

állítólag *supposedly*

alma *apple*

almalé (almalevet, almaleve) *(c)* *apple juice*

álmos *sleepy*

álom (álmot, álmok, álma) *dream*

alszik (aludj, aludni) *sleep*

általában *generally, usually*

Amerika *America, the United States*

amerikai *American*

angol *English*

anya *mother, mum*

anyu *mum*

apa *father, dad*

apu *dad*

ár (-at, -ak, -a) *price*

árul vmit (árulj) *sell* sg

asszony (-t, -ok, -a) *woman*

asztal (-t, -ok, -a) *table*

átlag *average*

átszáll vmiről vmire *change from* sg *to* sg

ausztrál *Australian*

autó *car*

autószerelő *(c)* *car mechanic*

az (-t, -ok) *that, that one*

azonnal *straightaway*

aztán, azután *afterwards*

bab (-ot, -ok, -ja) *bean*

baj (-t, -ok, -a) *matter*

bajusz (-t, -ok, -a) *moustache*

bal *left*

balett (-ot, -ok, -ja) *ballet*

balett-táncos (-t, -ok, -a) *ballet dancer*

balettozik (balettozz) *do ballet*

bár (-t, -ok, -ja) *bar*

barack (-ot, -ok, -ja) *peach, apricot*

barackpálinka *apricot brandy*

barát (-ot, -ok, -ja) *friend, boyfriend*

barátnő *(c)* *friend, girlfriend*

bárcsak *if only*

barna *brown*

bátor (bátrak) *brave*

befejez vmit (befejezz) *finish* sg

bekapcsol vmit (bekapcsolj) *switch on* sg

beleszeret vkibe (beleszeress) *fall in love with* sy

Belváros (-t) *Vth district in Budapest*

bélyeg (-et, -ek, -e) *stamp*

bemutat vkinek vkit (bemutass) *introduce* sy *to* sy

bemutatkozik vkinek (bemutatkozz) *introduce oneself to* sy

beszél (beszélj) *speak*
beszélget vkivel vmiről (beszélgess) *talk to sy about sg*
beteg (-et, -ek, -e) *patient, ill*
bevált (pénzt) beválts *change* (money)
bevásárol (bevásárolj) *do one's shopping*
bevesz (bevegy, bevenni) (gyógyszert) *take* (medicine)
biciklitúra *bicycle tour*
bír vmit (bírj) *bear sg*
blokk (-ot, -ok, -ja) *bill*
blúz (-t, -ok, -a) *blouse*
bocsánat *sorry, excuse me*
bojler (-t, -ek, -e) *boiler*
boldog *happy*
boldogság (-ot, -a) *happiness*
bolt (-ot, -ok, -ja) *shop*
bor (-t, -ok, -a) *wine*
borsó *pea*
bő *loose*
bőr (-t, -ök, -e) *skin, leather*
bőrtáska *leather bag*
bridzs (-et) *bridge* (card game)
brit *British*
burgonya *potato*
busz (-t, -ok, -a) *bus*
buta *stupid, dumb*
butik (-ot, -ok, -ja) *boutique.*
ceruza *pencil*
cigaretta *cigarette*
cigarettázik (cigarettázz) *smoke*
cím (-et, -ek, -e) *address, title*
cipő *shoes*
cipőgyár (-at, -ak, -a) *shoe factory*
citrom (-ot, -ok, -a) *lemon*
cukor (cukrot, cukra) *sugar*
cukorbeteg (-et, -ek, -e) *(c) diabetic*
csak *only, if only, just*
család (-ot, -ok, -ja) *family*
csekk (-et, -ek, -e) *cheque*
csendes *quiet*
csinál vmit (csinálj) *do sg*
csinos *pretty*
csirke *chicken*
csodálatos *wonderful*
csókol vkit (csókolj) *kiss sy*
csokoládé *chocolate*
csokor (csokrot, csokrok, csokra) *bunch*
csúnya *ugly*
de *but, how, what*
dehogynem *but of course*
dél (delet) *noon, south*
délelőtt (-öt, -ök, -je) *morning, a.m., in the morning*

délután (-t, -ok, -ja) *afternoon, in the afternoon*
diák (-ot, -ok, -ja) *student, pupil*
diplomata *diplomat*
díszít vmit (díszíts) *decorate* (Xmas tree)
disznó *pig*
divatos *fashionable*
doboz (-t, -ok, -a) *box*
dohányzik (dohányozz, dohányozni) *smoke*
doktor (-t, -ok, -a) *doctor*
dolgozik (dolgozz) *work*
dolog (dolgot, dolgok, dolga) (sok a dolgom) *work* (I have a lot to do)
drága *dear, expensive*
dzsem (-et, -ek, -je) *jam*
dzsessz (-t, -e) *jazz*
dzsungel (-t, -ek, -e) *jungle*
ebéd (-et, -ek, -je) *lunch*
ebédel (ebédelj) *have lunch*
édes *sweet*
édesség (-et, -ek, -e) *dessert, sweets*
edz (eddz) *train*
edzés (-t, -ek, -e) *training*
edzőcipő *trainers*
ég (égj) *be on* (light)
egész *whole, all*
egészség (-et, -e) *health*
egészséges *healthy*
egyedül *on one's own*
egyenes *straight*
egyetlen *single, the only*
egymás (-t) *each other, one another*
éhes *hungry*
éjjel *at night*
éjszaka *night, at night*
ekkor *at this time*
él (élj) *live*
eladó *sales assistant*
elálló (fül) *protuberant* (ears)
elalszik (elaludj, elaludni) *fall asleep*
elefánt (-ot, -ok, -ja) *elephant*
elég (eleget, elege) *quite, enough*
eleinte *at first*
eleje *beginning of*
elér vmit (elérj) *achieve sg*
élet (-et, -ek, -e) *life*
elfárad (elfáradj) *get tired*
elfelejt vmit (elfelejts) *forget sg*
elfogad vmit (elfogadj) *accept sg*
elfoglalt *busy*
elhisz vmit (elhiggy) *believe sg to be true*
elindít vmit (elindíts) *start sg* (e.g. car)
elindul (elindulj) *start*

elkezd vmit (elkezdj) *start* sg
elköltözik (elköltözz) *move house*
ellátogat (ellátogass) *pay a visit*
ellen *against*
elmegy (elmenj, elmenni) *go*
elmond vkinek vmit (elmondj) *tell* sy sg
előadás (-t, -ok, -a) *performance*
előre *ahead, in advance*
először *first of all, for the first time*
előtt *in front of, outside, before*
eltéved (eltévedj) *lose one's way*
eltör vmit (eltörj) *break* sg
ember (-t, -ek, -e) *man, person*
emelet (-et, -ek, -e) *floor*
emlékszik vkire, vmire (emlékezz,
  emlékezni) *remember* sy, sg
énekel vmit (énekelj) *sing* sg
ennyi *this much, that much*
épít vmit (építs) *build* sg
éppen *just, precisely, happen to*
épület (-et, -ek, -e) *building*
érdekel vkit vki, vmi (érdekelj) sy, sg
  interests sy
érdekes *interesting*
eredeti *original*
érdemes *worth*
érez (érezz) *feel*
erkély (-t, -ek, -e) *balcony*
érkezik (érkezz) *arrive*
erős *strong*
ért vmit (érts) *understand*
esetleg *perhaps, possibly*
esik (ess) *fall*
esküvő *wedding*
eső *rain*
esőkabát (-ot, -ok, -ja) *raincoat*
este *evening, in the evening*
eszébe jut vkinek vmi sg *comes to* sy's
  mind
eszik (egy, enni) *eat*
étel (-t, -ek, -e) *food* (prepared)
étkezés (-t, -ek, -e) után *after meals*
étlap (-ot, -ok, -ja) *menu*
étterem (éttermet, éttermek, étterme)
  restaurant
étvágy (-at, -a) *appetite*
Európa *Europe*
év (-et, -ek, -e) *year*
ez (-t, -ek) *this, this one*

fa *tree*
fagylalt (-ot, -ok, -ja) *ice-cream*
fáj (fájj) *hurt, ache*

fal (-at, -ak, -a) *wall*
falu (faluk, falvak) *village*
fáradt *tired*
fárasztó *tiring*
fázik (fázz) *be cold*
fehér *white*
fej (-et, -ek, -e) *head*
fekete *black, black coffee*
fekszik (feküdj, feküdni) *lie* (e.g. in bed)
fel *up*
fél (felet, fele) *half*
feláll (feláll) *get up, stand up*
fele/felé *about, at about*
felel vmit (felelj) *answer* sg
felelőtlen *irresponsible*
feleség (-et, -ek, -e) *wife*
felett *above, over*
felforr (felforrj) *come to the boil*
félig (e.g. magyar) *half* (e.g. Hungarian)
felír (gyógyszert) (felírj) *prescribe* (medi-
  cine)
felnőtt (-et, -ek) *grown up, adult*
felpróbál vmit (felpróbálj) *try* sg *on*
felszáll vmire (felszállj) *get on* sg
feltétlenül (nem feltétlenül) *by all means*
  (not necessarily)
feltéve ha *provided that*
felvesz vmit (felvegy, felvenni) *put on* sg
  (clothes)
fénykép (-et, -ek, -e) *photo*
fényképalbum (-ot, -ok, -a) *photo album*
fényképez (fényképezz) *take pho-
  tographs*
fényképezőgép (-et, -ek, -e) *camera*
férfi *man*
férj (-et, -ek, -e) *husband*
fiatal *young*
fiatalember (-t, -ek, -e) (c) *young man*
figyel vkit, vmit (figyelj) *watch* sy, sg
  closely
filmsztár (-t, -ok, -ja) *film star*
finom *delicious*
fiú *boy, son*
fizet (fizess) *pay*
focimeccs (-et, -ek, -e) (c) *football match*
focizik (focizz) *play football*
fog vmit (fogj) (halat fog) *catch* sg (catch
  fish)
fog (-at, -ak, -a) *tooth*
fogás (-t, -ok, -a) *course* (of a meal)
foglal vmit (foglalj) *book, occupy* sg
foglalkozás (-t, -ok, -a) *occupation, job,
  profession*

foglalt *occupied, taken, engaged*
fok (-ot, -a) *degree*
folyékony *fluent*
folyó *river*
folytat vmit (folytass) *continue, carry on sg*
font (-ot, -ok, -ja) *pound*
fontos *important*
föld (-et, -ek, -je) *land, floor*
Föld (-et) *Earth*
földalatti *underground*
földszint (-et, -ek, -je) *ground floor*
főleg *especially*
főz vmit (főzz) *cook sg*
főzelék (-et, -ek, -e) *vegetable dish*
francia *French*
friss *fresh*
fut (fuss) *run*
függ vmitől (függj) *depend on sg*
fül (-et, -ek, -e) *ear*
fürdik (fürödj, fürdeni, fürödni) *bathe, have a bath*
fürdő *baths*
fürdőnadrág (-ot, -ok, -ja) *bathing trunks*
fürdőruha *swimsuit*
fűtés (-t, -e) *heating*

garázs (-t, -ok, -a) *garage*
gáz (-t, -ok, -a) *gas*
gazdag *rich*
gáztűzhely (-t, -ek, -e) *(c) gas cooker*
gengszter (-t, -ek, -e) *gangster*
gimnázium (-ot, -ok, -a) *secondary school*
gomba *mushroom*
gondol vmit (gondolj) *think sg*
Görögország (-ot, -a) *Greece*
gyakorlat (-ot, -ok, -a) *exercise*
gyakran *often*
gyalog *on foot*
gyalogtúra *walking tour*
gyár (-at, -ak, -a) *factory*
gyenge *weak*
gyerek (-et, -ek, -e) *child*
gyerekkor (-t, -a) *childhood*
gyógyfürdő *medicinal baths*
gyógyszer (-t, -ek, -e) *medicine*
gyomorrontás (-t, -ok, -a) *upset stomach*
gyönyörű *gorgeous, very beautiful*
gyümölcs (-öt, ök, -e) *fruit*

ha *if*
haj (-at, -a) *hair*
hajó *ship, boat*
hal (-at, -ak, -a) *fish*

halász (-t, -ok, -a) *fisherman*
halászlé (halászlevet, halászleve) *(c) fish soup*
hall vmit (hallj) *hear sg*
hallgat vkire (hallgass) *listen to sy*
hallgató *listener*
hamar *soon, quickly*
hamarosan *soon*
hanem *but*
hang (-ot, -ok, -ja) *voice*
hangos *loud*
hangzik (hangozz, hangozni) *sound*
hány? *how many?*
hányan? *how many people?*
hányszor? *how many times?*
haragszik (haragudj, haragudni) *be angry*
háromnegyed *three quarters*
használ vmit (használj) *use sg*
hát (-at, -ak, -a) *back*
hát *well, why, then*
hátha *in case, suppose, what if*
ház (-at, -ak, -a) *house*
haza *home*
házi *home made*
házimunka *housework*
hazudik (hazudj) *tell a lie*
hegy (-et, -ek, -e) *hill, mountain*
hely (-et, -ek, -e) *place, space*
helyett *instead of*
hentes (-t, -ek, -e) *butcher*
hét (hetet, hetek, hete) *week*
hétvége *weekend*
hiába *well, in vain*
híd (hidat, hidak, hídja) *bridge*
hideg *cold*
hímzett *embroidered*
hippi *hippie*
hír (-t, -ek, -e) *news*
híres *famous*
hisz vmit (higgy, hinni) *believe, think sg*
hit (-et, -ek, -e) *faith*
hitelkártya *credit card*
hív vkit (hívj) *call sy*
hó (havat) *snow*
hobbi *hobby*
hogy(?) *how?, how well?, that*
hogyhogy? *what do you mean?, how come?*
hogyne *of course, by all means*
hol? *where?*
holnap *tomorrow*
holnapután *the day after tomorrow*

hónap (-ot, -ok, -ja) *month*
honnan? *where from?*
hord vmit (hordj) *wear* sg
horgászik (horgássz) *fish*
horkol (horkolj) *snore*
hosszú *long*
hova/hová? *where to?*
hoz vmit (hozz) *bring* sg
humorérzék (-et, -e) *sense of humour*
hurka *white or black pudding*
hús (-t, -ok, -a) *meat*
húsvét (-ot, -ok, -ja) *Easter*
hűtőszekrény (-t, -ek, -e) *refrigerator*
hűvös *chilly*

ide (to) *here*
idegenvezető *guide*
ideges *irritable, short-tempered*
idén *this year*
idő (ideje) *time, weather*
időjárásjelentés (-t, -ek, -e) *(c) weather forecast*
idős *old, elderly*
igaz *true*
igazgató *director, manager*
igazi *real, true*
igen *yes, very*
így *so, like this*
ilyen *like this, like that, such (a)*
imád vkit, vmit (imádj) *adore, love* sy, sg
indul (indulj) *leave* (verb)
infláció *inflation*
influenza *flu*
influenzás *have influenza* (adj.)
ing (-et, -ek, -e) *shirt*
inkább *would rather, preferably*
innen *from here*
intelligens *intelligent*
intézet (-et, -ek, -e) *institute*
ír vmit (írj) *write* sg
ír *Irish*
író *writer*
iroda *office*
is *also, too, as well*
iskola *school*
ismer vkit, vmit (ismerj) *know* sy, sg
ismeret (-et, -ek, -e) *knowledge*
ismét *again*
Isten (-t, -ek, -e) *God*
iszik vmit (igy, inni) *drink* sg
ital (-t, -ok, -a) *drink*
itt *here*
itthon *at home*

izgalmas *exciting*
ízlik *like* sg, *tastes good*

ja *oh, I see*
japán *Japanese*
jár (járj) *go* (frequently)
játékos (-t, -ok, -a) *player*
javasol vkinek vmit (javasolj) *recommend, suggest* sy sg
jegy (-et, -ek, -e) *ticket*
jegypénztár (-t, -ak, -a) *ticket office*
jelen *present*
jelenleg *at present*
jelent vmit *mean* sg
jó *good*
jobb *right* (direction)
jóképű *handsome*
jön (jöjj, gyere) *come*
jövő *next, future, coming*

kabát (-ot, -ok, -ja) *coat*
kakaó *cocoa*
kanadai *Canadian*
kanál (kanalat, kanalak, kanala) *spoon*
kánikula *hot spell*
kap vmit (kapj) *get, receive* sg
káposzta *cabbage*
kapu *gate, door*
kar (-t, -ok, -ja) *arm*
kár (hogy) *it is a pity* (that)
karácsony (-t, -ok, -a) *Christmas*
karácsonyfa *Christmas tree*
kávé *coffee*
kedv (-et, -e) *mood, fancy*
kedvenc *favourite*
kedves *dear, kind, nice*
kelet *east*
kell *have to, must, is necessary, needed*
kemping (-et, -ek, -je) *camp-site*
kendő *scarf, shawl*
kenyér (kenyeret, kenyerek, kenyere) *bread*
kép (-et, -ek, -e) *picture*
képes vmit csinálni *capable of doing* sg
képeslap (-ot, -ok, -ja) *postcard*
képzel vmit (képzelj) *imagine, fancy* sg
kér vmit (kérj) *ask for* sg
kérdés (-t, -ek, -e) *question*
kérem *you are welcome*
keres (keress) *earn*
keres vkit (keress) *look for* sy, *is here to see you*
keresztmama *godmother*
keresztül (vmin) *through* (sg)

kert (-et, -ek, -je) *garden*
kerül vmibe (kerülj) *cost sg*
kerület (-et, -ek, -e) *district*
kés (-t, -ek, -e) *knife*
késik (késs) *be late*
késő, későn *late*
később *later*
kész, készen *ready, finished*
készít vmit (készíts) *make sg*
készpénz (-t, -e) *cash*
kevés (keveset) *a little, a few*
kezd vmit (kezdj) *start, begin sg*
kezdődik vmivel (kezdődj) *start with sg*
ki? *who?*
kiabál (kiabálj) *shout*
kiadó (szoba) *to let* (room)
kiállítás (-t, -ok, -a) *exhibition*
kibír vmit (kibírj) *stand sg, afford sg*
kicserél vmit (kicserélj) *change sg*
kicsi *small*
kiejtés (-t, -ek, -e) *pronunciation*
kifejezés (-t, -ek, -e) *expression, phrase*
kifli *Hungarian croissant*
kihasznál vmit (kihasználj) *take advantage of sg*
kilátás (-t) *view* (e.g. from a window)
kimegy (kimenj, kimenni) *go out*
kimos vmit (kimoss) *wash* sg (clothes)
kínai *Chinese*
kínos *embarrassing*
kinyit vmit (kinyiss) *open sg*
kipróbál vmit (kipróbálj) *try sg*
kirándul (kirándulj) *hike* (verb)
kirándulás (-t, -ok, -a) *outing, trip*
kis *small, little*
kissé *slightly*
kisüt a nap *the sun comes out*
kisváros (-t, -ok, -a) *small town*
kisvendéglő *small restaurant*
kiszáll vmiből (kiszállj) *get out of sg*
kitalál vmit (kitalálj) *guess, tell sg*
kitűnő *excellent*
kiváló *outstanding*
kíván vmit (kívánj) *wish sg*
kíváncsi *curious*
kivesz vmit (kivegy, kivenni) *take sg out*
kocog (kocogj) *jog*
kocsi *car*
kocsonya *cold pork in aspic*
kóla *coke*
kolbász (-t, -ok, -a) *sausage*
kollégium (-ot, -ok, -a) *college*
komolyzene *classical music*

koncentrál (koncentrálj) *concentrate*
koncert (-et, -ek, -je) *concert*
konferencia *conference*
konyak (-ot, -ok, -ja) *brandy, cognac*
konyakosmeggy (-et, -e) *chocolates filled with morello cherries*
kor (-t, -ok, -a) *age*
korán *early*
kórház (-at, -ak, -a) *hospital*
korsó *glass* (about a pint)
köhög (köhögj) *cough*
költ (pénzt) (költs) *spend* (money)
költő *poet*
költözik (költözz) *move house*
könnyű *easy*
könyv (-et, -ek, -e) *book*
körtér (körteret, körterek, körtere) *circus* (as in Piccadilly Circus)
körút (körutat, körutak, -ja) *boulevard*
körül *around*
körülbelül *approximately*
kösz *thanks*
köszön vkinek vmit (köszönj) *thank sy for sg*
köszön vkinek (köszönj) *greet sy*
köt vmit (köss) *knit sg*
kövér *fat*
következik (következz) *follow, be sy's turn*
közel *near*
középkorú *middle aged*
közlekedés (-t, -e) *transport*
közös vkivel *shared with sy*
között *between, among*
krumpli *potato*
kulcs (-ot, -ok, -a) *key*
kultúra *culture*
kutya *dog*
küld vkinek vmit (küldj) *send sy sg*
külföld (-et) *foreign countries*
külföldön *abroad*
különféle *various kinds of*
különóra *private lesson*
különösen *especially, particularly*

láb (-at, -ak, -a) *leg, foot*
lakás (-t, -ok, -a) *flat*
lakáskulcs (-ot, -ok, -a) *key to a flat*
lakik (lakj) *live*
lángos (-t, -ok, -a) *fried dough*
lány (-t, -ok, -a) *girl, daughter*
lassú *slow*
lát vkit, vmit (láss) *see sy, sg*

latin *Latin*

látszik (látssz) (úgy látszik, hogy) *seem*
  (it seems that)

láz (-at, -a) *temperature*

lázas *have a temperature* (adj.)

lázmérő *(c)* *thermometer*

lebeszél vkit vmiről (lebeszélj) *talk* sy
  out of sg

lecke *homework*

legalább *at least*

légiposta *air mail*

legközelebb *next time*

legutóbb *last time*

lehet *can, may, possible*

lehetőség (-et, -ek, -e) *opportunity*

lelkesedik (lelkesedj) *be enthusiastic*

lemez (-t, -ek, -e) *record*

lemezjátszó *record player*

lépcső *stairs*

lesz (legy, lenni) *become*

leszáll vmiről (leszállj) *get off* sg

levél (levelet, levelek, levele) *letter*

leves (-t, -ek, -e) *soup*

levesz vmit (levegy, levenni) *take* sg *off*
  (clothes)

lila *purple, lilac*

ló (lovat, lovak, lova) *horse*

logikus *logical*

lusta *lazy*

ma *today*

macska *cat*

magam (-at) *myself*

magas *tall*

magnó *tape recorder*

magyar *Hungarian*

Magyarország (-ot, -a) *Hungary*

magyartanár (-t, -ok, -a) *teacher of*
  Hungarian

majd *some time in the future*

majdnem *almost, nearly*

manapság *these days*

már *already, before, previously, ever, yet*

marad (maradj) *stay*

más (-t, -ok) *someone else, different*

másfél (másfelet) *one and a half*

másik *another*

matematika *mathematics*

meccs (-et, -ek, -e) *football match*

meddig? *how long?*

meg *and, on the other hand*

még *yet, before, even, else, still*

még egyszer *once more, again*

megáll (megállj) *stop*

megálló *stop*

megbeszél vkivel vmit (megbeszélj) *dis-
  cuss* sg *with* sy

megbocsát vkinek vmit (megbocsáss) *for-
  give* sy sg

megfelel (megfelelj) *it will do*

megfigyel vmit (megfigyelj) *observe*

megfogad (tanácsot) (megfogadj) *take*
  (advice)

meggyógyul (meggyógyulj) *recover*

meghal (meghalj) *die*

meghívás (-t, -ok, -a) *invitation*

megint *again*

mégiscsak *after all*

megismer vkit (megismerj) *meet* sy

megismerkedik vkivel (megismerkedj)
  meet sy (for the first time)

megismétel vmit (megismételj) *repeat* sg

megkap vmit (megkapj) *get* sg

megkeres vmit (megkeress) *look for* sg

meglát (megláss) (majd meglátjuk) *see*
  (we shall see)

megmér (lázat) (megmérj) *take* (temper-
  ature)

megmond vkinek vmit (megmondj) *tell*
  sy sg

megmutat vkinek vmit (megmutass)
  show sy sg

megnéz vmit (megnézz) *have a look at,
  examine, see, watch* sg

megpróbál vmit (megpróbálj) *try* sg

megszeret vkit, vmit (megszeress) *come
  to like* sy, sg

megszólal (megszólalj) *start to
  ring / speak*

megtanít vmit (megtaníts) *teach* sg

megtanul vmit (megtanulj) *learn, master*
  sg

megtud vmit (megtudj) *get to know,
  learn* sg

megun vkit, vmit (megunj) *get tired of*
  sy, sg

megvan *got it*

megvizsgál vkit (megvizsgálj) *examine*
  sy

megy (menj, menni) *go*

meleg *warm, hot*

mellett *by, beside, next to*

melyik? *which? which one?*

menedzser (-t, -ek, -e) *manager*

mennyi? *how much?*

méret (-et, -ek, -e) *size*

mérges *angry*
mérnök (-öt, -ök, -e) *engineer*
mert *because*
mese *fairy tale, fable*
messze *far, far away*
mettől? *since when?, from where?*
méz (-et, -e) *honey*
mi? *what?*
miatt *because of*
miért? *why?*
mikor? *when?*
milyen *how, what*
milyen? *what?, what ... like?, what kind of? what sort of?*
mindannyian *all of us / you / them*
minden *every, everything*
mindenki *everybody*
mindez (-t, -ek) *all this*
mindig *always*
mindjárt *right away*
minőség (-et, -e) *quality*
mint *like, as*
mióta? *how long? since when?*
mit? *what?*
mond vmit (mondj) *say* sg
mos vmit (moss) *wash* sg
mosakszik (mosakodj, mosakodni) *wash oneself*
mosógép (-et, -ek, -e) *(c) washing machine*
mosolyog (mosolyogj) *smile*
most *now*
mostanában *nowadays*
mostanáig *until now*
mozgólépcső *(c) escalator*
mozi *cinema*
múlt (hét) *last* (week)
múlva *in ... time*
munka *work*
munkahely (-et, -ek, -e) *(c) workplace*
munkanélküli *(c) unemployed*
muszáj *must, have to, necessary*
mutat vmit (mutass) *show* sg
múzeum (-ot, -ok, -a) *museum*
műsor (-t, -ok, -a) *programme*

nadrág (-ot, -ok, -ja) *trousers*
nagy *big, great*
nagykövetség (-et, -ek, -e) *(c) embassy*
nagyon *very*
nagyvállalat (-ot, -ok, -a) *big company*
nap (-ot, -ok, -ja) *day, sun*
napközben *during the day*

napolaj (-at, -ak, -a) *sun tan oil*
napozik (napozz) *sunbathe*
napsütés (-t) *(c) sunshine*
napszemüveg (-et, -ek, -e) *(c) sunglasses*
naptár (-at, -ak, -a) *calendar*
narancslé (narancslevet, narancsleve) *(c) orange juice*
-né *Mrs*
negyed (-et, -e) *quarter*
néha *sometimes*
néhány *a few*
nehéz *difficult*
nélkül *without*
nem *no, not*
nemcsak *not only*
német *German*
nemrég *not long ago*
nemsokára *soon*
nemzeti *national*
népművészet (-et, -e) *folk art*
név (nevet, nevek, neve) *name*
nevet (nevess) *laugh*
néz vmire (nézz) *look on to* sg
néz vkit, vmit (nézz) *watch, look at* sy, sg
nincs, nincsen *there is no(t), have no(t)*
nő *woman*
női *female*
nőtlen *unmarried, single (man)*
nyakkendő *(c) tie*
nyár (nyarat, nyarak, nyara) *summer*
nyaral (nyaralj) *be on summer holiday*
nyaraló *summer / weekend cottage*
nyelv (-et, -ek, -e) *language*
nyelvtan (-t, -ok, -a) *grammar*
nyelvtanfolyam (-ot, -ok, -a) *language course*
nyer vmit (nyerj) *win* sg
nyilván *obviously*
nyitva *open*
nyugdíj (-at, -ak, -a) *pension, retirement*
nyugdíjas (-t, -ok, -a) *pensioner*

oda *(to) there*
odahív vkit (odahívj) *call sy there*
odajár (odajárj) *go there*
okos *clever*
olaj (-at, -ak, -a) *oil*
olasz *Italian*
olcsó *cheap*
olvas vmit (olvass) *read* sg
olvasás (-t, -a) *reading*
olyan *that, like that, such (a), so*

onnan *from there*
operaénekes (-t, -ek, -e) *opera singer*
óra *watch, clock, hour, o'clock, lesson*
óriási *huge, gigantic*
orosz *Russian*
ország (-ot, -ok, -a) *country*
országház (-at, -ak, -a) *parliament*
  (building)
orvos (-t, -ok, -a) *doctor*
orvosság (-ot, -ok, -a) *medicine*
osztály (-t, -ok, -a) *department*
óta *since*
ott *there*
otthagy vmit (otthagyj) *leave sg there*
otthon (-t, -ok, -a) *home, at home*
óvatos *careful*
óvoda *nursery school*
öcs (öccse) *younger brother*
öltöny (-t, -ök, -e) *suit*
öltözködik (öltözködj) *dress*
öreg *old*
öregkor (-t, -a) *old age*
öregség (-et, -e) *old age*
örül vminek (örülj) *be glad about sg*
ősz (-t, -e) *autumn, grey-haired*
őszinte *sincere, heartfelt*
ötlet (-et, -ek, -e) *idea*

palacsinta *pancake*
pályaudvar (-t, -ok, -a) *railway station*
panasz (-t, -ok, -a) *complaint*
panaszkodik (panaszkodj) *complain*
paprika *pepper*
paradicsom (-ot, -ok, -a) *tomato*
paradicsomlé (paradicsomlevet, paradi-
  csomleve) *(c) tomato juice*
párbeszéd (-et, -ek, -e) *(c) dialogue*
part (-ot, -ok, -ja) *bank, shore*
patyolat (-ot, -ok, -a) *dry cleaner's*
pedig *and, however, but, on the other*
  hand
pék (-et, -ek, -je) *baker*
például *for example*
pénz (-t, -ek, -e) *money*
pénztár (-t, -ok, -a) *cash-desk*
perc (-et, -ek, -e) *minute*
persze *of course*
pezsgő *champagne*
pihen (pihenj) *have a rest*
pillanat (-ot, -ok, -a) *moment*
pincér (-t, -ek, -e) *waiter*
piros *red*
pirospaprika *red pepper*

piszok (piszkot, piszkok, piszka) *dirt*
pizsama *pyjamas*
pohár (poharat, poharak, pohara) *glass*
polc (-ot, -ok, -a) *shelf*
politikus (-t, -ok, -a) *politician*
pontos *punctual, on time*
posta *post office*
portás (-t, -ok, -a) *receptionist*
pörkölt (-et, -ek, -je) *stew*
próbafülke *(c) fitting room*
próbál vmit (próbálj) *try sg*
program (-ot, -ok, -ja) *programme*
pulóver (-t, -ek, -e) *pullover*
puszi *kiss, peck*
puszta *Hungarian lowland*

ráadásul *on top of all that*
rábeszél vkit vmire (rábeszélj) *persuade*
  sy to do sg
rádió *radio*
rádiósmagnó *radio cassette*
ráér (ráérj) *have time*
randevú *rendezvous, date*
rántott *fried in breadcrumbs*
recepció *reception* (at a hotel)
recept (-et, -ek, -je) *prescription*
régen *in the past, formerly, long ago*
reggel *morning, in the morning*
reggeli *breakfast*
reggelizik (reggelizz) *have breakfast*
régi *old*
régóta *for a long time*
remél vmit (remélj) *hope sg*
rendel (rendelj) *receive patients*
rendelő *surgery*
rendesen *properly*
rendőr (-t, -ök, -e) *policeman*
rendőrfőkapitányság (-ot, -ok, -a) *police*
  station
rendszeresen *regularly*
repül (repülj) *fly*
repülőgép (-et, -ek, -e) *aeroplane*
repülőtér (repülőteret, repülőterek,
  repülőtere) *airport*
részt vesz vmiben *take part in sg*
rétes (-t, -ek, -e) *strudel*
reuma *rheumatism*
reumás *have rheumatism* (adj.)
riporter (-t, -ek, -e) *reporter, interviewer*
ritkán *rarely*
ritmus (-t, -ok, -a) *rhythm*
rizs (-t, -e) *rice*
rohan (rohanj) *rush about, hurry*

romantikus *romantic*
rossz *bad, wrong*
rögtön *straightaway*
rövid *short*
ruha *dress, clothes*

saját *own*
sajnos *unfortunately*
sajt (-ot, -ok, -ja) *cheese*
sál (-at, -ak, -a) *scarf*
saláta *salad*
sapka *cap*
segít vkinek (segíts) *help sy*
sem *neither, not . . . either*
semmi *nothing*
sertés (-t, -ek, -e) *pig*
sétál (sétálj) *walk, stroll*
síel (síelj) *ski*
siet (siess) *hurry*
sikerül (sikerülj) *succeed, manage to*
skót *Scottish*
só *salt*
sok *a lot of, many, much, a lot*
sokféle *all sorts of*
sonka *ham*
sovány *thin*
sör (-t, -ök, -e) *beer*
sörözik (sörözz) *drink beer*
söröző *pub*
sötét *dark*
sötétkék *navy*
spanyol *Spanish*
sportol vmit (sportolj) *do some sport*
strand (-ot, -ok, -ja) *lido*
sült *fried, baked*
süt (a nap) (süss) *shine* (the sun)
süt (süss) *bake, roast, fry*
sütemény (-t, -ek, -e) *cake*
szabad *allowed, free*
szabadidő *(c) free time*
szabadnap (-ot, -ok, -ja) *day off*
szabadság (-ot, -a) *holiday*
szakács (-ot, -ok, -a) *cook*
szakáll (-at, -ak, -a) *beard*
szalad (szaladj) *run*
szalámi *salami*
száll (szállj) *fly*
szálloda *hotel*
szalonna *type of bacon*
szám (-ot, -ok, -a) *size, number*
száraz *dry*
század (-ot, -ok, -a) *century*
szed (gyógyszert) (szedj) *take* (medicine)

szegény (-t, -ek, -e) *poor, poor thing*
szék (-et, -ek, -e) *chair*
szekrény (-t, -ek, -e) *cupboard, wardrobe*
szél (szelet, szelek, szele) *wind*
szelet (-et, -ek, -e) *slice, cutlet*
szem (-et, -ek, -e) *eye*
személy (-t, -ek, -e) *person*
szemüveg (-et, -ek, -e) *glasses*
szendvics (-et, -ek, -e) *sandwich*
szent (-et, -ek, -je) *saint*
szenvedélyes *passionate*
szép *beautiful*
szerencse *luck*
szerencsére *luckily*
szerencsés *lucky*
szeret vkit, vmit (szeress) *like, love, be fond of sy, sg*
szeretet (-et, -e) *love, affection*
szerez vmit (szerezz) *get, obtain sg*
szerint *according to*
szervez vmit (szervezz) *organise sg*
sziget (-et, -ek, -je) *island*
szilveszter (-t, -ek, -e) *New Year's Eve*
szimpatikus *likeable*
szín (-t, -ek, -e) *colour*
színes *colour* (adj.)
színész (-t, -ek, -e) *actor*
színésznő *actress*
színház (-at, -ak, -a) *theatre*
szint (-et, -ek, -je) *level, storey*
szívesen *you are welcome*
szó (szót, szavak, szava) *word*
szoba *room*
szoknya *skirt*
szól (szólj) (szól a telefon) *be on* (the phone is ringing)
szól vkiről, vmiről *is about sy, sg*
szomjas *thirsty*
szomszéd (-ot, -ok, -ja) *neighbour, neighbouring*
szórakozik (szórakozz) *have fun*
szórakozni megy/jár *go out*
szótár (-t, -ak, -a) *vocabulary, dictionary*
szóval *so*
szőnyeg (-et, -ek, -e) *carpet*
szörfözik (szörfözz) *surf*
szörnyű *terrible*
szűk *tight*
szüksége van vmire *needs sg*
szül vkit (szülj) *give birth to sy*
születik (szüless) *be born*

tágas *spacious*

takarít vmit (takaríts) *do the cleaning*
talál vmit (találj) *find* sg
találkozik vkivel (találkozz) *meet* sy
talán *perhaps*
tanács (-ot, -ok, -a) *advice*
tanár (-t, -ok, -a) *teacher*
tánc (-ot, -ok, -a) *dance*
tánciskola *dancing-school*
táncol (táncolj) *dance*
tanít vkit (taníts) *teach* sy
tanul vmit (tanulj) *learn, study*
tányér (-t, -ok, -ja) *plate*
tárgyal (tárgyalj) *negotiate*
tárgyalás (-t, -ok, -a) *negotiation*
tart (tarts) *last*
tartózkodik (tartózkodj) *be, stay somewhere*
tavaly *last year*
tavalyelőtt *the year before last*
tavasz (-t, -ok, -a) *spring*
taxisofőr (-t, -ök, -e) *taxi driver*
teázik (teázz) *drink tea*
tegnap *yesterday*
tegnapelőtt *the day before yesterday*
tehát *so*
tej (-et, -ek, -e) *milk*
tél (telet, telek, tele) *winter*
telefon (-t, -ok, -ja) *telephone*
telefonál vkinek (telefonálj) *telephone* sy
telefonszám (-ot, -ok, -a) *telephone number*
televízió *television*
téliszalámi *Hungarian salami*
teljesen *entirely, totally*
templom (-ot, -ok, -a) *church*
tengerpart (-ot, -ok, -ja) *seashore*
tényleg *really*
tér (teret, terek, tere) *square, playground*
terhes *pregnant*
terítő *table cloth*
térkép (-et, -ek, -e) *map*
természetesen *naturally, of course*
tervez vmit (tervezz) *plan* sg
testvér (-t, -ek, -e) *sibling*
tesz vmit (tegy, tenni) *put* sg
tészta *pasta*
tetszik vkinek vki, vmi (tetssz) *like* sy, sg
terv (-et, -ek, -e) *plan*
tévé *TV*
tilos *forbidden*
tinédzser (-t, -ek, -e) *teenager*

tipikus *typical*
tiszta *clean*
tisztít vmit (tisztíts) *clean* sg
titkárnő (c) *secretary*
titok (titkot, titkok, titka) *secret*
tó (tavat, tavak, tava) *lake*
toll (-at, -ak, -a) *pen*
torok (torkot, torkok, torka) *throat*
torta *cream cake*
tovább *on, farther*
több *several, a number of, more*
többé nem *not any more*
a többi *the rest*
a többiek *the others*
tökéletes *perfect*
tölt vmit (tölts) *pour* (a drink), *spend* (time)
tömeg (-et, -ek, -e) *crowd*
Törökország (-ot, -a) *Turkey*
történik (történj) *happen*
trafik (-ot, -ok, -ja) *tobacconist's*
trafikos (-t, -ok, -a) *tobbacconist*
trolibusz (-t, -ok, -a) *trolley bus*
tud vmit (tudj) *know, know of, can*
túl (nagy) *too* (big)
túlóra *overtime*
turista *tourist*
túró *cottage cheese*
türelmes *patient*
türelmetlen *impatient*
tyúk (-ot, -ok, -ja) *hen*
uborka *cucumber*
udvarias *polite*
ugrik (ugorj, ugorni) *jump*
úgy látszik (hogy) *it seems* (that)
ugyan *nonsense, rubbish*
ugyanaz (-t, -ok) *the same*
úgysem *anyhow*
új *new*
új-zélandi *New Zealander*
újra *again*
újság (-ot, -ok, -ja) *news, newspaper*
újságíró *journalist*
un vkit, vmit (unj) *be bored with* sy, sg
unalmas *boring*
unatkozik (unatkozz) *be bored*
úr (urat, urak, ura) *Mr, sir*
úszik (ússz) *swim*
uszoda *swimming-pool*
út (utat, utak, útja) *road, trip, journey*
utál vkit, vmit (utálj) *hate* sy, sg
után *after*
utána *afterwards, after then*

utazik (utazz) *travel*
utca *street*
útlevél (útlevelet, útlevelek, útlevele) *passport*
utoljára *last time*
utolsó *last*
üdítő *soft drink*
üdítőital (-t, -ok, -a) *soft drink*
üdvözlet (-et, -ek, -e) *regards*
üdvözöl vkit (üdvözölj) *give sy one's regards*
ügyfél (ügyfelet, ügyfelek, ügyfele) *client*
ül (ülj) *sit*
ünnep (-et, -ek, -e) *holiday*
üres *empty*
üveg (-et, -ek, -e) *bottle*
üzlet (-et, -ek, -e) *shop*
üzletember (-t, -ek, -e) *businessman*
vacsora *supper*
vacsorázik (vacsorázz) *have supper*
vad *wild*
vág vmit (vágj) *chop, cut sg*
vagy *or*
vagyon (-t, -ok, -a) *fortune*
vaj (-at, -ak, -a) *butter*
vajas *buttered*
valahol *somewhere*
valami *something*
válasz (-t, -ok, -a) *answer*
válaszol vmit (válaszolj) *answer sg*
választ vkit, vmit (válassz) *choose sy, sg*
választék (-ot, -ok, -a) *choice, selection*
vállalat (-ot, -ok, -a) *company*
vallásos *religious*
valóban *indeed*
válogatós *choosy*
valószínűleg *probably*
változás (-t, -ok, -a) *change*
változik (változz) *change*
vár vkit, vmit (várj) *wait, expect, look forward to*
vár (-at, -ak, -a) *castle, fortress*
város (-t, -ok, -a) *town, city*
vasal vmit (vasalj) *iron*
vásárol vmit (vásárolj) *do some shopping, buy sg*
vécé *toilet*
vége *it is over, it finishes*
vegetáriánus *vegetarian*
végez vmit (végezz) *finish sg*
végig *to the end*

végül *in the end*
vegyes *mixed*
vékony *thin*
véletlenül *by any chance*
verekedik (verekedj) *fight*
vesz vmit (vegy, venni) *buy sg*
veszekedik vkivel (veszekedj) *quarrel with sy*
veszélyes *dangerous*
vezérigazgató *managing director*
vezet vmit (vezess) *drive*
viccel (viccelj) *joke*
vidám *cheerful*
vigyáz vmire (vigyázz) *watch out*
vigyáz vkire *look after sy*
világos *light*
villa *fork*
villamos (-t, -ok, -a) *tram*
villany (-t, -ok, -a) *light, electricity*
virág (-ot, -ok, -a) *flower, plant*
visel vmit (viselj) *wear sg*
visszabeszél vkinek (visszabeszélj) *answer sy back*
visszahoz vmit (visszahozz) *bring back*
visszajön (visszajöjj, visszajönni) *come back*
visszamegy (visszamenj, visszamenni) *go back*
visz vkit, vmit (vigy, vinni) *take, carry sy, sg*
viszont *but, on the other hand, the same to you*
viszonylag *relatively*
vízpart (-ot, -ok, -ja) *bank, riverside, shore*
vizsgaeredmény (-t, -ek, -e) *(c) exam result*
vonat (-ot, -ok, -a) *train*
vonatjegy (-et, -ek, -e) *(c) train ticket*
vörös *red*
zaj (-t, -ok, -a) *noise*
zajos *noisy*
zene *music*
zeneszerző *composer*
zöld *green*
zöldség (-et, -ek, -e) *vegetable*
zöldséges (-t, -ek, -e) *greengrocer*
zseb (-et, -ek, -e) *pocket*
zsebkendő *handkerchief*
zsemle *roll*
zsír (-t, -ok, -ja) *cooking lard, fat*

——— INDEX ———

The first number in each entry refers to the unit, the second to the number within the **Nyelvtan** (*Grammar*) section of the unit.